◆ 粤港澳大湾区高等教育研究丛书

许长青　黄玉梅 ◎ 著

高等教育、区域创新与经济增长：
粤港澳大湾区建设中大学的
角色与作用高端访谈

Higher Education, Regional Innovation and Economic Growth:
High-end Interview of Universities' Role and Function
in the Development of Guangdong-Hong Kong-Macao Greater Bay Area

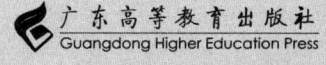

广东高等教育出版社
Guangdong Higher Education Press

· 广州 ·

图书在版编目（CIP）数据

高等教育、区域创新与经济增长．粤港澳大湾区建设中大学的角色与作用高端访谈/许长青，黄玉梅，著．—广州：广东高等教育出版社，2020.10
（粤港澳大湾区高等教育研究丛书/许长青主编）
ISBN 978-7-5361-6733-9

Ⅰ．①高… Ⅱ．①许…②黄… Ⅲ．①地方教育－高等教育－发展－研究－广东、香港、澳门 Ⅳ．①G649.286.5

中国版本图书馆 CIP 数据核字（2020）第 046811 号

高等教育、区域创新与经济增长：
粤港澳大湾区建设中大学的角色与作用高端访谈

GAODENG JIAOYU、QUYU CHUANGXIN YU JINGJI ZENGZHANG：
YUEGANGAO DAWANQU JIANSHE ZHONG DAXUE DE JUESE YU
ZUOYONG GAODUAN FANGTAN

出版发行	广东高等教育出版社
	地址：广州市天河区林和西横路
	邮政编码：510500　电话：（020）87554152　87551163
	http://www.gdgjs.com.cn
责任编辑	曾广博
责任校对	严　颖
封面设计	阿　丁
印　刷	佛山市浩文彩色印刷有限公司
开　本	787 毫米×1 092 毫米　1/16
印　张	15.25
字　数	353 千
版　次	2020 年 10 月第 1 版
印　次	2020 年 10 月第 1 次印刷
定　价	60.00 元

本丛书出版得到以下基金支持：

- 2017年中国科学院学部咨询评议项目"高等教育、区域创新与经济增长：粤港澳大湾区建设中大学的角色与作用研究"（99132-71210014）
- 2019年中国高等教育学会中国高等教育改革发展重大理论与实践问题研究项目"粤港澳大湾区建设中大学的支撑作用研究"（2019ZD002）
- 2019年中山大学粤港澳大湾区科技合作培育项目"粤港澳大湾区高等教育协同创新指数评估"

总　序

粤港澳大湾区建设是习近平总书记亲自谋划、亲自部署、亲自推动的重大国家战略，是新时代推动形成全面开放新格局的新举措，是推动"一国两制"事业发展的新实践。2019年2月正式发布的《粤港澳大湾区发展规划纲要》，为粤港澳大湾区的未来擘画了宏伟蓝图：要建设充满活力的世界级城市群，具有全球影响力的国际科技创新中心，"一带一路"建设的重要支撑，内地与港澳深度合作示范区以及宜居、宜业、宜游的优质生活圈，打造高质量发展的典范。这表明粤港澳大湾区将建设成为培育中国经济高质量增长的新动能、深化对外开放进程接轨全球经济的新支点，充分体现了中华民族伟大复兴、全面深化改革和推动创新引领发展的信心和决心。作为中国经济最发达、最成熟、最具影响力的地区之一，粤港澳大湾区具有制度多样性和互补性优势，"一国、两制、三个独立关税区、三个法域、三种货币、四个核心城市"是粤港澳大湾区不同于世界其他湾区的最大特征，坚守"一国"之本、善用"两制"之利，将为粤港澳大湾区区域合作与融合发展提供无限的发展动力。

"一流湾区，大学担当"。从某种意义上说，一流大学作为湾区的突出标志，定义着湾区的整体发展水平。高等教育与湾区经济之间存在着密不可分的联系：强大的高等教育产业从人才、技术、文化等多方面支撑着湾区经济发展；反过来发达的湾区经济亦能反哺高等教育，催生和造就世界一流大学。打造全球科技创新高地，高水平大学是重要支撑。从国际湾区的发展经验来看，国际一流湾区与一流大学相伴而生，相辅相成。实践表明，国际一流湾区均拥有一批世界一流大学，吸引、汇聚和培育了创新人才，支撑创新科技企业的诞生、发展和壮大，在培育发展创新创业氛围等方面起到极为重要的作用。

当下，国际高等教育正在经历一场史无前例的使命和任务的重大转型，当前高等教育转型具有明显的国家竞争驱动性；大学对于创新经济的推动作用显著依赖于创新集群效应。世界各国纷纷在教育创新集群框架下推动大学转型，积极推动高校通过技术转让、教师或学生创业、衍生公司、建立校企合作研究伙伴关系等将科技创新转化为经济活动，服务于区域创新体系建设和区域经济发展。

粤港澳大湾区建设既为粤港澳三地高等教育提出了新的时代命题，也为三地高等教育深化合作、共同发展带来了前所未有的机遇。粤港澳三地高等教育资源丰富，互补性强，具有支撑粤港澳大湾区建成国际一流湾区的良好基础。香港高等教育开放办学的程度高，具有显著的国际影响；澳门高等教育具有鲜明的多元性、开放性和包容性；广东高等教育资源丰富，是全国高等教育发展格局的重要一极。站在深化合作、携手发展的广阔海面，粤港澳大湾区已加速启航，粤港澳三地高等教育正在彰显出更有力的责任与使命。在大湾区建设中，大学的支撑作用表现为多个方面，如人才培养、科学研究、社会服务、文化传承与创新、国际交流等，这些都是大学作用的应有之义，是大学作为社会公共机构存在的应有职能，是常态化的作用。

粤港澳大湾区有其独特的制度与社会环境，大学在大湾区建设中除了发挥常态化作用外，还需要承担一个迫切而重大的使命——实现"文化认同、人心回归"。湾区高等教育需要解决的核心问题就是从国家战略维护国家利益，促进湾区融合发展。因此在粤港澳大湾区发展中，广东高校的重要使命就是要不断提升办学水平，建设世界一流大学，提高竞争力与吸引力，促进湾区融合；港澳高校的主要使命就是加强文化引领，增强国家认同，促进"人心回归"。三地高校的共同使命就是要积极推动大湾区高校当好体制机制创新的引领者、经济社会发展的发动机、创新人才的蓄水池、民心相通的连接器、科学决策的思想库，充分发挥大学人才培养、科学研究、服务社会、文化传承创新、国际交流等多种职能，助力粤港澳大湾区建设。

为深入了解和准确把握大学在粤港澳大湾区建设中所扮演的角色及应发挥的支撑作用，中山大学"高等教育（Higher Education）、区域创新（Regional Innovation）与经济增长（Economic Growth）：粤港澳大湾区建设中大学的角色与作用研究"课题组（以下简称"中山大学 HE-RI-EG 课题组"）历时两年多时间，对粤港澳大湾区高校以及世界著名的旧金山湾区、纽约湾区、波士顿湾区、东京湾区内的高校、企业和政府机构进行了专门调研与深度访谈。课题组通过定性和定量研究，对一手资料进行了深入整理与探究，其研究成果最终凝聚为"粤港澳大湾区高等教育研究丛书"。丛书较为完整深入地剖析了粤港澳大湾区建设中大学角色与作用的系列问题，对当前和今后一段时间粤港澳三地高等教育改革和发展具有重要的实践价值，同时对丰富教育经济学、比较高等教育学研究范畴具有重要的理论意义。

本丛书的特色主要体现在以下几方面：第一，在国内率先较为系统地勾勒了大学在湾区建设中角色与作用的分析框架，明确界定了大学角色与作用的新内涵，指出了大学核心职能、常态化职能以及大学发挥作用的途径与模式。第二，研究从粤港澳大湾区实际情况出发，借鉴发达国家一流湾区的建设经验，研究成果反映了我国与粤港澳大湾区的客观实际，兼具国际视野。第三，课题组努力避免研究方法上的片面性，注重定性研究与定量研究相结合，宏观概括与个案分析相结合，汲取国际经验与突出中国特色相结合。丛书内容丰富、视角独特、观点鲜明，吸收了学术界与理论界的新思想，对相关专业领域的本科生、研究生学习具有启发与指导作用，对研究人员、政府管理人员以及大学管理工作者具有借鉴意义。但鉴于研究者的知识与能力水平，丛书仍存在许多不完善之处，在此恳请读者批评指正。

粤港澳大湾区建设已翻开崭新篇章，未来充满机遇和挑战，也存在一些问题与障碍。这些都有待我们去进一步研究、探索和总结，唯有不断推出新的研究成果才能提出更加具有针对性的政策建议，才能对粤港澳大湾区建设的伟大实践起到积极的、有效的推动作用。课题组将继续努力，不忘初心、牢记使命，为粤港澳大湾区建设做出更大的贡献。

中山大学 HE－RI－EG 课题组负责人：许长青

2019 年 10 月 8 日于中山大学康乐园

前　言

粤港澳大湾区作为国家战略，是新时代推动形成全面开放新格局的新举措，是推动"一国两制"事业发展的新实践。2019年2月《粤港澳大湾区发展规划纲要》的正式颁布标志着粤港澳跨区域合作发展蓝图正式拉开帷幕。粤港澳大湾区建设旨在推进广东、香港、澳门三地社会、经济、教育、文化等融合发展，建设具有全球影响力的科技创新中心和世界一流的城市群。高等教育融合发展是大湾区融合发展的基石，大学在大湾区建设中应担当何种角色？发挥何种作用？这是本书探讨的问题。

课题组在2017年10月至2019年8月期间，在中国粤港澳大湾区，美国旧金山湾区、纽约湾区、波士顿湾区，日本东京湾区等地开展了调研，访谈了高校校长、院士、高等教育专家等，还收集了专家研讨会记录、文档等一手资料。本书基于社会学的角色理论、高等教育学的大学角色理论、质性研究扎根理论等对收集到的一手资料进行了分析。本书的研究结论与对策建议扎根于粤港澳大湾区特殊的政治、经济、社会、文化与科技实际。研究结论是：在大湾区融合发展的情境需求下，大学应发挥的核心作用是文化价值引领；应发挥的常态作用包括输出人才、输出成果、输出机构。对策建议包括国民教育、人才培养、科学研究、创新创业、服务社会、国际交流等多方面，希望能对粤港澳大湾区高等教育政策制定及发展有所启示。

需要说明的是，目前学界普遍采用全球"传统三大成熟湾区（纽约湾区、旧金山湾区、东京湾区）+粤港澳大湾区"一说。课题组在分析高等教育与湾区经济发展关系时，对此提出了新的看法，认为全球目前有五大有重大影响力的世界级湾区，即"传统三大成熟湾区（纽约湾区、旧金山湾区、东京湾区）+波士顿湾区+粤港澳大湾区"。这一观点首先得益于项目及丛书负责人许长青教授的敏锐意识和学术判断，也得益于在课题调研与书稿撰写过程中国内外专家学者的不吝赐教。不过新观点的提出旨在抛砖引玉，难免有错漏之处，其准确性、合理性尚待学界进一步检验与批评。

本书是课题组全体成员共同努力的结果。许长青教授负责书稿整体写作思路与框架设计，各章节的写作指导、审阅、修改与定稿。黄玉梅博士负责全书各章节初稿的撰写。中山大学政治与公共事务管理学院的研究生、本科生参与了访谈音频转文本的工作，他们是金梦、曹帅、牛可佳、李瑞华、周书翰、袁明珠、熊杨瑞超、徐佰瞳、陆嫣然、李斯霞、甘泉、张淇等。

衷心感谢给予我们的研究帮助与支持的国内外专家学者，特别是接受访谈的校长（院士）、高等教育专家、公司（机构）人员！感谢中山大学政治与公共事务管理学院对项目的大力支持！感谢中山大学粤港澳发展研究院提供资料数据收集的平台！感谢中山大学国际合作与交流处帮助联系与协调调研工作！由于给予我们帮助的人数太多，这里不一一罗列他们的名字，但我们铭记于心！感谢广东高等教育出版社的曾广博编辑辛勤地负责书稿审校工作！期望这本书的出版能为粤港澳大湾区高等教育的融合发展贡献一点绵薄之力。

许长青　黄玉梅

2019 年 10 月 20 日于中山大学康乐园

目 录

第1章 绪论 ··· 1
1.1 研究问题与研究意义 ··· 1
- 1.1.1 理论意义 ··· 2
- 1.1.2 实践意义 ··· 2

1.2 研究进展与基本概况 ··· 5
- 1.2.1 大学角色与职能研究 ··· 5
- 1.2.2 粤港澳高等教育合作研究 ··· 8

1.3 研究方法与框架设计 ··· 11
- 1.3.1 研究方法 ··· 11
- 1.3.2 框架设计 ··· 14

1.4 研究可能的创新与不足 ··· 15
- 1.4.1 研究可能的学术创新 ··· 15
- 1.4.2 研究存在的不足之处 ··· 16

第2章 理论基础 ··· 17
2.1 角色理论 ··· 17
- 2.1.1 角色期望与认知 ··· 18
- 2.1.2 角色行为与实践 ··· 18
- 2.1.3 角色作用与效应 ··· 19

- 2.2 大学角色 19
- 2.3 扎根理论 21

第3章 广东高校访谈录 23
- 3.1 中山大学 23
- 3.2 深圳大学 28
- 3.3 广东外语外贸大学 34
- 3.4 华南理工大学 39
- 3.5 暨南大学 44
- 3.6 华南师范大学 52

第4章 香港高校访谈录 59
- 4.1 香港大学 59
- 4.2 岭南大学（香港） 64
- 4.3 香港中文大学 71
- 4.4 香港科技大学 79
- 4.5 香港理工大学 88
- 4.6 香港城市大学 95

第5章 澳门高校访谈录 104
- 5.1 澳门大学 104
- 5.2 澳门理工学院 115
- 5.3 澳门科技大学 126

第6章 美国高校（企业）访谈录 133
- 6.1 斯坦福大学 133
- 6.2 加州大学 138
- 6.3 谷歌公司 147
- 6.4 哈佛大学 153
- 6.5 哥伦比亚大学 156

6.6 纽约州立大学奥尔巴尼分校（一） 160
6.7 纽约州立大学奥尔巴尼分校（二） 165
6.8 波士顿学院 169
6.9 马萨诸塞大学波士顿分校 173
6.10 芝加哥大学 176
6.11 威斯康星大学麦迪逊分校 179

第7章 日本高校访谈录 185
7.1 广岛大学 185
7.2 东京大学 192
7.3 早稻田大学 197

第8章 质性分析与结果 201
8.1 质性分析 201
8.1.1 开放编码 201
8.1.2 主轴编码 206
8.1.3 核心编码 207
8.2 结果讨论 208
8.2.1 核心作用：文化与价值引领 208
8.2.2 常态作用：大学的基本职能 211

第9章 政策建议 215
9.1 国民教育 215
9.1.1 加强香港学校国民教育 215
9.1.2 推动粤港澳教师教育合作 216
9.2 人才培养 217
9.2.1 围绕粤港澳大湾区经济与社会发展开展教育教学 217
9.2.2 推动粤港澳高等教育合作 217
9.3 科学研究 218
9.3.1 重视科学研究在人才培养中的基础性作用 218

  9.3.2 建立粤港澳高校科研合作机制 ·················· 219
9.4 创新创业 ·· 219
  9.4.1 构建促进教师与学生创新创业的文化环境 ············ 219
  9.4.2 建立起市场化的科技成果转化体制机制 ·············· 220
9.5 社会服务 ·· 221
  9.5.1 大学的服务需助力解决大湾区当前的问题 ············ 221
  9.5.2 大学的服务需面向大湾区未来的发展需要 ············ 222
9.6 国际交流 ·· 222
  9.6.1 大学扮演"锚"与"枢纽"角色 ···················· 222
  9.6.2 大学之间处理好竞争与合作的关系 ·················· 223

参考文献 ··· 224

第 1 章
绪　　论

2019 年 2 月 18 日，酝酿多时的《粤港澳大湾区发展规划纲要》（以下简称《规划纲要》）正式颁布，标志着粤港澳跨区域合作发展蓝图正式拉开帷幕，粤港澳大湾区建设由理念步入实践。《规划纲要》明确了湾区建设的战略定位——充满活力的世界级城市群、具有全球影响力的国际科技创新中心、"一带一路"建设的重要支撑、内地与港澳深度合作示范区以及宜居、宜业、宜游的优质生活圈。

1.1　研究问题与研究意义

放眼世界，国际一流湾区均有一个共同特征：它们不但是全球经济、贸易和金融中心，而且是全球科技创新与高等教育中心。与国际一流湾区相比，粤港澳大湾区是社会制度有别、法律体系相异、要素流通管制、关税安排不同的城市集合，既有其独特优势，亦面临众多挑战。面对全球经济与科技高度融合的发展趋势以及国际单边主义抬头的现实困境，粤港澳大湾区建设必须以科技创新为核心，充分发挥大学的作用，打造最具全球竞争力的科创中心和高等教育中心。大学在湾区建设中担当何种角色？发挥何种作用？

带着上述问题，中山大学"高等教育、区域创新与经济增长（HE-RI-EG）[①]：粤港澳大湾区建设中大学的角色与作用研究"课题组（以下简称"课题组"）2017 年 10 月至 2018 年 7 月期间，在粤港澳大湾区开展调研，先后访谈了中山大学、深圳大学、广东外语外贸大学、华南理工大学、暨南大学、华南师范大学，香港大学、香港岭南大学、香港中文大学、香港科技大学、香港理工大学、香港城市大学，澳门大学、澳门理工学院、澳门科技大学等 15 所粤港澳大湾区主要高校的校长、院士。课题组 2018 年 8 月至 2019 年 1 月期间在美国开展了调研，接受调研的组织包括旧金山湾区的斯坦福大学、加州大学伯克利分校、谷歌公司，纽约湾区的哈佛大学、哥伦比亚大学、

[①]　Higher Education，Regional Innovation and Economic Growth 的缩写。

纽约州立大学奥尔巴尼分校、波士顿湾区①的波斯顿学院、马萨诸塞大学波士顿分校，以及芝加哥大学、威斯康星大学麦迪逊分校。课题组2019年8月在日本东京进行了调研，接受调研的组织包括广岛大学、东京大学、早稻田大学。课题组通过调研，收集了丰富的一手资料，包括校长（院士）、高等教育专家、企业技术人员的访谈资料及文档资料等。研究采用扎根理论方法深入分析这些资料，试图对大湾区建设中大学的角色与作用问题进行深入探讨。

1.1.1 理论意义

首先，对"高等教育、区域创新与经济增长：粤港澳大湾区建设中大学的角色与作用"问题的研究有助于人们对大学服务国家战略问题的深刻理解。作为国家重大发展战略，粤港澳大湾区是继美国纽约湾区、波士顿湾区、旧金山湾区，日本东京湾区之后的世界第五大湾区，是国家建设世界级城市群和参与全球竞争的重要空间载体。粤港澳大湾区建设的本质要求是三地社会、经济、文化等融合发展。高等教育在粤港澳三地融合发展中发挥着独特作用，大学本身就是一个创新、包容、多元文化浓厚的地方。湾区建设充分发挥大学的文化传承与引领作用、全面推动粤港澳大湾区高等教育融合发展必将有利于促进香港"人心回归"、促进"一国两制"事业行稳致远。粤港澳大湾区作为新兴湾区，高等教育类型丰富、各具特点。粤港澳大湾区高校加强合作，拓展合作模式，充分展现其在湾区建设中人才培养、科学研究、社会服务、国际合作等方面的作用，必将有利于提升湾区高等教育国际竞争力，更好地履行大学责任与担当，全面对接与服务国家战略。其次，对"高等教育、区域创新与经济增长：粤港澳大湾区建设中大学的角色与作用"问题的研究有助于丰富教育经济学及宏观经济政策研究的理论体系，拓展教育经济学研究的问题域，推进教育经济问题的广度、深度和高度及研究方法的创新，推动教育经济学学科专业的发展。

1.1.2 实践意义

目前我国经济发展正在进入一个转型期，广东省也正在实施创新驱动发展战略，大力推动经济高水平开放、高质量发展，正在建设不同层级的高水平大学。建设世界一流大学是世界一流湾区建设的应有之义。《规划纲要》指出，"支持大湾区引进世界知名大学和特色学院，推进世界一流大学和一流学科建设"。在最新的全球城市创新指数排名中，纽约、东京、波士顿、旧金山－圣何塞的创新指数均位居全球前列，国际湾区均具有较为完备的区域创新体系，均为全球科技创新中心，均拥有一批以世界一流大学为中心的高水平大学集群。创新和人才是粤港湾大湾区建设的核心资源。从湾

---

① 本丛书在分析经济基本情况时，采用学界普遍认可的全球传统三大成熟湾区（纽约湾区、旧金山湾区、东京湾区）和粤港澳大湾区即"四大湾区"一说；在分析高等教育与湾区经济发展关系时，课题组认为全球目前有"五大"具有重大影响力的世界级湾区，除了传统三大成熟湾区外，还包括波士顿湾区和粤港澳大湾区。

区现有发展看，粤港澳大湾区世界顶尖大学资源缺乏，尚未能充分发挥高等教育的核心引擎作用，原始创新还不足，科技创新力、国际影响力和辐射力还有待加强。因此加强对"高等教育、区域创新与经济增长：粤港澳大湾区建设中大学的角色与作用"问题的研究具有重要的实践意义，课题研究成果能为政府部门制定教育、科技创新政策提供具有案例与数据支撑的决策依据。具体来说，项目预计能在以下几方面发挥政策参考作用。

第一，明确大学在粤港澳大湾区建设中的角色和作用，有利于区域创新体系的构建和区域创新驱动发展战略的落实。当代经济发展中的一个重要支点是区域经济的崛起，崛起的区域，形象超越了国家与行政边界，在经济全球化国际分工中显示出不可替代的作用：一方面，区域经济发展中的鲜明个性特征成为全球化经济发展过程中的一个闪亮点，区域的个性存在成为区域价值的核心；另一方面区域的崛起又加速了区域个性化的发展。荷兰区域经济地理学教授拉坦等在谈到区域经济与高等教育关系时指出："21世纪的大学不同于20世纪的大学，这是肯定的。"① 但不同到什么程度，我们不得而知。不过有一点却是非常明确的，那就是大学和区域经济之间将形成一个互利合作的关系。这种关系将是双赢的：区域将为大学提供新的生源及办学经费，大学将给区域产业提供发展动力。"② 美国高等教育学家克拉克·科尔（Clark Kerr）在提到高等教育对区域经济发展的作用时对大学的职能做了精彩评述："高等教育在维护、传播和研究永恒真理方面的作用是无与伦比的；在探索新知方面的能力是无与伦比的；在服务先进文明社会的众多领域方面所做的贡献也是无与伦比的"③。无疑，高等教育成了区域经济增长的"动力源"。④我国大学尤其是高水平研究型大学承担着加快自主创新步伐，构建区域创新网络，增强区域核心竞争力，带动社会生产力实现质的飞跃的社会责任。包括香港、澳门在内的湾区内大学，尤其是研究型大学已经具有长期的办学经验积累，中央各级地方政府给予了重点扶持，具备了尖端的科研人才团队和先进的科研所需设施，在培养高质量人才、基础研究和推进科技成果转化方面具有明显的优势，发挥高校技术创新基地、高新技术企业孵化基地、创新和创业人才集聚和培育基地、高新技术产业辐射催化基地的作用是其促进区域经济发展功能的具体表现，大学成了区域创新体系不可或缺的重要一员。

第二，明确大学在粤港澳大湾区建设中的角色和作用，有助于湾区"人才库""知识库"和"思想库"的构建。国内外经验证明，无论是高新技术产业发展还是传统产业升级改造，首要条件是要有一个能促进人才辈出、释放人才能量的软硬件环境。因为科技人才既是与高新技术有关的知识的载体，也是知识的创造者。传播知识、造就人才是大学促进科技与知识发展的最根本、最本质的价值表现形式。同时区域创新

---

①④ 许长青. 人力资本、高等教育与区域经济增长——基于广东省的实证分析［J］. 高等工程教育研究，2013，（2）：90—96.

② RUTTEN R, BOEKEMA F, KUIJPERS E. Economic geography of higher education: knowledge infrastructure and learning regions［M］. London：Routledge，2003.

③ 克拉克·科尔. 大学的功用［M］. 陈学飞，译. 南昌：江西教育出版社，1993：45.

高地的发展必须不断地推出新知识、新思想、新创意、新技术、新管理方式等。而大学在科学研究方面具有学科、人才、信息、学术环境等诸多优势。大学作为培养高层次人才的沃土，其本身积聚了一大批高层次高学历人才，尤其是在研究型大学中，许多教师本身就是某一领域和学科的专家，专家学者是最宝贵的人才资源财富。随着全球化的持续深入和信息技术的快速发展，当今世界各国之间的竞争不仅仅是"硬实力"的竞争，更重要的是以思想、观念、文化为核心的"软实力"的竞争，思想库作为国家思想创新的动力和源头是"软实力"竞争的关键。①② 21世纪的中国需要拥有众多世界级水平和影响力的思想库的智力支持，大学思想库的发展规模和创新能力决定了国家和民族的未来。粤港澳大湾区内不乏有一些知名大学，如香港大学、香港中文大学、香港科技大学、香港城市大学、中山大学、华南理工大学、暨南大学、广东外语外贸大学、华南师范大学、澳门大学、澳门科技大学等。这些大学中普遍拥有众多基于多学科发展起来的研究机构，自然科学、人文科学和社会科学等多层次、多边缘交叉研究活跃。大学的学科综合不仅能在很广阔的领域里为思想库的跨学科研究提供良好条件，而且能为学科间交叉渗透、新兴学科和创新思想培育提供前提。粤港澳大湾区建设中大学作用的发挥必将充分体现出其人才资源优势、知识创造优势以及其对公共政策和舆论宣传方面强大的影响力，引领社会主义核心价值观和"一国两制"思想的发展，从而促进湾区社会经济发展。

第三，明确大学在区域创新中的角色和作用，有助于湾区内大学自身发展和自身功能的体现，提升"双一流"大学建设水平，更好地服务于"一国两制"的大政方针。大学理念是人们对大学的理性认识、理想追求及其所持的大学教育思想观念和哲学观点，是一所大学的办学思想、信仰追求和灵魂支柱的高度浓缩。③ 大学理念并非一成不变，也正是由于大学理念被不断地赋予新的时代特征，使得人们对大学的实质和内涵产生不同的看法，引发了对于大学理念的争论。但大学理念的每一次变迁和功能扩展都带来了高等教育的迅速发展，也带来了世界科学中心的转移。大学没有一成不变的格式，大学理念将不断发展、不断调整、不断充实。④ 在新的历史条件和环境下，我们要系统地研究大学理念的内涵及其对实践的指导作用，认真研究和不断完善大学的角色定位与社会责任。但实践中大学的角色定位与作用并不明确，如有的大学在庆幸和欢呼突破了传统高等教育理念的束缚后，却发现自身新的角色定位并不清晰，对于社会各方的多元诉求感到有些无所适从；有的大学在面对来自社会各方激烈的批评以及内部的反对声中，遭遇新的迷茫和困惑……这都会导致大学角色的模糊和冲突。⑤ 历史和现实已经表明，大学只有结合时代发展要求，明确自身所要承担的角色和发挥的作用，才能不至于在时代大潮中迷失方向。对于一所大学来讲，意识到自身

---

① 王莉丽. 大学思想库建设的国际经验及其走向 [J]. 重庆社会科学, 2012 (8): 106–109.
② 王莉丽. 中国大学思想库建设的未来发展图景与路径 [J]. 武汉大学学报（哲学社会科学版），2012, 65 (4): 126–128, 封3.
③④⑤ 张炜. 大学理念的演变与回归 [J]. 中国高教研究, 2015, (5): 15–19.

的角色就是找准自身定位，如果定位不正确，再努力恐怕也无济于事，如许多高校追求专业的大而全而泯灭了自身独特的专业优势。准确的角色定位不仅对大学自身发展有利，更对人才培养及社会经济发展有利。① 粤港澳大湾区拥有一批知名大学，但是整体发展水平远远不能适应经济发展水平，亟需提高高等教育核心竞争力。粤港澳大湾区发展不仅为大学自身建设提供了千载难逢的历史机遇，而且为大学自身建设带来了更多挑战。把握历史机遇，应对未来挑战必将促进大学自身发展的质的飞跃。

第四，明确大学在粤港澳大湾区建设中的角色和作用，对促进粤港澳大湾区高等教育融合发展实践具有重要的实践意义。习近平总书记在十九大报告中指出："要支持香港、澳门融入国家发展大局，以粤港澳大湾区建设、粤港澳合作、泛珠三角区域合作为重点，全面推进内地同香港、澳门互利合作。"明确大学的角色与作用，推动粤港澳大湾区高等教育合作与融合发展是香港澳门融入国家大局和粤港澳大湾区建设的迫切需求、也是中国高等教育走向世界的迫切要求。推动粤港澳大湾区高等教育合作与融合发展，不断地培养创新型、应用型、国际化高素质人才，必将激发高等教育的创新动能，为国际一流湾区建设提供持续动力；高等教育是区域文化的品牌，推动粤港澳三地高等教育合作与融合发展是提升港澳学生国家意识和爱国精神，实现港澳人心回归的重大举措；粤港澳高等教育合作与融合发展将为港澳青年进入广东和内地其他高校学习以及实习、就业、创业等提供更多的机会，有利于增强港澳青年学生在内地实现成才成功梦想，提升国家意识和爱国精神，培育以中华文化为主体、多元文化共存的价值体现，增进国家认同感；推动粤港澳大湾区高等教育合作与融合发展也是提升区域高等教育国际竞争力、打造世界科技和高等教育中心的战略选择；粤港澳是连接 21 世纪海上丝绸之路沿线国家的重要桥梁，加快粤港澳高等教育合作与融合发展，推动区域高等教育高水平、高质量发展，打造粤港澳大湾区国际化人才高地是培育我国开放竞争新优势、助力实现中华民族伟大复兴、构建人类共同体的客观需要和必然选择。

1.2　研究进展与基本概况

当前，专门讨论粤港澳大湾区区域内大学的角色与作用的研究不多，但是有部分文献探讨了与粤港澳高等教育合作有关的问题，相关文献包括大学的角色与职能的研究、粤港澳高等教育合作的研究等。

1.2.1　大学角色与职能研究

大学在经济增长中的作用与角色涉及大学与工业的关系。大学与工业的关系既是一个历史范畴，也是高等教育学、教育经济学所关注的热点问题。

---

① 　许长青. 大学在粤港澳大湾区建设中的角色与作用：访香港科技大学校长陈繁昌教授［J］. 国家教育行政学院学报，2018（12）：17 - 24，95.

一方面，大学被认为是技术创新的引擎。在全球工业经济向创新型经济转型过程中，大学和产业之间发生了更多联系，大学在整个社会发展中扮演着更为重要的角色，成为经济增长的动力源泉。雅各布（J. Jacobs）的研究表明经济增长的主要因素被认为是人力资本。① 卢卡斯（R. Lucas）将人力资本和技术进步结合起来，构建起一个内生经济增长理论新框架，认为源于人才集聚的乘数效应成为经济增长的决定因素，这种乘数效应被称之为"人力资本的外溢效应"，各种人才聚集加速了区域经济发展。② 罗默（P. Romer）认为资本、劳动、人力资本和技术水平是影响经济增长的重要因素。③ 伊兹科维茨（H. Etzkowitz）等认为大学传统的研究和教学使命正在越来越多地被"创业型大学"所取代，创业型大学通过技术转移、知识创新、孵化公司以及参与区域经济发展等方面提高了大学的政治可行性。④ 一位硅谷企业家在被问到"硅谷成功的秘诀"时，其回答更是直截了当："选择一所伟大的研究型大学、增加风险投资、尽力进行企业改组。"美国斯坦福大学、麻省理工学院以及北卡罗莱纳州立大学在硅谷、波士顿128号公路科技走廊以及北卡罗莱纳研究三角地带创新型经济中所发挥的作用已成为大学推动区域经济增长的典型案例。显然，大学在推动区域创新创业与经济增长中具有重要作用，大学知识产业化、专利技术及创业公司的创建产生了巨大的技术外溢效应，因而大学被认为是"技术创新引擎"⑤。

另一方面，大量文献试图重新定义大学的作用并超越大学作为"技术创新引擎"的命题。其核心观点是大学除了技术创新作用外，在区域经济增长中还扮演着更为重要的角色与作用。大学可能是一个区域的重要资源，但仅有大学是不够的，区域必须具有转化来自大学科研成果的意志和能力，需要区域创新生态系统以动员和利用这些创新能量，因而把大学作为创新引擎的观点过于简单化。因而，这种观点被认为扭曲了大学使命而受到社会质疑。罗伯特·默顿（Robert Merton）认为大学科学研究应该是一项开放工程，因为它致力于知识的有效创新和学术前沿的探索，而企业进行科学研究主要是为了增加利润和获得知识产权。⑥ 达斯古普塔（P. Dasgupta）和大卫（P. A. David）强烈主张将大学科学研究与企业技术创新分离，因为大学与产业之间的密切关系可能会吸引科学家对企业研究短期效益的追求，而那些可能会对社会产生

---

① JACOBS J. The death and life of great American cities [M]. New York：Random House, 1961.

② LUCAS R. The mechanics of economic development [J]. Journal of Monetary Economics, 1998, 22（1）：3 – 42.

③ ROMER P. Endogenous technological change [J]. Journal of Political Economy, 1990, 98（5）：S72 – S102.

④ ETZKOWITZ H, WEBSTER A, GEBHARDT C, et al. The future of the university and the university of the future：evolution of ivory tower to entrepreneurial paradigm [J]. Research Policy, 2000, 29（5）：313 – 330.

⑤ PUGH R, HAMILTON E, JACK S, et al. A step into the unknown：universities and the governance of regional economic development [J]. European Planning Studies, 2016, 24（7）：1357 – 1373.

⑥ MERTON R. The sociology of science [M]. Chicago：University of Chicago Press, 1973：134.

广泛和长期影响的重大研究却被忽视。① 佛罗里达（R. Florida）等采用3T模型（Technology-Talent-Tolerance Model）试图对人力资本理论进行修正与完善并解释了为什么有些区域能更好地培育、吸引和维持高水平的人力资本和高创造力，而有些地区则不能。② 最近的研究表明，大学角色更重要地体现在区域社区、文化、价值观等。③

国内关于大学角色的研究主要从大学理念、使命、责任、功能、作用等方面展开讨论。卢晓中认为现代大学应追求高深学问、适应社会需求、引领国际化④；柯文进认为大学承担着社会思想库使命，主要功能是知识生产、传授与创新⑤；何建坤等集中讨论了的研究型大学的技术转移功能⑥；徐显明探究了大学理念，认为中国大学应承担教学、科研、社会服务、促进文化和谐等四大功能⑦；眭依凡认为大学的使命包括培养人才、探索真理、创新知识和对国家负责⑧；崔延强和邓磊探讨了大学的学术责任，认为学术研究需在职业、道德、政治和社会等四方面发挥作用⑨。中国高等教育学会会长杜玉波指出：新时代中国高等教育研究应该明确责任与担当；要突出"问题意识"，扎根中国大地，做好"真研究"；要始终与服务国家重大需求同向而行，在回应群众关切和满足社会需求中做出"新贡献"。⑩ 另一类研究主要介绍国外大学的角色与作用。付淑琼介绍了国外创业型大学的实践，包括美国斯坦福大学、澳大利亚莫纳什大学、芬兰约恩苏大学等案例，以此说明大学应具有创业功能⑪；王志强等介绍了美国大学在国家创新系统中发挥的作用，包括基础研究、知识与技术转移、大学与

---

① DASGUPTA P, DAVID P A. Toward a new economics of science [J]. Research Policy, 1994, 23 (3): 487-521.

② FLORIDA R, MELLANDER C, STOLARICK K. Inside the black box of regional development: human capital, the creative class, and tolerance [J]. Journal of Economic Geography, 2007, 8 (5): 615-649.

③ TRIPPL M, SINOZIC T, SMITH H L. The role of universities in regional development: conceptual models and policy institutions in the UK, Sweden and Austria [J]. European Planning Studies, 2015, 23 (9): 1722-1740.

④ 卢晓中. 走向"社会的中心"——现代大学发展理念简论 [J]. 教育研究, 2002 (9): 25-29.

⑤ 柯文进. 社会转型与我国大学的社会定位 [J]. 教育研究, 2006 (10): 55-59.

⑥ 何建坤, 孟浩, 周立, 等. 研究型大学技术转移及其对策 [J]. 教育研究, 2007 (8): 15-22.

⑦ 徐显明. 大学理念论纲 [J]. 中国社会科学, 2010 (6): 36-43.

⑧ 眭依凡. 大学的使命及其守护 [J]. 教育研究, 2011 (1): 69-72.

⑨ 崔延强, 邓磊. 论大学的学术责任：现代大学学术研究的四重属性 [J]. 教育研究, 2014 (1): 84-91.

⑩ 杜玉波. 新时代中国高等教育的责任和担当 [J]. 中国高教研究, 2018 (5): 1-3, 32.

⑪ 付淑琼. 大学进取与变革的路径：论伯顿·克拉克的创业型大学观 [J]. 教育研究, 2010 (2): 63-67.

产业部门的合作①。粤港澳区域发展中大学的角色与作用研究主要探讨了粤港澳高等教育合作,如 CEPA② 与粤港澳高等教育的制度化合作③、粤港澳高等教育共同体建设④、粤港高等教育合作试验新区建设⑤等。

综上,已有文献讨论了大学应承担的一般角色与职能,如人才培养、学术研究、技术转移、社会责任、文化和谐、国际化等。粤港澳大湾区发展的本质是什么?其发展方向是什么?大学的一般角色在大湾区建设实践中具体发挥哪些作用?大学在大湾区建设中需承担的独特角色是什么?以上问题亟待有关学者结合大湾区情境进行深入探究。

粤港澳大湾区的建设发展是在"一国两制"、三个关税区、三种货币、三种法律体系、三种教育管理体制的特殊背景下进行的,既有体制叠加优势,又有人流、物流、资金流、信息流的体制机制障碍。当前大湾区建设存在的突出问题是粤港澳三个经济体尚未完全实现要素自由流动,湾区原始创新不足,区域整体创新合作程度不深,创新资源未能实现共建共享,创新潜力尚未完全释放,因此谋划全球创新高地,构建最具全球竞争力的创新体系是湾区建设的重中之重。作为湾区创新网络的重要节点,大学作用发挥得如何将直接影响到湾区创新水平。大学在湾区建设中发挥什么作用?亟待学术界结合湾区情境深入探究。现有文献集中讨论了大学理念、作用及三地高等教育合作等问题,研究方法主要是文献法。本研究将采用质性研究方法,旨在质性分析的基础上深入解剖大学应有的角色与作用。

1.2.2 粤港澳高等教育合作研究

粤港澳大湾区高等教育融合发展是区域高等教育合作的愿景,在达到融合状态之前,需要经历合作、协作、深度合作等过程。长期以来,粤港澳高等教育合作是学界关注的一个热点问题并进行了多视角的研究,考察粤港澳大湾区高等教育融合的相关研究主要从以下两方面展开。

1.2.2.1 区域合作研究

区域合作、区域公共管理、区域治理等相关基础理论研究为分析区域高等教育合作以及粤港澳区域合作提供了理论基础。金太军认为区域公共管理实质上是政府治理

---

① 王志强,卓泽林,姜亚洲. 大学在美国国家创新系统中主体地位的制度演进——基于创新过程的分析 [J]. 教育研究,2015 (8):139 – 150.

② CEPA (Closer Economic Partnership Arrangement),即《关于建立更紧密经贸关系的安排》的英文简称。包括中央政府与香港特区政府签署的《内地与香港关于建立更紧密经贸关系的安排》、中央政府与澳门特区政府签署的《内地与澳门关于建立更紧密经贸关系的安排》。

③ 陈昌贵,陈文汉. CEPA 与粤港澳高等教育的制度化合作 [J]. 高等教育研究,2004 (1):39 – 42.

④ 朱建成. 粤港澳高等教育共同体建设的探讨 [J]. 高教探索,2009 (6):77 – 80.

⑤ 徐瑶,廖茂忠. 创建粤港高等教育合作试验新区的思考 [J]. 高教探索,2015 (5):35 – 38.

方式上的制度变迁，即打破行政区域的刚性壁垒，把日益凸显的"外溢性"公共问题，如高等教育具有正外部性，纳入自身管理范畴之内，从而实现对区域公共事务的综合治理。① 卓凯和殷存毅提出促进区域合作的特殊体制，即跨越行政边界的"合作体制"，建立缩小成员间发展差距的发展基金，加强法律基础设施建设，明确合作的政策目标、政策工具及组织体系。② 根据汪伟全的分析，我国区域合作利益冲突的治理模式表现为政府主导、市场与社会共同参与的科层制模式，比如，中央政府出台了《珠江三角洲地区改革发展规划纲要（2008—2020 年）》，制定区域合作公约，使区域合作制度化和法制化。在区域一体化的法律治理方面，叶必丰主张对地方性法规和规章进行清理并协同立法，弥补区域行政协议缺乏刚性约束的不足。③ 在粤港澳区域合作方面，已有研究分析了粤港澳合作存在的问题，尤其是合作中的制度创新问题，提出了解决问题的策略。④ 陈瑞莲和杨爱平认为"一国两制"下广东与港澳特区政府之间存在政治、经济、行政、法律等诸多层面的制度差异，随着跨域事务治理合作的日益深入，三方间的制度碰撞与摩擦势必发生，从而成为制约粤港澳区域治理的主要难题。⑤ 杨英和秦浩明发现粤港澳三地合作发展制度创新存在着以下一些突出问题：合作框架协议不具有强制执行性，三个区域的制度创新只停留在表面的制度安排，制度实施存在大量不确定性与缺乏可操作性。⑥ 谢宝剑提出"一国两制"背景下港澳社会的融合策略，包括教育、社会福利、医疗、工会服务等方面。⑦

1.2.2.2 区域高等教育合作研究

已有研究主要以介绍国外区域高等教育合作经验并讨论这些经验对中国区域高等教育合作的启示为主。彭红玉和张应强介绍了美国州际高等教育协调与合作机制的两种形式，即州际高等教育协定和州际学费互惠协议。⑧ 韦惠惠讨论了欧盟高等教育合

---

① 金太军. 从行政区行政到区域公共管理：政府治理形态嬗变的博弈分析 [J]. 中国社会科学，2007（6）：53 - 65，205.

② 卓凯，殷存毅. 区域合作的制度基础：跨界治理理论与欧盟经验 [J]. 财经研究，2007（1）：55 - 65.

③ 叶必丰. 区域经济一体化的法律治理 [J]. 中国社会科学，2012（8）：107 - 130，205 - 206.

④ 汪伟全. 区域合作中地方利益冲突的治理模式：比较与启示 [J]. 政治学研究，2012（2）：98 - 107.

⑤ 陈瑞莲，杨爱平. 从区域公共管理到区域治理研究：历史的转型 [J]. 南开学报（哲学社会科学版），2012（2）：48 - 57.

⑥ 杨英，秦浩明. 粤港澳深度融合制度创新的典型区域研究：横琴、前海、南沙制度创新比较 [J]. 科技进步与对策，2014，31（1）：39 - 43.

⑦ 谢宝剑. "一国两制"背景下的粤港澳社会融合研究 [J]. 中山大学学报（社会科学版），2012，52（5）：194 - 200.

⑧ 彭红玉，张应强. 美国州际高等教育协调与合作机制及其启示 [J]. 高等教育研究，2012，33（4）：99 - 104.

作对粤港澳高等教育合作的启示。① 最近的研究探讨了中国国家发展战略下区域高等教育合作问题,如中国—东盟高等教育合作②、"一带一路"倡议下的高等教育合作③。有研究探讨了中国区域高等教育合作存在的问题并提出解决策略,如宗晓华和冒荣对长三角地区高等教育协同发展的研究④,李旭对京津冀区域高校联盟的研究⑤。2003 年 CEPA 签署后,粤港澳高等教育领域的合作研究进一步展开。有学者从制度视角开展研究,如 CEPA 与粤港澳高等教育的制度化合作⑥,粤港高等教育合作制度变迁分析⑦。少数英文文献探究了大陆与港澳高等教育合作存在的问题,如林沃德 (K. Ringwald) 的研究表明,中国大陆与香港高校的管理知识共享需解决文化障碍问题⑧,Xu 分析了中国内地学生到香港高校学习的身份构建问题⑨,郝志东剖析了澳门高校教师专业身份认同不足的原因⑩,黄素君和余慧明讨论了香港和澳门师范教育存在的问题⑪。另有研究提出了解决粤港澳高等教育深度合作问题的策略,如粤港澳高等教育共同体建设⑫,粤港澳高等教育一体化⑬,粤港高等教育合作试验新区的创

---

① 韦惠惠. 欧盟高等教育合作对粤港澳高等教育合作的启示 [J]. 高教探索,2012 (4): 43 – 46.

② 周谷平,罗弦. 推进中国—东盟高等教育合作的意义与策略:基于"一带一路"的视角 [J]. 高等教育研究,2016,37 (10): 37 – 41.

③ 辛越优,阚阅. 一带一路倡议下的高等教育合作:国家图像与推进战略 [J]. 高等教育研究,2018,39 (5): 101 – 109.

④ 宗晓华,冒荣. 合作博弈与集群发展:长三角地区高等教育协同发展研究 [J]. 教育发展研究,2010,30 (9): 1 – 5.

⑤ 李旭. 京津冀区域高校联盟建设的现状、困境与对策 [J]. 高等教育研究,2018,39 (6): 42 – 50.

⑥ 陈昌贵,陈文汉. CEPA 与粤港澳高等教育的制度化合作 [J]. 高等教育研究,2004 (1): 39 – 42.

⑦ 韦惠惠,陈昌贵. 粤港高等教育合作制度变迁分析 [J]. 广东工业大学学报(社会科学版),2011,11 (1): 6 – 10.

⑧ RINGWALD K. Transferring management knowledge in Anglo-Chinese higher education collaboration: are we speaking the same language? [J]. Industry and Higher Education, 2008, 22 (5): 315 – 326.

⑨ XU C L L. Identity and cross-border student mobility: the Mainland China-Hong Kong experience [J]. European Educational Research Journal, 2015, 14 (1): 65 – 73.

⑩ HAO Z D. In search of a professional identity: higher education in Macau and the academic role of faculty [J]. Higher Education, 2016, 72 (1): 101 – 113.

⑪ VONG S K, YU W M. Is teacher education at risk? A tale of two cities – Hong Kong and Macau [J]. Compare: A Journal of Comparative and International Education, 2018, 48 (5): 785 – 800.

⑫ 朱建成. 粤港澳高等教育共同体建设的探讨 [J]. 高教探索,2009 (6): 77 – 80.

⑬ 朱建成. 粤港澳高等教育一体化是区域经济一体化的发展趋势 [J]. 广东工业大学学报(社会科学版),2010,10 (2): 15 – 19.

建①，珠港澳高等教育联动发展②，大湾区高等教育深化合作的模式③，大湾区高水平大学集群发展④。许长青和黄玉梅结合粤港澳大湾区发展的新情境，从制度变迁的视角深入探讨了粤港澳大湾区高等教育融合发展的机制。⑤

总体来看，已有研究主要是对政策文本等二手资料的分析，研究方法主要是文献分析法，方法的严谨性与结论的科学性有待进一步提高。在粤港澳大湾区建设上升为国家发展战略的背景下，社会各界急需发现大湾区高等教育合作中表现出来的各种新问题、新矛盾，从而促进高等教育在区域创新与区域经济发展中发挥更大促进作用，因此，需要在科学方法论的指导下，收集大量的一手资料和数据并对其进行剖析，进而获得可靠的研究结论。

1.3 研究方法与框架设计

1.3.1 研究方法

1.3.1.1 质性研究

质性研究是以研究者本人作为研究工具，在自然情境下，采用多种资料收集方法，对研究现象进行深入的整体性探究，从原始资料中形成结论和理论。⑥ 本研究的目的在于探索粤港澳大湾区建设上升为国家战略情境下大学的角色与作用。我们认为扎根于粤港澳大湾区高等教育实践，收集有办学经验的大学校长的一手数据有助于问题的分析，因此基于质性研究扎根理论的方法适合于本研究。扎根理论作为一种质性研究方法，其宗旨是在经验资料的基础上建立理论，其特点不在于其经验性，而在于从经验事实中抽象出新概念和思想，这正是本研究所要寻求的答案。

1.3.1.2 数据来源

（1）深度访谈。质性研究抽样遵循理论抽样原则，即寻求那些能够为本研究提供

---

① 徐瑶，廖茂忠. 创建粤港高等教育合作试验新区的思考［J］. 高教探索，2015（5）：35-38.
② 王坤. 珠港澳高等教育联动发展的对策研究：基于创新驱动发展战略背景［J］. 特区经济，2017（9）：21-26.
③ 冼雪琳，安冬平. 粤港澳大湾区高等教育现状及合作模式探讨［J］. 深圳信息职业技术学院学报，2017，15（4）：7-11.
④ 欧小军. "一国两制"背景下粤港澳大湾区高水平大学集群发展研究［J］. 现代教育管理，2018（9）：17-22.
⑤ 许长青，黄玉梅. 制度变迁视域中粤港澳大湾区高等教育融合发展研究［J］中国高教研究，2019（7）：25-32.
⑥ 陈向明. 扎根理论在中国教育研究中的运用探索［J］. 北京大学教育评论，2015，13（1）：2-15，188.

非常密集、信息丰富的个案作为样本。大学校长、院士、高等教育专家是高等教育的领导者、实践者、研究者，他们拥有问题解决的较多的话语权。访谈对象包括中国粤港澳大湾区具有代表性的大学校长或院士共 15 名，美国旧金山湾区、纽约湾区、波士顿湾区等地高等教育专家（以及谷歌公司工程师）共 11 名，日本东京湾区高等教育专家共 3 名。研究者根据研究问题以及访谈对象的背景信息，设计了访谈提纲。为避免个人经验对访谈结果造成干扰，研究者在设计访谈问题时抛开了个人观点，不带预设地收集一手数据。同时访谈问题尽可能开放，使受访者有足够的余地选择谈话方向和内容。本研究的访谈对象、访谈时长等具体信息如表 1-1、表 1-2、表 1-3 所示。

研究共开展了 29 次访谈，研究者对访谈做了录音并将访谈录音整理成文本发给被访者确认。除两名校长书面访谈外，其余均采取面对面访谈，每次访谈约 40～110 分钟。对粤港澳主要高校校长及院士的访谈累计时长共 14.88 小时，平均访谈时长 68.69 分钟，累计整理文本约 15 万字。对美国高校的专家（以及谷歌公司工程师）访谈累计时长约 7.55 小时，平均访谈时长约 42.50 分钟，累计整理文本约 7.85 万字（中文译文）。对日本高校专家的访谈累计时长约 2.5 小时，平均访谈时长约 50 分钟，累计整理文本约 2.85 万字。

表 1-1 粤港澳高校访谈样本信息①

高校名称	访谈对象	访谈时长/分钟	文本字数/字	高校名称	访谈对象	访谈时长/分钟	文本字数/字
中山大学	罗　俊	62	11 009	香港大学	叶嘉安	40	6 099
暨南大学	宋献中	85	13 612	香港科技大学	陈繁昌	56	10 054
华南师范大学	王恩科	60	8 926	香港中文大学	沈祖尧	45	8 624
深圳大学	李清泉	100	13 469	香港城市大学	吕　坚	75	12 130
澳门大学	赵　伟	85	17 610	香港理工大学	唐伟章	70	8 131
澳门科技大学	庞　川	40	8 134	香港岭南大学	莫家豪	65	8 316
澳门理工学院	李向玉	110	19 124	广东外语外贸大学	隋广军	书面回答	4 946
华南理工大学	王迎军	书面回答	3 209	—	—	—	—

---

① 访谈校长均为时任校长。香港中文大学、澳门大学均于 2018 年 1 月换届，香港科技大学 2018 年 9 月换届，香港理工大学 2019 年 7 月换届；广东外语外贸大学 2018 年 6 月进行了换届，时任校长隋广军根据本研究的访谈提纲，提供了书面回答，没有访谈录音；华南理工大学 2018 年 11 月进行了换届，时任校长王迎军根据访谈提纲，提供了书面回答，没有访谈录音。

表1-2 美国高校（企业）访谈样本信息

高校（企业）名称	受访单位	访谈对象	访谈时长/分钟	文本字数/字
斯坦福大学	教育研究院	米歇尔·斯蒂文斯（Mitchell L. Stevens），教授	40	6 583
加州大学	校长办公室	常桐善，主任	75	15 597
谷歌公司	公司总部	陈晓鸣，工程师	35	6 357
哥伦比亚大学	教育学院	亨利·列文（Henry Levin），教授	52	7 773
纽约州立大学奥尔巴尼分校	教育政策与领导系	亚伦·贝纳沃特（Aaron Benavot），教授	52	9 999
纽约州立大学奥尔巴尼分校	教育政策与领导系	贾森·莱恩（Jason E. Lane），教授	35	5 273
波士顿学院	国际比较高等教育研究中心	菲利浦·阿特巴赫（Philip G. Altbach），教授	56	9 651
哈佛大学	教育学院	朱莉·鲁本（Julie Reuben），教授	25	3 346
马萨诸塞大学波士顿分校	国际比较高等教育研究中心	严文蕃，教授	40	1 827
芝加哥大学	社会学系	洪光磊，教授	30	2 475
威斯康星大学麦迪逊分校	校友研究基金会	埃里克·艾佛森（Erik Iverson），首席执行官；珍南·亚西里·莫（Jeanan Yasiri Moe），战略沟通官	49	9 162

注：表格中"文本字数"统计的是访谈录的中文译文，访谈录的英文原文因篇幅所限制，在此并未呈现。

表1-3 日本高校访谈样本信息

高校名称	受访单位	访谈对象	访谈时长/分钟	文本字数/字
广岛大学	高等教育研究中心	黄福涛，教授	40	6 583
早稻田大学	大学综合研究中心	吉田文，教授	75	15 597
东京大学	社会科学研究所	伊藤亚圣，副教授	35	6 357

（2）专家研讨。2018年5月课题组举办了"第一届粤港澳大湾区高等教育国际学术论坛"，邀请院士、粤港澳三地高等教育研究专家等围绕会议主题发言、展开讨论。

2018年7月举办了"粤港澳高校联盟2018大学校长高峰论坛",邀请教育部、广东、香港、澳门教育行政管理部门领导,湾区28所大学校长、副校长与会,围绕主题展开学术讨论。课题组团队参加了教育部教育发展研究中心2018年6月举办的"粤港澳大湾区高等教育发展战略专家研讨会",参加了教育部科技委2018年10月举办的"粤港澳大湾区高等教育协同创新发展"会议,听取了政府部门、高校领导、研究专家的发言并参与讨论。2019年11月课题组举办了"第二届粤港澳大湾区高等教育国际学术论坛",课题组对各研讨会专家发言进行了录音并整理成文字录入数据库。

(3) 文献资料。接受访谈的组织还提供了与课题相关的文献资料,如高校发展历史资料、产学研合作资料、学校发展规划资料、学校领导讲话、人才培养及合作等资料。其他文档资料包括湾区高校的官方网站资料以及以大湾区高校为研究对象的文献、著作等资料。

根据证据三角原则,研究者综合分析以上不同来源的资料,力求从多个方面验证同一事实,以确保研究结果的准确性。

1.3.2 框架设计

本书聚焦大学在粤港澳大湾区建设中的角色与作用问题,以角色理论、大学角色理论、扎根理论等作为研究的理论基础,在现实问题与理论的指引下开展访谈、收集资料与数据,再采用扎根理论方法分析资料,最后基于结论提出有针对性的政策建议。因此,本书包括五大部分,总体框架如图1-1所示。

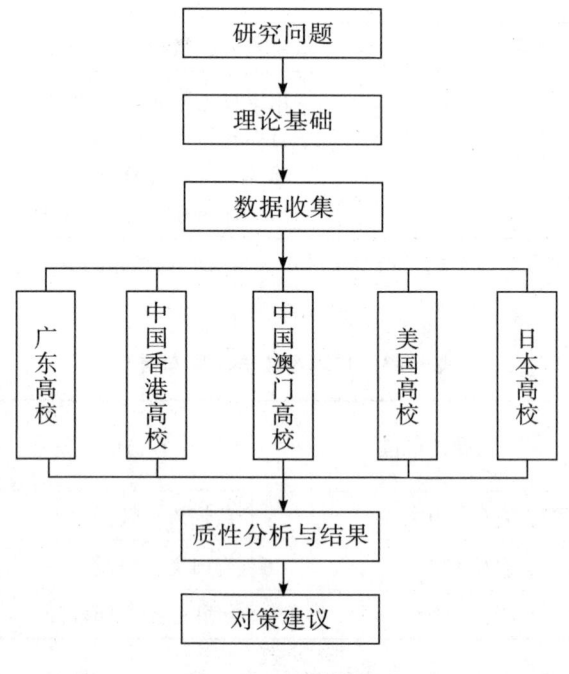

图1-1 研究框架

第一部分是研究问题，对应第 1 章内容。结合国家粤港澳大湾区发展战略规划、高等教育转型发展等背景，以及国内外研究现状，提出本研究的研究问题：粤港澳大学在大湾区建设中的角色与作用。

第二部分是理论基础，对应第 2 章内容。包括与本研究问题相关的基础理论，如社会学中的角色理论，高等教育研究中大学的角色相关文献，质性研究中最具影响力的扎根理论等。

第三部分是数据收集，对应第 3 章至第 7 章内容。本研究的数据主要是质性资料，包括对广东 6 所高校、香港 6 所高校、澳门 3 所高校、美国 10 所高校（企业）、日本 3 所高校等单位的调研，访谈对象包括这些单位的校长、院士、高等教育专家等等，接受调研的单位还提供了与本研究相关的文档资料。

第四部分是质性分析与结果，对应第 8 章内容。本研究采用扎根理论方法分析访谈资料、文档资料以及文献资料；笔者结合已有文献、质性资料等对质性分析结果进行解释与讨论，进而获得本研究的基本结论。

第五部分是对策建议，对应第 9 章内容。根据研究结论，提出有针对性的政策建议。

1.4 研究可能的创新与不足

1.4.1 研究可能的学术创新

1.4.1.1 从角色理论切入，形成大湾区建设中大学角色整合框架模型

角色整合框架模型系统阐述了大学的角色情境与认识、大学的角色行为与作用。大湾区大学的角色情境与认识包括湾区情境（经济、社会、文化、科技融合）和高校情境（高教融合、校长认识、师生期待）。角色行为与作用包括文化引领（校长精神领导、教师价值传递、学生文化认同）、输出人才（家国情怀、通博专精、创新创业）、输出成果（论文专著、技术专利、咨询报告）、输出机构（重大平台、高端智库、衍生企业）。尽管角色理论在社会学研究中已较为成熟，但在粤港澳大湾区发展这一新情境下探讨大学的角色，既具有理论契合度又具有现实意义。运用经典理论解释当前大学的功用实践，一方面丰富了已有理论，另一方面也提高了经典理论的现实运用范围。

1.4.1.2 采用质性研究之扎根理论研究方法路径，发现大学在大湾区发展情境下的角色系统理论

国外关于大学在区域创新、区域经济增长中的角色的文献，以质性研究居多，多数是思辨性研究，有一定的案例研究，极少数是收集了大样本数据的实证研究。由于我国大学发展历程短于西方国家，国内关于大学角色与功能的研究多是借鉴西方已有文献，结合我国情境开展的思辨型讨论，少数是案例研究，并且不同研究中关于大学

角色与职能的论述比较分散，也没有突显出区域经济发展中大学的特殊角色。本研究通过严谨的扎根理论分析，研究大学在大湾区建设中需扮演的多重角色和发挥的多重作用，包括特殊角色（文化引领）与常态作用（输出人才、输出成果、输出机构），角色之间既相互区别又有内在联系，构成一个角色系统共同作用于区域创新与区域经济增长。

1.4.2 研究存在的不足之处

1.4.2.1 缺乏大样本数据

本研究主要采用质性研究方法，探究大学在粤港澳大湾区建设中的角色与作用，未来需收集大样本数据检验质性研究阶段发现的研究结果，提高研究结论的普适性。具体做法为，收集区域层面的大样本数据，考察大学在区域发展中的作用。在开展实证研究时，需要用具体指标量化各个变量，比如大学的作用可以采用大学完成率、科研人员数目、高校研发支出等指标衡量，区域创新与区域经济增长可以用专利数目、新创企业比例、高速增长企业比例、区域GDP等指标衡量。

1.4.2.2 未进行纵向跟踪研究

开展纵向研究的资料来源包括对档案材料的梳理、被访谈对象的回忆等，从某个时间点开始跟踪研究对象未来的演进情况的研究非常稀少但意义重大。本研究没有对每所大学的角色开展纵向探究，未来研究拟从纵向跟踪视角开展，跟踪粤港澳大湾区发展的新情况以及新情境下大学的角色与职能的演变，比如解释大学促进区域创新系统形成的过程机制，大学作为制度创业者的行为过程，等等。

第 2 章
理 论 基 础

2.1 角色理论

角色理论是重要的社会学理论之一，高等学校处在一定的区域社会情境之中，尤其是粤港澳大湾区区域社会，有着与其他地区非常不同的特点，因此，适合以角色理论为基础探讨粤港澳大湾区大学与区域社会的关系。角色一词源于戏剧，在戏剧舞台上，一切剧中人物都称之为角色。在戏剧舞台中，演员的语言和行动方式受到剧本对剧中人物规定的限制，必须符合作者和导演的要求。米德（George H. Mead）1934 年首次从戏剧中引入"角色"一词，用来分析个体在社会中的自我认知及在社会活动中的身份以及他呈现给社会的行为特质，从而将心灵、自我和社会结构与社会互动过程联系起来。① 林顿（Ralph Linton）、帕森斯（Talcott Parsons）、默顿（Robert K. Merton）等人对角色进行了持续研究并认为个体扮演着一定网络中的特定角色。② 随后的研究出现了结构角色理论与建构角色理论。前者认为角色是先于行动者而存在的社会设置，这种设置预设了行动者的行为，而扮演角色的过程就是特定设置下的行动，个体在角色扮演中缺乏足够的自主权。③ 后者则认为角色的产生和存在不能被简单地视为既定的社会设置，而应该从社会个体与社会互动过程中去反思角色的互构过程。尽管两者在理论上存在分野，但二者均表达了相近的理论内核，即强调行动主体的行为是特定社会情境下的外在表现，表现过程形塑着主体行为，同时，主体行为也影响着角色行动过程。

在实践中对角色概念进行定义时，应该既要考虑结构性的社会整体对单个行为者

---

① 米德. 心灵、自我和社会［M］. 霍桂桓，译. 北京：译林出版社，2012：56.
② 袁方成，邓涛. 从期待到实践：社区社会组织的角色逻辑：一个"结构—过程"的情境分析框架［J］. 河南大学学报（社会科学版），2018，58（4）：15-23.
③ 特纳. 现代西方社会学理论［M］. 范伟达，译. 天津：天津人民出版社，1988：488-511.

的限制性,也要充分考虑单个行为者在社会整体中的主体性和独立性。① 社会学对角色这一概念的一般理解为:"与人们的某种社会地位、身份相一致的一整套权利、义务的规范与行为模式,是人们对具有特定身份的行为期望,它构成社会群体或组织的基础。"② 显然,角色总是与一定的行为模式相联系,这种模式既包含了人们对具有特定社会地位的个体或组织行为的期待,也涵盖了行动者对角色的认知和实践过程。即行动者进入角色通常需要经历角色期望与认知、角色行为与实践以及角色作用与效应三个阶段,这也成为研究大学行为的一般逻辑。

2.1.1 角色期望与认知

角色的权利和义务实质上是社会对处于一定地位的行为的规范要求,并以社会期望的方式表现出来。期望是人们对于一定的角色形象及其行为模式的设想,角色期望可分为社会期望和自我期望两种。社会期望是社会以及他人对于某个角色应该是什么样子,应该做什么和不应该做什么的看法和要求,自我期望则是角色承担者自己对于自己应该做为什么和怎样做为的一种要求和设计,这种期望受到社会期望的影响和制约,但同时也与当事人的态度、观念、理想和个性有关,它往往也能够使一个角色发生变化或赋予个性色彩。在社会生活中,不同的角色产生不同角色期望,要求具有不同的行为,因此在角色扮演过程中,人们首先要确定自己将要扮演一个什么样的角色,对于角色的确定过程,也就是对于角色的认知过程,即是与一个人的社会地位和身份一致化的过程。③ 对于高校来说,作为社会中的一个组织,也需要充分认识和理解社会中的其他组织对高校的角色有哪些期待,即大学在承担角色时需要认识和考虑自身所处的情境,从而产生相应的角色行为,进而发挥有效作用。

2.1.2 角色行为与实践

在历史唯物主义看来,任何角色首先是一个实践主体,没有人的主体性及其能动的实践活动,就不会有任何角色的出现。④ 美国社会学家乔纳森·特纳(Jonathan H. Turner)认为,角色的文化定义不过是提供了一个个体行动者从中建立行动路线的总体框架⑤。显然,角色实际上就是个体在特定社会关系中的身份以及与该身份相符合的行为规范和模式。个体在某一特定位置上扮演某个角色,会被与个体相关的他人、

---

① 任志峰. 角色理论及其对集体行为者的可行性分析 [J]. 华中科技大学学报(社会科学版),2016,30(4):123.
② 郑杭生. 社会学概论新修 [M]. 北京:中国人民大学出版社,2013:55.
③ 贾伯中. 角色理论与政治角色 [J]. 政治学研究,1989(4):4-8.
④ 齐世泽. 角色理论:一个亟待拓展的哲学空间 [J]. 北京交通大学学报(社会科学版),2014,13(4):115-120.
⑤ 乔纳森·特纳. 社会学理论的结构 [M]. 邱泽奇,张茂元,译. 北京:华夏出版社,2006:363.

所在群体或社会赋予该角色相应的行为表现①。角色行为与实践是指社会结构中的个体按照在社会关系中的定位以及角色期待，创造赋予个人特质和色彩的角色类别的过程。角色行为与实践包括以集体组织作为行为的主体与以个体作为行为的主体两种形式。② 大学是以集体组织作为主体的角色行为与实践者，它应该更加关注作为组织的大学在社会关系结构，尤其是粤港澳大湾区社会关系结构中所应有的定位，以在此基础上所形成的一整套规范、制度、权利与义务。

2.1.3 角色作用与效应

拥有一定的地位和身份，就得扮演一定的角色，每种角色对应着具体的行为或活动。人们在扮演角色时，常常受到角色期望的约束和社会规范的约束，往往发生角色冲突。解决角色冲突需要进行角色功能的分化和规范化，避免角色不清、角色重叠。需特别注意的是，在同时扮演多重角色情况下，角色之间既有区别也有内在联系，需要理清角色的层次与关系，避免角色关系的矛盾。一定的角色行为将产生一定的结果，这些结果可能对个体或社会产生积极的或消极的影响。角色扮演者的价值取向、利益取向，以及角色行为与社会角色期望的一致性程度，决定了角色行为的结果与效应。③ 大学组织了解角色情境、合理定位自身在区域发展中的角色之后，需要采取具体的行动才能真正地发挥作用。

2.2 大学角色

大学角色，是指与大学在社会中的某种位置或身份相一致的一整套权利、义务、规范与行为，大学组织的行为需要符合社会的期待。大学扮演什么角色，其行为将发挥相应职能或作用，因此，大学的角色和作用相互联系、密不可分，在本研究中我们将大学角色与作用一并分析。

关于大学角色的研究，早期文献强调大学是"知识库""人才库"，是区域创新与发展的源泉。但随着高等教育规模的扩张，政府高等教育投资的紧张，高校知识资产的资本化愈受重视，也就是说大学需直接对经济产生贡献，才能获得政府的资金投入。④ 在这样的情境下，大学被认为是区域创新系统中的重要主体，近期越来越多的研究讨论大学对于区域创新和经济价值创造的贡献，并提出加强"大学—区域创新—

---

① GRAEN G. Role-marking process within complex organizations [M]//DUNNETTE M D. Handbook of industrial and organizational psychology. Chicago：Rand McNally，1976：1201–1245.

② 任志峰. 角色理论及其对集体行为者的可行性分析 [J]. 华中科技大学学报（社会科学版），2016，30（4）：122–127.

③ 贾伯中. 角色理论与政治角色 [J]. 政治学研究，1989（4）：4–8.

④ ETZKOWITZ H，WEBSTER A，GEBHARDT C，et al. The future of the university and the university of the future：evolution of ivory tower to entrepreneurial paradigm [J]. Research Policy，2000，29（2）：313–330.

区域经济增长"之间关系的建议。埃茨科威兹和齐萨（Etzkowitz & Dzisah）建议发展创业型大学，促进精英在大学、企业、政府之间流动，增加学术创业活动以带动区域经济增长。① 王成军等认为三螺旋机制的有效运行推动区域经济发展，有效运行的措施包括高校企业合作研究、联合申请专利、授权转让，政府统筹全局制定政策与法规。② 许长青等研究发现，产学研协同创新对区域经济增长具有显著拉动作用，表现在高校作为创新主体参与创新活动直接推动区域经济增长，高校与企业、高校与政府之间的互动关系对区域经济增长具有显著影响，高校通过人才培养为区域经济发展提供必要的人力资本从而间接推动经济增长。③

另外，斯劳特和莱斯利（Slallghter & Leslie）的《学术资本主义》也论证了大学对区域经济增长的正向促进作用。他们定义了"学术资本主义"："为保持和扩大资源，教学科研人员不得不日益展开对外部资金的竞争，这些资金用来进行与市场有关的研究，包括应用的、商业的、策略性的和有目标的研究等等，不管这些钱是以研究经费和合同的形式、服务合同的形式、与产业和政府合作的形式、技术转让的形式，还是以招收更多的、更高学费的学生的形式"。我们称院校及其教师为确保外部资金的市场活动或具有市场特点的活动为学术资本主义。学术资本主义强调高等教育对于国家经济活动的效用，大学成为新技术和新产品的开发场所，技术转让的结果经常产生知识产权，包括专利和工艺、商标或版权，以及面向商业市场的咨询工作。总之，大学拥有最稀缺的、最有价值的人力资本，教学科研人员将他们拥有的稀缺专业知识和技能应用于生产工作，对大学教师个人、对他们服务的公立大学、对和他们一起合作的公司以及对更广泛的社会，都将产生效益。④

但是，近年也有学者注意到大学对区域发展的贡献不仅包括技术创新与经济价值创造，还包括对区域社区、文化、价值观等的影响，也就是说大学在区域发展中承担着更广泛的角色。特里皮尔（M. Trippl）等较全面系统地总结了大学在区域发展中的角色，以及不同角色对应的具体行为与政策启示⑤，如表 2-1 所示。

---

① ETZKOWITZ H, DZISAH J. Rethinking development: circulation in the triple helix [J]. Technology Analysis Strategic Management, 2008, 20 (6): 653–666.

② 王成军, 余晓芳, 陈忠卫. 三重螺旋视域下中国区域创新水平差异性研究 [J]. 科技进步与对策, 2016 (7): 38–41.

③ 许长青, 金梦, 周丽萍. 基于三螺旋模型的高校产学研协同创新对区域经济增长贡献的实证研究：以广东为中心的比较 [J]. 教育学术月刊, 2019 (5): 96–104.

④ 斯劳特, 莱斯利. 学术资本主义 [M]. 梁骁, 黎丽, 译. 北京：北京大学出版社, 2014: 1.

⑤ TRIPPL M, SINOZIC T, SMITH H L. The role of universities in regional development: conceptual models and policy institutions in the UK, Sweden and Austria [J]. European Planning Studies, 2015, 23 (9): 1722–1740.

表 2-1 大学在区域发展中的角色

大学角色	狭义（经济/技术维度）		广义（社会、文化、价值观维度）	
	创业型大学	区域创新系统型大学	创造知识型大学	参与社会型大学
大学行为	商业化活动：专利授权、成立大学衍生公司	合作或合同研究；咨询；专门建议；与区域不同主体建立联接	解决重大社会挑战；与非科学领域的广大主体互动	对社会、政治等方面做贡献，培养公民意识
政策启示	知识产权保护；支持技术转移组织、科技园、孵化器；提升从大学分离出的公司	强化大学在区域创新系统中的角色；将大学整合进区域集群行动与创新战略中	设立公共基金资助跨学科研究；设立基金资助社会重大问题的研究	不同层面的各种混合政策；将大学整合进区域创新和治理网络中

综上，大学作为区域的一个组织，在与区域的互动中体现出组织的复杂性，因此，大学在区域发展中的角色不是单一的而是多元的，并且随着时间的发展而动态调整。同时，粤港澳大湾区具有情境特殊性，表现在"一个国家、两种制度、三关税区、三种货币、三套法律体系、三种教育管理体制"。因此，在探讨大学在粤港澳大湾区建设中所扮演的角色与作用时，应考虑大学角色的多重性、特殊性与动态性。

2.3 扎根理论

质性研究按取向（Approach）可分类为历史研究、民族志研究、现象学研究、个案研究、扎根理论、行动研究等。除了民族志研究之外，扎根理论是最早且最具影响力的研究路径，其他路径都可以将扎根理论作为一种分析资料的方法。① 扎根理论最早由美国学者格拉泽和斯特劳斯（Glaser & Strauss）于 1967 年提出，是对当时已经渗透到大多数社会研究中的极端实证主义的一种回应。扎根理论是一种研究路径，而不是一种实体的"理论"。② 扎根理论的研究目的是生成理论，而理论必须来自经验资料；研究是一个针对现象系统地收集和分析资料，从资料中发现、发展和检验理论的过程；研究结果是对现实的理论呈现；通过系统的资料收集和分析程序而被发现的理论被称为扎根理论。③

扎根理论研究路径只生成"中层理论"，位于学术大师们提出的"宏大理论"与

---

①③ 陈向明. 扎根理论在中国教育研究中的运用探索 [J]. 北京大学教育评论, 2015, 13 (1)：2-15, 188.

② GLASER B G, STRAUSS A L. The discovery of grounded theory: strategies for qualitative research [M]. New York: Aldine, 1967.

实证研究者们的具体研究假设之间。相比"印象式"的民族志研究,扎根理论的理论提炼度更高,更可能与其他理论进行对话。有些研究虽然提出了理论,但理论是基于对经验资料的粗略介绍,缺乏严谨的数据分析步骤与过程。扎根理论路径希望建立起理论与资料之间的联接(link),在已有文献、经验资料和研究者个人经验的基础上,通过系统地收集资料和分析资料生成扎根理论。通过扎根理论研究路径生成的"中层理论"包括"实质理论"(substantive theory)与"形式理论"(grounded formal theory),前者涉及一个实质领域,即对某一特定情境下某一现象的研究所获得的理论,如病人护理、专业教育等;后者跨实质领域,是对许多不同类型情境下的某一现象的研究所获得的理论,如越轨行为、奖励制度、社会变迁等。实质理论不仅能激发出"美妙的想法",而且也可以在发展相关类属、属性以及选择适宜的整合模式上提供一个初步方向,因此,从实质理论入手生成形式理论往往是必要的。①

做好扎根理论研究的几个关键要求如下:

(1) 发现问题。发现适合采用扎根理论研究路径开展的研究问题。扎根理论不是理论验证,"最适合使用扎根理论的地方:有一个尚未被解释的有趣现象,研究者试图从数据中去发现理论"②。最适合使用扎根理论的两种情况,一是没有明确的需要验证的假设,二是尽管有需要验证的假设,但由于其太过抽象,无法用逻辑演绎的方法去验证。③

(2) 重视文献。需要阅读与研究问题相关的文献并进行评述,不"脑袋空空"地开展扎根研究。扎根理论研究的实质就是希望在"理论强加"的世界观和"无所束缚"的经验主义之间取得一种平衡。具体做法是,将注意力放在现有理论上,但同时不断提醒自己:你是个活生生的人,你的研究发现既取决于你是谁,还取决于你到底想看到什么。④

(3) 持续比较。资料收集、资料分析、理论生成同时进行。比如,访谈完之后尽快开展数据编码工作,根据数据分析结果与初步结论,决定新的访谈对象,并调整提问方式、访谈策略等,如此迭代循环。

(4) 理论抽样。数据收集不是由预先的假设所引导,而是以理论是否饱和决定是否停止抽样,没有新的范畴出现视为理论饱和。

(5) 理论敏感性。有些研究平淡无奇是因为无法将数据提炼为具有理论意义的概念与范畴,因此,在进行数据分析时需保持理论敏感性,保持数据编码的开放性与创新性,让更多新颖的、具有理论意义的概念和范畴涌现出来。

---

①③④ SUDDABY R. 扎根理论之所非[M]. 曾宪聚,韩巍,译//徐淑英,任兵,吕力. 管理理论构建论文集. 北京:北京大学出版社,2016:145 – 162.

② SUDDABY R. What grounded theory is not [J]. Academy of Management Journal,2006,49(4):633 – 642.

第 3 章
广东高校访谈录①

中国科学院院士咨询课题"高等教育、区域创新与经济增长：粤港澳大湾区建设中大学的角色与作用研究"课题组在 2017 年 10 月 24 日至 2018 年 6 月 28 日期间先后访问了中山大学、深圳大学、广东外语外贸大学、华南理工大学、暨南大学、华南师范大学等 6 所广东高校，访谈了 6 位时任校长。

3.1 中山大学②

学校简介：中山大学（Sun Yat-sen University，SYSU，简称中大）的前身是孙中山先生于 1924 年创立的国立广东大学，今日的中山大学，由 1952 年院系调整后分设的中山大学和中山医科大学于 2001 年 10 月合并而成，拥有广州、珠海、深圳三个校区五个校园和 10 家附属医院，校园总面积达 9.15 平方公里。学校学科门类齐全，已涵盖除军事学以外的所有学科门类，形成文理医工农艺综合发展的学科格局。2019 年学校入选国家级一流本科专业 34 个，居全国高校第 3。学校坚持"三个面向"（面向国家重大战略需求、面向国家和区域经济社会发展、面向学术前沿）的办学思想，坚持立德树人的根本任务，不断改革创新、追求卓越，现已形成了"综合性、研究型、开放式"的一流大学办学特色。学校有 20 个学科领域进入 ESI③ 世界前 1%，学科领域数量位居国内高校并列第 2 位，其中有 17 个学科领域进入前 0.5%，3 个学科领域进入前 0.1%。中大现有院士（含双聘）21 人、国家"千人计划"专家 151 人、享受政府特殊津贴专家 115 人、"长江学者"特聘教授 44 人、"长江学者"青年学者 26 人、国家杰出青年科学基金获得者 78 人、"百千万人才工程"国家级人选 30 人、教育部新

---

① 本书中的访谈录依访谈时间先后呈现。

② 本书中的学校（公司）简介和访谈对象简介均根据官方资料整理，并经过接受访谈的单位和个人审阅。

③ 基本科学指标数据库（Essential Science Indicators）。

世纪优秀人才支持计划173人。中山大学在ARWU①2019世界大学排名中位列全球第122，位居国内高校第7，正在加快实现中国特色世界一流大学的建设目标。

访谈对象：罗俊院士、校长。

罗俊，湖北仙桃人，引力物理学家，博士生导师，"长江学者"特聘教授。2009年当选为中国科学院院士。现任中山大学党委副书记、校长。广东省科学技术协会第九届委员会副主席，第十二届、十三届全国人大代表。长期从事引力实验与精密测量物理研究。

访谈地点：中山大学南校区中山楼校长办公室。

参与人员：许长青、黄瑞敏、张紫薇、范昕、戚兴华、金梦、牛可佳、周书翰。

访谈时间：2017年10月24日。

访谈内容：

大学在粤港澳大湾区建设中的角色：常态角色、特殊角色与相对角色

许长青：罗校长您好！接受任务以来，期待了很久与您交流，今天如愿以偿。关于这个课题，请您谈谈您的主要观点。

罗　俊：好的。对于高校在粤港澳大湾区建设中的角色定位，我想主要从三个方面把握。

第一个方面，是大学应该扮演什么角色。这不仅是对于大湾区而言，更是指大学常态化的角色与作用。我们平时讲大学具有四个基本职能，即人才培养、科学研究、社会服务、文化传承，其中人才培养是最根本的职能。我们讨论大学所扮演的角色，主要还是应该围绕这四个方面，它的集中体现是"三个输出"。第一是高层次的人才输出。一所大学能输出高层次的人才，输出社会需要的人才，这是最重要的贡献，是排在第一位的。第二是高技术的成果输出。高技术成果能够真正推动社会的创新发展，包括高水平的专利、技术以及咨询报告等，涵盖了"软硬"成果。"软"的成果主要来自我们的文科智库、文化和体育产业等；"硬"的成果主要来自理工医科等。第三是高水平的研发机构输出。一所大学可以作为孵化器，为社会、为企业孵化出更多高水平的机构，包括高科技企业、研究机构等。这"三个输出"实际上就是一所大学应该承担的社会责任与使命。此外，大学还具有文化传承的职能。人才培养、科学研究、社会服务、文化传承这四大职能的最终落脚点是人才培养。把大学的这四大职能说清楚，评价大学的四个标准也就清楚了，大学的主要角色和作用也就明确了。这里讲的是大学广义的内涵，不仅适用于湾区内的大学，对国内外所有大学都是普遍适用的。

第二个方面，大学在湾区建设中的角色和作用，要与粤港澳大湾区未来的发展方向一致。习近平总书记在党的十九大报告提到让港澳融入内地发展。我们中山大学创

---

① 软科世界大学学术排名（ShanghaiRanking's Academic Ranking of World Universities），简称ARWU。

办深圳校区时首先考虑的就是大湾区的融合发展。这里讲的融合包括经济融合、社会融合、文化融合、科技融合，认清这一点非常重要，它为大学服务湾区发展指明了方向。关于经济上的融合发展，共建"一带一路"倡议讲得非常清楚，粤港澳大湾区要成为"一带一路"的一个重要支撑。粤港澳大湾区濒临广阔的南海，在国家的海洋战略中，大湾区应该做什么？能够做什么？我们都在讲创新驱动发展，在国家创新体系中具有重要的地位，广东的经济转型及产业升级都走在了全国前列，但离创新型经济还有差距。这些背景我们必须要先了解，然后再来思考大学在湾区中的作用，思考大学怎么服务和支撑湾区的融合发展，大学哪些功能能起到服务作用？哪些又能起到支撑作用？核心是要把"融合"这两个字吃透。粤港澳三地本来就同宗同源，大湾区社会与文化融合发展的内容非常丰富，我主要讲的是大概念、大方向。因此，我们要结合粤港澳大湾区未来的发展规划，提炼大学在湾区融合发展中的特殊角色与作用。

第三个方面，是大学的相对角色与作用。在发挥大学角色与作用的时候，要分类、分层、分阶段。"三分"是一个全方位、全历程的概念。其中全方位是一个空间概念，全历程是一个时间概念。不同的大学在粤港澳大湾区中的作用和角色是不同的，不能笼统地谈大学的角色，也不能简单地将其分为创业型和创新型大学。任何大学都需要孕育创新创业环境，都要有创新创业意识，所有的大学都可能是创新的，所有的大学原则上也都需要创业，所以没办法这样简单分类。

中山大学是以培养德才兼备、领袖气质、家国情怀的高层次人才为目标的大学，学生需要学习基础知识和传统文化，大学也需要培养学生创新创业能力。人才成长是需要环境的，这种环境的营造就是大学的责任。对大学的分类，主要从办学定位、学科种类、办学层次、办学特色、办学历史等视角来划分。从办学定位来看，可以分为研究型大学和一般型大学，研究型大学可能更注重学生研究能力的培养，更注重学生对社会未来发展趋势的理解和适应；从学科种类来看，可以分为综合性大学、理工类大学、文史类大学等，理工类大学要想办法在技术输出方面多做一点，文史类大学要想办法在智库、文化产业等方面多做一点；从办学层次来看，可以分为研究型大学、应用型大学、高职高专类大学等，中山大学这类研究型大学可能更关注未来的社会发展需求，应用型大学可能更关注今天的社会发展需要，高职高专类大学则要想办法多在工匠方面输出培养成果。前面我们提到粤港澳大湾区的融合是多层面的，需要各种各样的人才，有的学校现阶段可以做什么，在今后不同阶段可以做不一样的，这些大学的个性特点是需要我们去思考的，所以要分类、分层、分阶段。

因此，这里主要讲了三个主题：一是大学本身的社会角色；二是大学在大湾区建设中的特殊角色；三是大学的相对角色。要研究粤港澳大湾区发展的核心和重点，必须把握大湾区的发展背景和发展趋势，研究大湾区现在关注什么，它的核心是什么，大学在湾区融合发展方面需要做什么、能做什么，要针对这些问题提出建议，但提出建议时要对大学分类、分层、分阶段才具有指导意义。有些学校的起步阶段是冲着社会的某种需求去的，比如有些大学办护理专业，是因为现在人口老龄化现象日益严重，护士紧缺，办护理专业可以满足社会需求。习近平总书记在党的十九大报告中强调

"现阶段我国社会的主要矛盾已经发生变化,表现为人民日益增长的美好生活需要和不平衡不充分的发展之间的矛盾",所以中大这类学校要更多关注国家和社会明天的需求,多做一些超前谋划的工作。综合性大学、理工类大学、高职高专类大学以及一般型大学都有自身不同的角色,我们不能统一用一个角色来替代。

"融合"是大湾区发展的关键

许长青:是的,把握背景、问题的本质及对大学分层、分类、分阶段划分职能非常重要。接下来我们会从上述几方面进行把握。

罗 俊:要分类,但不能将其分为创新型和创业型大学。对大学贴这种标签没有意义,但是研究型大学这种提法是合理的。那么大学服务大湾区与大学本身的使命有没有矛盾?我觉得没有矛盾。因为大学去完成这四项使命,它自然就服务和支撑大湾区发展了。大学的研究能给当地的社会经济发展出一点主意,出一点技术,出一点成果,这就是大学的服务社会职能。比如说我们的"天河二号"超级计算机,就可以服务香港、澳门,这就是对经济发展的服务。中山大学于2016年牵头成立了粤港澳高校联盟,联盟高校经常坐在一起讨论一些大家共同关心的话题,这就是一个平台,某种意义来讲也是一种机构,这个机构让大学之间经常交流成为可能,从而促进湾区教育融合发展。"融合"是粤港澳大湾区的关键词。还有,高等教育国际化与本土化应该紧密结合起来。从本质上来讲,高等教育不可能国际化,因为一个国家的高等教育永远要适应本国的发展需要。中国的高等教育就必须与中国国情相结合。中国建设世界一流大学的基本前提一定是中国特色。湾区高等教育的竞争力我觉得是可以深入研究的,按照中国高等教育改革发展的基本思路,未来20、30年的发展、提升都会非常快,国际竞争力肯定会不断提升。大学的发展是与政治、经济、社会发展连在一起的,粤港澳大湾区高等教育也将随着湾区的发展而互动发展。高等教育脱离不了社会,它是社会的一个组成部分。独立于社会、独立于政治经济的高等教育是不存在的。提升湾区高校竞争力有一个很有效的办法,就是通过服务湾区发展来提升自己。在大学服务湾区的过程中,发展自身,提升能力,国际竞争力也会随之提升,但这种服务不是用经济指标去衡量的。高等教育在社会发展中更要起到价值引领作用,它关乎明天,关乎未来,这也是无法用具体指标来量化的。中大这几年在地方政府的大力支持下得到快速发展,就是因为我们坚持服务于国家重大战略、服务于广东创新驱动发展、服务于大湾区建设。例如我们的深圳校区,首先是要服务广东的健康医疗需求,深圳的发展迫切需要高水平的医科,所以我们就办医学院。其次是要促进创新驱动的可持续发展,缓解人才短缺压力。过去流行"孔雀东南飞",现在不飞了,怎么办,我们得去培养。我们在深圳校区办工学院,办若干新型工科,就是满足深圳社会发展的需求,所以深圳市委市政府对中大支持力度很大。中大就是以服务求发展。

许长青:您的观点对我们很有启发。四个使命、三个输出、普遍的作用、特殊的作用、融合发展等都是我们要把握的。我们将要围绕"什么是融合、怎样融合"等问题,分类、分层、分阶段阐述大学的角色与作用问题。

罗　俊：你们把这几个问题说清楚了我估计这个课题就接近成功了。当然你们也可以参加一些专题会议，组织举办一些会议，访谈其他一些专家听取他们的意见。

许长青：好的。我们接下来将访谈广州、深圳、香港、澳门及纽约湾区、波士顿湾区、旧金山湾区、东京湾区等地区一些知名大学的校长、专家，全面听取他们的意见。

罗　俊：访谈很好，它可以收集到非常有用的一手资料。

不同大学人才培养目标不同，评价标准有差异

许长青：还有一个问题是"人才培养质量与人才有序流动"。人才培养是核心，人才培养的质量和大学定位有一定的关系，不同大学人才培养质量的标准是不一样的，比如中山大学和高职院校培养人才的标准就不一样。请问您怎么看人才培养质量及人才流动问题？

罗　俊：这还是高校人才培养目标的问题。"标准"这个说法比较泛，对于不同大学没办法用相同的标准衡量。高职高专类院校的学生就是要学一门手艺出去找工作，它的就业率原则上应该是100%，中山大学毕业生的就业率不到100%是正常的，因为我们要培养德才兼备、领袖气质、家国情怀的高层次人才，更倡导毕业生继续深造，这就是我们学校的人才培养目标，但这个目标不一定适用于其他高校，每所学校都有符合自身办学特点的目标。

加强交流，促进粤港澳高等教育融合

许长青：关于高等教育融合发展的问题，您能否再谈谈？

罗　俊：把"融合"理解为"和而不同"，更贴切一些。融合并不是把谁"熔掉"，它不是熔化的"熔"。融合的"融"是讲大家能够和谐，能够共处，能够成为一个整体，但也各自保留了自己的特点。物理学中有一个名词叫"渗透"，渗透有一个速度，达到一定程度，就分不清楚你我，成为一体了，但不能说"一体化"，一体的概念是融合，"一体化"代表整齐划一，就没有各自特色了。粤港澳大湾区在地理上本来就是一体的，我们要做一些事情去促进融合，加强交流，这就是大学在大湾区发展中的责任。

中山大学服务、支撑与引领社会发展

许长青：关于大学服务国家战略、湾区发展问题，如何提升中山大学在这方面的服务能力？

罗　俊：中山大学办学的指导思想就是坚持"三个面向"，即面向国家重大战略需求、面向国家和区域经济社会发展、面向学术前沿。作为中国特色社会主义大学，我们追求的是做好"四个服务"，即为人民服务，为中国共产党治国理政服务，为巩固和发展中国特色社会主义制度服务，为改革开放和社会主义现代化建设服务。根据这样的办学思想，中大在谋篇布局的时候都在考虑为大湾区发展服务，为国家战略服

务，而不去追求那些所谓的"指标"。中大对广东的支撑作用是很大的，我们为广东培养高素质人才，一年一万多学生进入广东各行各业、各条战线，这就是我们中大的贡献。近年来，我们加大了对地方经济发展的服务力度，成立了很多地方研究院，全力支撑广东地方经济发展。因此办大学不能只关心评估指标，而是要符合高等教育的发展规律，承担中国特色社会主义高校的责任，致力于服务国家、服务社会。服务得越多，发展的动力就会越足，大学的办学水平就提升得越快。所以我们做研究不能自娱自乐，我们要跟着这个社会前进，服务于国家，服务于地方，服务于大湾区，与党和国家同心、同向、同步、同行，这就是粤港澳大湾区大学最重要的职责。今天我大概就说这么多。

许长青：好，非常感谢罗校长百忙之中抽空与我们交流！

3.2 深圳大学

学校简介：深圳大学（Shenzhen University）位于广东省深圳市南山区南海大道3688号，于1983年经教育部批准设立。中央、教育部和地方高度重视特区大学建设，北大援建中文、外语类学科，清华援建电子、建筑类学科，人大援建经济、法律类学科，一大批知名学者云集深圳大学。建校伊始，学校在高校管理体制上锐意改革，在奖学金、学分制、勤工俭学等方面进行了积极探索，率先在国内实行毕业生不包分配和双向选择制度，推行教职员工全员聘任制度和后勤部门社会化管理改革，在全国引起强烈反响。建校37年，深圳大学紧随特区，锐意改革、快速发展。学校秉承"自立、自律、自强"的校训，形成了"特区大学、窗口大学、实验大学"的办学特色，形成了从学士、硕士到博士的完整人才培养体系以及多层次的科学研究和社会服务体系，已经成为一所学科齐全、设施完善、师资优良、管理规范的综合性大学。学校有国家级特色专业5个，省级特色专业14个，省级重点学科15个，工程学、临床医学、材料科学、生物学与生物化学、计算机科学、化学进入ESI学科世界排名前1%。

访谈对象：李清泉校长。

李清泉，工学博士，二级教授，博士生导师，国际欧亚科学院院士，"国家有突出贡献中青年专家"。国家重点基础研究发展计划（"973"计划）首席科学家，国家百千万人才工程国家级人选，教育部第六届科技委地学与资源环境学部常务副主任，"十一五"国家高技术研究发展计划（"863"计划）现代交通领域专家组成员，国际摄影测量与遥感学会（ISPRS）第二委员会WG II/7主席，ACM SIGSPATIAL中国分会创会主席，第九届中国青年科技奖获得者，国家自然科学基金委创新团队成员，教育部新世纪人才，国务院特殊津贴获得者；《测绘与地理信息》主编，《测绘学报》、《武汉大学学报》（信息科学版）编委，中国地理信息系统产业协会副主席。长期从事地理信息系统、智能交通以及3S集成等方面的教学和科学研究工作。指导硕士研究生50余名，博士研究生20余名。主持完成了"863"计划项目、国家自然科学基金重点项目及国家自然科学基金面上项目等三十余项科研项目。作为课题负责人完成了"973"

计划项目"大城市交通拥堵瓶颈的基础科学问题研究"。目前正在主持"973"计划项目"文化遗产数字化保护的理论与方法"等项目研究工作。

访谈地点：深圳大学行政楼校长办公室。

参与人员：许长青、陈武林、张紫薇、金梦、田杰、赖梦婷、李瑞华、牛可佳。

访谈时间：2017年11月24日。

访谈内容：

建议建立粤港澳大湾区联合大学

许长青：感谢李校长接受我们的访谈邀请。最近有很多媒体报道，您倡议建立粤港澳大湾区联合大学。请问您对粤港澳大湾区联合大学是怎么界定的？粤港澳大湾区联合大学是一个实体还是虚体平台？

李清泉：我提出建立粤港澳大湾区联合大学是基于这样的出发点：当前粤港澳大湾区经济一体化非常紧密，但在高等教育领域的合作与交流却非常欠缺，大学间的交流与合作非常困难。比照欧洲国家会发现，欧盟国家间高等教育领域的交流与合作非常密切。相比之下，为什么在"一国两制"下推动粤港澳大湾区高校间的交流与合作，比欧洲国家之间的高等教育交流与合作还要困难？

建立粤港澳大湾区联合大学，旨在消除阻碍港澳大湾区内高校交流合作的体制机制壁垒，提升湾区各大高校合作的动力。创建湾区联合大学就是要突破障碍，探索"虚实结合"的合作新模式。所谓"实"，是指联合大学要有实体校园，校园建设在深港边界河套地区、珠海横琴或广州南沙等地，设立区域性高等教育协调组织和专门基金组织；三地高校与麻省理工学院、斯坦福大学等世界一流大学组建联合国际学院，与国际一流实验室能创建联合实验室和协同创新中心；还可以推动高校与华为、腾讯等高科技企业建立战略联盟和实体研发机构，形成完善的"产学研"协同生态。所谓"虚"，即以联合大学为平台，粤港澳三地高校可实现学分互认与转换，推动三地学生的深度交流，从而增强港澳青年的国家意识和爱国精神；各校教师还可以在基金支持下开展科研合作和设备共享等，充分利用三地政策和制度优势探索区域高等教育协同发展的"中国方案"。

许长青：国内有些学者提出建立高等教育特区，您如何看待这种想法？

李清泉：可以考虑，比如设立"深圳高等教育特区"，赋予深圳一系列高等教育先行示范的改革政策与措施，突破深港高等教育改革发展中的体制机制壁垒，探索与粤港澳大湾区建设相得益彰的高等教育发展新理念、新路径、新模式。

许长青：我们的课题是关于"湾区发展与高等教育的角色与作用"，请问李校长对这个研究课题有什么整体性看法、指导或建议？

李清泉：课题很有意义，课题研究涉及的范围比较广，如高等教育发展问题、高等教育与区域创新的关系、高等教育与经济增长的关系等问题。我一直认为，高等教育与区域创新、经济发展有内在相关性，但又不是完全的一一对应关系。比如，经济不发达的地方是不可能产生高水平的高等教育,而良好的高等教育也未必能推动地方经济发展。高等教育研究要深入挖掘高等教育的现实问题,而不仅仅停留在纯理论研究的层面。因此,课题要真正地深入到高等教育实践中去,会发现很多有价值的研究问题。

市场驱动:大学应适应和引领社会

许长青: 我们这次的调研,正是从高等教育办学实践中寻找问题、发现问题。粤港澳大湾区内的多所大学我们都要去,不管有多大的困难和障碍,也不管要花多大的时间和精力。粤港澳大湾区建设是国家战略,我觉得它与纽约湾区、东京湾区、旧金山湾区比较起来,大学的支撑作用还发挥得不够突出。您认为大学在湾区发展中应该发挥哪些角色和作用?

李清泉: 我个人理解,大学的角色与作用除了大学进行自我角色定位之外,还需要从市场机制和区域发展的维度来加以认识。一所大学既面临市场机制的驱动,又要满足区域的发展需要。大学的发展要结合自身实际,又要结合社会发展需求,大学能培养多少人才,培养出来社会需要多少,政府应该放手让大学充分发展,这就是我理解的定位和发展。过去的计划经济体制更多地限制了大学灵活地适应经济社会发展的需要。大学的角色就是要更好地适应大湾区经济社会发展的需求,但这种适应要靠市场机制来调节,而不是靠行政干预和行政规划,要建立一个符合社会主义市场经济规律的大湾区高等教育运行机制。

谈到大学在湾区发展发挥的作用和角色,我认为大学的职能都可以得到很好的发挥。粤港澳大湾区要建设成为与纽约、东京、旧金山相比肩的世界一流湾区,要建设成为充满活力的世界级城市群和具有全球影响力的国际科技创新中心。深入推进粤港澳大湾区建设,既为湾区内的各大高校提供了难得的发展机遇,也提出了更多的担当要求。未来粤港澳大湾区要建成世界一流的大湾区,就必须有一流的人才、一流的科技,也就必须有一流的大学和一流的高等教育。湾区高校需要在人才培养、科学研究、服务经济社会发展、文化传承创新等方面发挥更大作用。深圳大学落实粤港澳大湾区战略,与香港理工大学共建"大湾区国际创新学院",推出联合创业教育课程,开展国际湾区合作交流活动,培育创科人才,设立科研成果产业化平台,为深港两地企业创新驱动发展提供技术支撑。此外,结合深圳大学湾区研究院(河套)的成功经验,深圳大学将逐步在香港、澳门和珠海市、佛山市、惠州市、东莞市、中山市等湾区城市建立十大湾区研究院,推进区域经济社会融合联动发展,致力于建设成为驱动粤港澳大湾区发展的创新引擎。

许长青: 对。我认为高等教育的定位与发展,应该是市场机制与政府规划的有机结合,单纯强调哪一方面都有失偏颇。

李清泉: 只要市场机制完善到一定程度,大学自然就会去适应。比如说深圳的高等教育,经过从无到有的阶段,大学专业结构与市场需求逐步相互适应。前段时间中山大学压缩本科专业,深圳大学也有类似做法,从90个压缩到70多个,要相信大学的自我约束和自我管理能力。大学应该走自己的路，有什么优势就发展什么优势。

建立市场化的科技成果转化机制

许长青：大学职能的冲突，按照我的理解是大学资源是有限的，教师的时间和精力也是有限的，在各种资源约束条件下，大学的各项工作可能会有突出点，而不是平均分配。比如说，大学的人才培养职能和科学研究职能，教师的教学与科研，不同学科的发展，等等，可能会存在一些冲突。

李清泉：大学的各项职能不存在冲突，但是在孰轻孰重上可能会出现误解，比如人才培养和社会服务职能之间的关系。我曾经说深大是培养马化腾的地方，而不是孵化腾讯的地方。一个大学最重要的是人才培养，培养具有创新精神、创新能力、创新素质的人才，那么这就是一所创新型大学。一个大学产生最好的原创性成果，那么它就是一所高水平大学。有高素质的人，有高水平的成果，这就是大学重要性的体现。有了人才培养和科学研究这两个基础，大学自然就能为区域发展做出它应有的贡献，而不是把大学定位在要开公司、要孵化企业。我的观点很明确，没有一所好大学是企业办的，也没有哪个好企业是大学办的。大学要处理好人才培养和社会服务的关系。

许长青：是的，创业型大学的本质内涵不是指大学直接办企业，国际上绝大多数学者应该具有相似的观点。创业型大学应该是要培养学生的创业创新意识、创业创新文化，产生新思想、新成果，然后转化为现实生产力。

李清泉：所以我认为大学就是培养高素质创新创业人才，产生原创性成果的地方。承担低层次的横向课题，不能理解为大学已经为企业做了贡献。我们去华为谈合作，华为的一位领导说："我们和大学合作，不看大学的远近，只看大学的水平。俄罗斯人数学厉害，我们就去俄罗斯办研究院来研究算法；普林斯顿某个方面突出，我们也去那里设立一个研究院，所以华为在全球设立了二十多个研究院。华为和深大合作不是因为你们就在深圳，而是看你有没有高水平的成果与人才。"

所以大学首要的职能是产出重大原创性的研究成果，能够真正对企业创新和产业发展发挥驱动作用。深圳大学鼓励老师用自己的成果和技术参与企业，而不是自己创办企业，办企业不是老师最擅长的。为了实现创新驱动发展，深圳大学与地方政府签约成立综合性、集约式科研转化平台，精准布局产业集聚区；构筑起"1+13"的科研成果孵化平台，即"1"个深圳大学技术转化中心和"13"个转化平台。"13"个转化平台是深圳大学与深圳市的10个区共建的科研成果孵化展示和转化的集约平台，包括深圳大学南山工业技术研究院、深圳大学龙华生物产业创新研究院、深圳大学龙岗创新研究院等，把成果转化为实实在在服务地方社会经济的现实生产力。

人文社科与自然科学的平衡

许长青：在成果转化方面，人文社会科学与自然科学之间是否存在一些不一样的地方？大学的领导者是否觉得二者之间存在着冲突？

李清泉：我认为没有必要去夸大这种矛盾。每一个学科都有自身的发展规律。不同学科的人才培养、知识成长规律都不一样。有一些学科在某一段时间里发展较快，有一些学科则比较平稳，这都是正常的现象。因为每个学科发展的评价尺度不一样，比如理科和工科。一些理科基础理论研究可能很长一段时间才能出成果，但是在一些工科应用学科知识迭代周期很快。今天发明一个专利，明天在 Science 发一篇论文，但是没过两年这个技术可能就落伍了。作为高等教育管理者，要认识和理解学科自身发展规律和特点，同时还要有耐心。不能说现在大力发展理工科，就不重视文科。有一段时间，深大教师当中有一种声音，理科、文科没有受到工科那般重视。其实学校对于理科、文科也非常重视，但是不能均匀用力。有的学科比如计算机专业，得益于互联网产业的快速发展，人才社会需求大。现在计算机专业就在风口上，学校加快发展，多投入一些资源，这一学科就能走在前面。作为一个综合性大学，深圳大学也应该平衡好各个学科的发展。比如深大重视发展小语种，因为现在深圳国际化程度越来越高，急需大量小语种人才。虽然小语种学科对于学校不像其他学科的贡献那样大，但是社会的需求推动了小语种的发展。在一个综合性大学里，学科发展相辅相成，互相促进。比如心理学作为一个文科背景的学科，使用了很多理工科方法，发展得很快。计算机学科发展推动了设计、传播等学科发展，这些学科之间相互促进。深圳大学的定位是综合性大学，无论是从大学自身发展还是从社会需求来说，都需要兼顾各学科发展的平衡。

许长青： 如果这样的话，是不是会把职业技术类大学框死了，它不就没什么发展了？

李清泉： 这一情况应当不会发生。因为职业技术类院校是应用型的，有自身的办学特色。比如香港理工大学的前身是香港官立高级工业学院，属于大专层次的院校；但经过这些年的快速发展，香港理工大学已经快速跃升为世界百强名校，成为亚洲顶尖、世界知名的公立综合性研究型大学。社会是在不断变化的，每个学校都会找到自己的定位，重要的是能不能找到好校长，对于大学发展有没有清晰的定位、怎么带动一个学校的发展。

建立与国际接轨的管理制度，促进大湾区人才流动

许长青： 下一个问题是关于创新人才培养与人才有序流动的。大湾区目前的人才流动性有待提升，香港的学生来内地读书或内地的学生去香港读书，无论是工作还是生活都会遇到不少困难。大湾区建设背景下，您有什么看法与建议？

李清泉： 我认为这是一个市场问题，是需要加大改革的地方。比如深圳大学制度全改了，全部实行聘用制、年薪制，退休五险一金，不论你入了哪个国籍，到了深大做教师享受同等待遇。制度完善了，这些问题也就迎刃而解。深圳大学作为公办高校，主动放弃编制，教师工资自己定，新进教师工资分为1~15级，差异很大；五险一金由学校上交，住房市场化，大学给予购房补贴；养老是跟香港一样采取职业年金。

许长青： 现在很多大学都在做类似的改革，比如中山大学的改革力度更大。但总体看来，大湾区内高校之间的合作还是不那么顺畅，这又有什么原因？

李清泉：还是制度改革没有做到位，没有接轨的问题。首先高校的制度要跟国际接轨。深大最近计划在香港招聘教授，他们与香港教授工资差不多，养老一样，社会保障一样，不少人本身在深圳就有房子，并且科研经费比香港还多，他们是愿意来的，关键是要建立完善这些制度，使深圳和香港一样。当然还有一些交流的障碍，比如管理制度。有些大学服务和管理的水平达不到香港高校的水平，行政化色彩比较浓，等等。所以要想人才有序流动，关键是要在体制机制上能够进一步国际化，建立完善的、国际通行的制度体系。新加坡的高校近年来快速发展，与国际化的体制机制密不可分。

许长青：现在有一些技术问题，比如有些老师要去香港进行学术交流的话，需要一些审批程序，而且很烦琐。

李清泉：深圳还好，老师们指纹一按就可以通关去香港。我以前去香港是随时可以走的，现在要由政府有关部门审批后方可出行。其实出入境的便利化问题是完全可以解决的，这都是比较小的细节问题。促进人才交流的因素主要涉及的是民生方面的问题，包括如医疗的统筹，一个香港身份的教师在内地生病了怎么办？社保怎么对接？房子能不能买？类似这样的问题需要在大湾区内统筹协调解决。目前深圳对港人买房有限购，但是还可以买一套。深圳大学在许多制度方面都与国际接轨，特别是在人事制度方面基本上做到了国际化。当然这也花了很多成本，比如深大一年多花了几千万用于购买取消编制后的教师社保，如果是编制内的教师社保就由政府出钱购买。此外，由于没有编制，新进教师的职业年金也需要学校自行负担，编制内的老教师的职业年金也是由政府承担。

许长青：就是学校出一部分，老师出一部分？

李清泉：是的。但一般学校就没办法承受了。这都是一种改革的代价，改革是要付出代价的。所以我觉得人才流动主要是在大学内部建立一个与国际接轨的人才制度，或者说人力资源制度。从政府层面上看，就是要取消各种行政壁垒，如出入境问题、医疗养老问题、住房问题、教育问题等。

深圳大学的智库建设

许长青：本课题研究依托的是国家智库中山大学粤港澳发展研究院，请您谈谈大学智库在湾区建设中的作用。

李清泉：我非常赞成你的观点，大湾区建设需要大学智库的引领，要有发挥决策先导的作用。粤港澳大湾区具有一国两制三地的特点，情况非常复杂，甚至比欧盟还要复杂。我认为不同的治理结构、不同的制度框架需要做很多研究。大学提出的一些政策建议，政府部门不一定采纳，但至少我们提供了一些政策建议可以供他们决策参考。深圳大学重视智库建设，建有一带一路国际合作发展（深圳）研究院、中国经济特区研究中心、城市治理研究院等机构。深大建立的港澳基本法研究中心，也是湾区研究的重要智库。深圳大学是深圳唯一一所综合性大学，人文社会科学只有深大有，其他学校没有。深圳市每年超过一半的人文社科研究项目都由深大学者承担，所以深大自然就成为深圳的智库。

对粤港澳高校联盟的建议

许长青：粤港澳高校联盟是 2016 年成立的，一年多来发挥了很大作用，也取得了一些推动大湾区高等教育合作的成效。请问在发挥大学联盟作用、提升大湾区高等教育竞争力等方面，校长有什么建议？

李清泉：粤港澳高校联盟是中山大学罗俊校长发起，深圳大学后来也成为联盟成员。联盟的成立有助于提升湾区高校的整体竞争力，促进湾区各大高校定期的会商与交流。联盟的一个重要价值在于推动大湾区高等教育协同发展，加强各高校之间的交流和协作，发挥人才培养、科学研究及社会服务更大的协同效应。大湾区高等教育一体化是很难一步到位的，但是可以逐步推动协同发展。在现有体制下，需要加强香港高校与内地高校之间的协作协同，如学生交流交换、学分互认、教师互聘、课程共享、大型设备共享、联合科研、共同发表论文、与企业成立联合实验室、与国际一流大学成立联合研究中心，这些都是可以做到的。通过这些合作能够把各自优势发挥出来，一方面对高水平人才培养发挥积极的作用，另一方面对大湾区内高校的科学研究、社会服务提供强有力的支撑。联盟如果能够跟进一步推动大湾区高校形成紧密的协同体，就能发挥更大的作用。

比如，深圳大学和腾讯一起建了一个联合研究院，邀请香港高校参加，或者有湾区 5 所大学跟腾讯共建一个联合研究院，每个大学把腾讯想要的、自己最强科研团队的放在研究院，腾讯给予课题经费支持，那么研究院就可以给腾讯的发展提供强有力的支撑，同时这些大学的科研成果也有了转化渠道。但是单个大学和腾讯合作可能满足不了腾讯对于高水平科研的需求。从长远来看，粤港澳高等教育合作的障碍会制约大湾区建设和发展。高等教育发展很复杂，高等教育研究要多做一些像社会学的田野调查，一定要深入研究找出这些制约因素。我们把这些制约因素找到了，湾区高校之间的合作就有了可能，就可以营造一个良好的合作环境，从而创造出大湾区的好大学。中国不缺大学，缺好大学。

许长青：好的，感谢李校长。

3.3 广东外语外贸大学

学校简介：广东外语外贸大学（Guangdong University of Foreign Studies）是一所具有鲜明国际化特色的广东省属重点大学，是华南地区国际化人才培养和外国语言文化、对外经济贸易、国际战略研究的重要基地。学校践行"明德尚行，学贯中西"的校训，以培养全球化高素质公民为使命，着力推进专业教学与外语教学的深度融合，培养"双高"（思想素质高、专业水平高）、"两强"（跨文化交际能力强、实践创新能力强），具有家国情怀、全球视野、创新能力、担当精神的高素质国际化人才。学校是联合国高端翻译人才培养大学外延计划的中国合作院校，世界翻译教育联盟（WITTA）的首创单位，是入选中日韩三国首脑倡导的"亚洲校园"计划唯一一所外语类院校。学校"21世纪海上丝绸之路协同创新中心"被认定为教育部省部共建协同创新中心,首倡"湾区校园"项目。学校形成了外语学科与非外语学科"双轮驱动"、多学科多语种协调可持续发展的学科格局,下辖25个教学单位,1个独立学院(南国商学院)。现有67个本科招生专业,分属文学、经济学、管理学、法学、工学、理学、教育学、艺术学八大学科门类。其中有22个国家级一流本科专业建设点,5个省级一流本科专业建设点,2个国家级专业综合改革试点,14个省级专业综合改革试点,有8个国家级特色专业建设点(含11个专业),20个省级特色专业建设点(含24个专业),5个省级重点专业。共有28个外语语种,是华南地区外语语种最多的学校。学校加强全方位国(境)外教育合作与交流。截至目前,已与全世界58个国家和地区的465所大学和学术文化机构建立了合作交流关系。学校目前开办了6所海外孔子学院和孔子课堂。

访谈对象:隋广军校长。

隋广军,男,1961年10月出生于北京。1986年6月毕业于暨南大学,获硕士学位,留校任教。1996年6月获经济学博士学位。1997年12月任经济学教授,2000年6月任博士生导师。享受国务院特殊津贴,获授"广东省优秀社会科学家"称号,获广东省哲学社会科学优秀成果奖一等奖,两次获广东省教育教学成果奖一等奖,曾两次被列为广东省"千百十工程"省级培养对象,先后赴泰国朱拉隆功大学、荷兰阿姆斯特丹大学、美国斯坦福大学、英国牛津大学、美国马里兰大学等国外高校研修、访问。1992年至2001年4月先后任暨南大学特区港澳经济研究所副所长、企业管理系主任、管理学院常务副院长(主持工作)、应用经济学博士后流动站站长、企业发展研究所(广东高校人文社科重点研究基地)所长、MBA教育中心主任。2001年11月任暨南大学管理学院院长。2004年9月任广东外语外贸大学副校长,2008年7月任广东外语外贸大学党委副书记、校长。2009年10月至今,兼任广东国际战略研究院常务副院长。2010年3月起任广东外语外贸大学党委书记,其中,2017年6月至2018年6月兼任广东外语外贸大学校长。

访谈形式:书面访谈。

访谈时间:2018年3月8日。

访谈内容:

对课题的整体看法与建议

许长青:隋校长,您好!我们这个课题是中国科院学部咨询评议课题,主题是"高等教育、区域创新与经济增长:粤港澳大湾区建设中大学的角色与作用研究",预期目标是通过对广东外语外贸大学、香港中文大学、澳门大学、中山大学等高校的深入调查研究并结合政府、企业的调研,为大湾区建设中大学的定位与作用问题提供政策参考建议。广东外语外贸大学是广东高水平大学建设高校,建立有广东国际战略研究院、21世纪海上丝绸之路协同创新中心、粤港澳大湾区研究院,对粤港澳高等教育合作与发展也十分重视。因此，我们首先想要了解的问题是您对本课题研究的整体看法与建议。

隋广军：课题选题很有现实意义。明确粤港澳大湾区建设中大学的角色和作用，对助推区域创新与经济增长具有重要意义。通过强化顶层设计和统筹协调，充分发挥大湾区内部科技资源共享流动或创新资源协同效应，有利于突破粤港澳大湾区高等教育交流合作的体制壁垒，实现大湾区高等教育协同发展与跨越式发展，以便更好地服务于粤港澳大湾区建设事业。

广外的角色定位与职能

许长青：广东外语外贸大学是著名的外语类院校，为社会和经济发展培养了大批高素质人才。目前，粤港澳大湾区建设已经上升为国家战略，粤港澳大湾区建设为广东和广东的高校都将带来新的机遇。按照《深化粤港澳合作 推进大湾区建设框架协议》提出的"打造国际一流湾区和世界级城市群"目标及广东省提出的构建"广深港澳科技创新走廊"的设想，您认为不同层次、不同类型、不同阶段大学在粤港澳大湾区建设中应该扮演什么样的角色，发挥哪些不可替代的作用？广东外语外贸大学在服务粤港澳大湾区建设中有什么新的战略计划？

隋广军：大学在社会上扮演着人才园、创新源、孵化地、智库、国际窗的角色，不同层次、不同类型、不同阶段大学在世界湾区建设要素的实现中，起着不可或缺的多层次作用。在国际竞争中，急需精准定位大学角色，助力粤港澳大湾区建设。广东外语外贸大学作为一所具有鲜明国际化特色的广东省属重点大学，本着"全球视野、紧跟前沿、服务大湾区"的原则，以国家重大区域战略为导向，以重大决策咨询任务为牵引，以体制机制改革为保障，基于政、产、学、研、媒、商等多种资源的汇聚交融理念，构建紧密合作、资源共享、优势互补、互利共赢的协同创新机制，深入研究粤港澳大湾区的理论、政策和实践问题，致力于成为助推粤港澳大湾区建设的重要智库。

许长青：传统上来说，大学的基本职能包括三个：人才培养（教学）、科学研究（科研）和社会服务（适应和引领社会经济发展），有些学者还提出两个，那就是文化传承及国际交流。您认为，在粤港澳大湾区建设中，大学在这五大职能的发挥中是否存在角色冲突？如何化解这些冲突？湾区内不同的大学应该如何准确定位以便更好地服务于粤港澳大湾区建设？影响大学角色发挥的因素主要有哪些？

隋广军：在粤港澳大湾区建设中，大学在上述五大职能的发挥中是相辅相成、相得益彰的。粤港澳大湾区内综合性大学、应用型大学和职业技术院校一应俱全，特别是部分高校已跻身全球前列，无论数量，还是质量，粤港澳大湾区的大学都已经初具赶超国际先进水平的底气。未来粤港澳大湾区大学办学层次必须精准分类，不同大学急需恰当定位，明确各自在区域高等教育结构中的地位、角色、目标与任务，打造符合自身"气质"和符合粤港澳大湾区经济社会发展需求的高等教育机构，以便更好地服务于粤港澳大湾区建设。

广外的创新创业教育与实践

许长青： 国际上高等教育经历了两次重大转型：一次是19世纪早期以德国柏林大学为标志的从教学型大学向研究型大学的转型；另一次是20世纪中叶后以美国斯坦福大学、麻省理工学院等为代表的从研究型大学向创业型大学的转型。目前国际上创业型大学和创新型大学正在如火如荼地发展，其突出的表现就是大学知识成果产业化，大学服务于区域创新体系建设和区域经济发展。因此，我们关注的是广东外语外贸大学在创业型大学和创新型大学建设中有没有什么新举措、新成果？如重大科技创新平台构建、科技成果孵化、技术转移、专利技术转让和公共服务等。也有学者提出，E&I[①] 大学的发展对大学治理提出了新的挑战，即人文社会科学和自然科学存在重大差异，尤其是对大学教师的评价体系不能一刀切，对人文社会科学不能削弱。请问校长在这个问题上有什么应对策略？如何寻求人文社会科学与自然科学平衡发展以便更好地服务湾区建设？

隋广军： 广东外语外贸大学高度重视大学生创新创业工作，把创新创业教育落脚到提高人才培养质量上，着力培养具有跨文化交际能力、实践能力、创新能力、创业就业能力以及自主学习能力等五种能力的国际化创新创业型人才。学校致力于把握好深化创新创业教育改革良机，推动学校事业发展；紧贴学校学科优势，构建富有广外特色的创新创业教育体系；构建可持续发展的创新创业生态系统，营造优质协同育人环境。广东外语外贸大学在创业型大学和创新型大学建设中探索了创新平台构建、科技成果转化等许多新举措，也取得了很多重要的新成果。应该说，粤港澳大湾区的发展，既需要基础和重大科学技术研究的突破与支撑，也需要解决经济社会发展过程中面临的人文社会问题。因此，人文社会科学与自然科学之间相互渗透和相互依存，需要寻求人文社会科学与自然科学平衡发展，从而更好地服务湾区建设。

许长青： 创新是大学的最本质特征，创新型人才培养是大学的最根本任务，而高层次精英人才的有序流动是区域经济增长的核心。为了给粤港澳大湾区建设提供更多更好的高素质人才支撑，您觉得大学在人才培养上需要注意哪些问题？高校自身定位与人才培养质量之间有什么样的关系？应该怎样评价大湾区内高校的培养质量？影响粤港澳大湾区人才流动制约因素有哪些？为有效推动湾区人才资源的有序流动，您有何建议？

隋广军： 大学在人才培养上需要紧密结合大学特色优势和社会实践需求。广东外语外贸大学践行"明德尚行，学贯中西"的校训，以培养全球化高素质公民为使命，着力推进专业教学与外语教学的深度融合，培养"双高"（思想素质高、专业水平高）、"两强"（跨文化交际能力强、实践创新能力强），具有国际视野，通晓国际规则，能直接参与国际合作与竞争，有社会责任感的国际化人才。高校自身定位与人才培养质量之间紧密相连、相辅相成。只有高校自身具有明确的定位，才能更好地帮助

---

① 创新创业（Entrepreneurship & Innovation）。

学生成长成才，而学生的成长成才也可为进一步优化高校特色定位提供人力资本。广东外语外贸大学是全国高校实践育人创新创业基地、广东省大学生创新创业教育示范学校、广东大学生创新创业教育研究中心、"广东省就业促进会创业专业委员会"秘书长单位、广东省大学生创新创业服务中心、广州市创业（孵化）示范基地、广州市女性创业培训基地、共青团广东省委员会"青创空间"建设单位、广州青年就业创业指导工作站建设单位。秉承国际化理念（Global Thinking），实施融入式教育（Immersive Education）、开放式培育（Open Education），完善体系化架构（Systems Architecture），探索构建学校创新创业教育 GIOS 模式，我校全面推动创新创业教育的开展。粤港澳大湾区高校的培养质量逐步提升，教育服务经济社会发展能力不断增强，每年为各行各业输送大量管理及技术技能人才，为粤港澳大湾区高科技产业和战略性新兴产业发展注入新的动力。创新粤港澳大湾区人才流动机制，探索消除国际人才流动的障碍，包括扩大养老、医疗对境外及外籍人才的覆盖范围，实现本土生活无障碍，开展外籍创新人才创办科技型企业国民待遇试点，以及先行先试，探索"大湾区人才绿卡"制度等。广外毕业生的就业力指数一直位居全国高校前茅，并连续获得中共中央、国务院、教育部的"大满贯"表彰，2009 年获评教育部"全国普通高校毕业生就业工作先进集体"，2012 年作为全省唯一高校被国务院评为"全国就业工作先进单位"。2016 年 7 月 1 日，在庆祝中国共产党成立 95 周年大会上，广外学生创新创业勤工助学党支部获"全国先进基层党组织"殊荣，受到中共中央表彰。

广外的智库建设

许长青：当今世界各国以思想、观念、文化为核心的软实力竞争是新的竞争点。智库（Think Tank）作为国家思想创新的动力和源头是软实力竞争的关键。世界各个国家的大学都十分注重大学在经济社会发展中的思想引领作用，大学作为政府部门重要的智库和智囊团之一，对国家重大公共政策的制定能起到重要的参谋作用。美国斯坦福大学的胡佛研究所、哈佛大学的费正清东亚研究中心、哥伦比亚大学的东亚研究所、麻省理工学院媒体实验室等，都是目前具有重要国际影响力的大学智库。请问校长能否结合贵校的智库机构——广东国际战略研究院的建设就高校如何打造具有国际影响力的大学智库，全面服务大湾区建设谈谈您的观点？此外，如何发挥大学在输出思想、引领社会发展中的作用？

隋广军：粤港澳大湾区的建设不仅需要理论指导，也会在实践中产生许多新的理论，这就要求理论工作者跟上时代步伐，潜心研究，尤其需要在教学科研、学科交叉融合方面进行突破，要有百花齐放、百家争鸣的理念；同时，还要处理好走出去引进来以及如何调动广大师生积极性的问题，围绕热点难点问题加强与政府部门与企业的紧密合作。广东国际战略研究院成立于 2009 年 11 月 13 日，是经广东省人民政府批准成立、以广东外语外贸大学的科研与教学资源为基础的智库。研究院专注于广东国际化战略理论、实践与政策等问题研究，为政府和企业提供战略咨询和决策支持，是外交部政策研究重点合作单位、"一带一路"智库合作联盟理事单位、金砖国家智库合作中方理事单位、中国—东盟思想库网络广东基地、广东省软科学重点研究基地。广东国际战略研究院聚焦"中国参与全球经济治理""21世纪海上丝绸之路""周边外交""全球价值链"等重大问题；承担了教育部"创新团队发展计划"项目、国家自然科学基金重点项目、国家社会科学基金重大、重点项目以及省自科团队项目等省部级研究项目80余项；完成各类政府决策咨询研究报告130份；荣获教育部科技进步一等奖、全国高校哲学社会科学优秀成果奖、外交部"重大外交政策研究课题"优秀课题组年度课题奖、广东省社科联成立50周年优秀决策咨询成果奖等20余项各级别的奖励。在科学研究、决策咨询、国际型战略人才培养、协同创新、国际合作等方面取得丰硕成果，为粤港澳大湾区社会经济国际化发展提供了重要的智力支持。

对粤港澳高校联盟的建议

许长青：科技竞争力是国家和区域国际竞争力的核心，高等教育国际化是提升湾区高等教育竞争力的必由之路。香港和澳门在高等教育国际化中具有独特的区位优势，香港也正在打造国际高等教育枢纽。广州高等教育具有其特色和优势，但大湾区内高等教育综合竞争力还有待进一步提高。请问校长如何进一步推进粤港澳高等教育合作以提升湾区高等教育国际竞争力？粤港澳高校联盟在运作的体制和机制创新上您有哪些新的政策建议？粤港澳高等教育合作的理想与目标应该是粤港澳高等教育融合发展，您认为实现粤港澳高等教育融合发展的优势条件是什么？又将面临什么障碍？该如何跨越？

隋广军：粤港澳高校联盟的建立，使得粤港澳高等教育合作的机制得以巩固和完善，将成为增进三地高校友谊、整合各方优势学术资源、汇聚三地顶尖人才的领航基地，引领粤港澳教育合作至更加广阔的空间、更深入的领域，提升湾区高等教育国际竞争力。当前，粤港澳大湾区当前还未能形成与世界级湾区建设相匹配的高等教育协同创新体系，也未能支撑引领智能时代发展趋势的高科技研发体系建设。未来，一方面要通过充分利用三地各自政策和制度优势，调动多方力量，创新体制机制，实质性推动三地高等教育合作交流与资源整合，为创建新型世界一流大学探索新路，增强粤港澳高等教育对国家战略和区域经济发展的支持力度；另一方面，推动建立战略联盟和实体联合研发机构，实现大学、企业、市场、资本的有效对接和良性互动，创新科研成果市场化转化机制，推动粤港澳大湾区建立完善的"产学研"一体化协同创新生态，为区域内经济社会发展和共建"一带一路"倡议提供强力支撑。

3.4 华南理工大学

学校简介：华南理工大学（South China University of Technology）位于广东省广州市，创建于1952年，是历史悠久、享有盛誉的中国著名高等学府。是中华人民共和国教育部直属的全国重点大学，首批国家"211工程""985工程"重点建设院校之一，入选"千人计划""111计划"和"卓越工程师教育培养计划""卓越法律人才教育培养计划",也是"建筑老八校"之一,"卓越大学联盟""中俄工科大学联盟""中欧工程教育平台"主要成员。截至 2018 年 7 月,学校占地面积约 391 万平方米。校园分为三个校区,五山校区位于广州市天河区石牌高校区;大学城校区位于广州市番禺区广州大学城内;广州国际校区位于广州市番禺区创新城。

访谈对象:王迎军校长、院士。

王迎军,国家人体组织功能重建工程技术研究中心主任,华南理工大学校长。兼任中国生物材料学会理事长,中国材料研究学会副理事长。国家重点基础研究发展计划("973"计划)首席科学家,2007 年当选国际生物材料科学与工程学会联合会(IUSBSE①)会士(Fellow)。2015 年当选中国工程院院士。以王迎军教授为学术带头人的国家人体组织功能重建工程技术研究中心,现有各类研究人员 220 多人,来自多个学科专业,如材料科学与工程、生物医学工程、生物学、临床医学、自动化和电子信息等,主要研究方向涉及生物医学材料、组织工程与再生医学、医学影像与智能交互、生物信息与医学大数据等。

访谈形式:书面访谈。

访谈时间:2018 年 3 月 29 日。

访谈内容:

对课题的整体看法与建议

许长青:王校长,您好!我们这个课题是中国科院学部咨询评议课题,主题是"高等教育、区域创新与经济增长:粤港澳大湾区建设中大学的角色与作用研究",预期目标是通过对华南理工大学、中山大学、香港中文大学、澳门大学等高校的深入调查研究,并结合政府、企业的调研,为大湾区建设中大学的定位与作用发挥问题建言献策。华南理工大学是我国著名的工科院校、国家"双一流"大学建设院校,对区域经济发展做出了突出贡献,产生了重大影响。因此,我们首先想要了解的是您对本课题研究有什么整体的看法与建议。

王迎军:从全球趋势看,高等教育目前正在经历一场史无前例的使命和任务的重大转型。人们普遍认识到学术研究是开创新行业或彻底变革旧行业的创新源泉,并且真正成为推动经济增长的引擎。世界各国政策制定者都在积极推动高校通过技术转让、教师或学生创业、衍生公司、建立校企合作研究伙伴关系等将科技创新转化为经济活动,服务于区域创新体系建设和区域经济发展。这轮高等教育所进行的重大转型,可以视为 20 世纪中叶后以美国斯坦福大学、麻省理工学院等为代表的从研究型大学向创业型大学转型的进一步深化,其背后推动力的实质在于第四次科技与产业革命所导致的国家创新体系及其经济创新能力的新一轮竞争。从这个意义上讲,国家提出粤港澳大湾区战略,打造国际创新高地,促进三地融合发展,具有重要而深远的意义。课题

---

① The International Union of Societies for Biomaterials Science and Engineering.

立足湾区，着眼"高等教育、区域创新与经济增长：粤港澳大湾区建设中大学的角色与作用研究"，选题具有重要的理论与现实意义。

大学的角色与职能

许长青：我们知道，您在大学管理中有许多先进的理念与实践，也在华南理工大学实施了一系列卓有成效的改革，在新一轮的国家重点高校——"双一流"大学建设中，华工有4个学科入选一流学科。长期以来华工为区域经济发展输送了大批优秀人才，也为区域经济发展做出了突出贡献。目前，粤港澳大湾区建设已经上升为国家战略，粤港澳大湾区建设为广东和广东高校带来新的历史机遇。按照打造国际一流湾区和世界级城市群的目标，您认为不同层次、不同类型、不同阶段大学在粤港澳大湾区建设中应该扮演什么样的角色，发挥哪些不可替代的作用？

王迎军：大学分层分类办学很重要，华南理工大学定位为理、工、医结合，管、经、文、法等多学科协调发展的综合性研究型大学，为湾区发展提供智力支持。

许长青：传统上来说，大学的基本职能为人才培养、科学研究、社会服务、文化传承及国际交流。您认为，在粤港澳大湾区建设中，大学在这五大职能的发挥中是否存在角色冲突？如何化解这些冲突？湾区内不同的大学应该如何准确定位以便更好地服务于粤港澳大湾区建设？影响大学角色发挥的因素主要有哪些？

王迎军：大学的职能应该是相互推动，相得益彰，不存在矛盾，关键是如何协调发展。华南理工大学秉承"博学慎思 明辨笃行"的校训，坚持学术立校、人才强校、开放活校、文化兴校，发扬"厚德尚学 自强不息 务实创新 追求卓越"的精神，紧紧抓住"双一流"建设和广州国际校区建设的重要契机，坚持内涵发展，深化综合改革，全面提高质量，以在建校100周年即2052年全面建成世界一流大学为战略目标。

华南理工大学的创新创业教育与实践

许长青：国际上高等教育经历了两次重大转型：一次是19世纪早期以德国柏林大学为标志的从教学型大学向研究型大学的转型；另一次是20世纪叶中后以美国斯坦福大学、麻省理工学院等为代表的从研究型大学向创业型大学的转型。目前国际上创业型大学和创新型大学正在如火如荼地发展，其突出的表现就是大学知识成果产业化，服务于区域创新体系建设和区域经济发展。请问校长在这个问题上有什么应对策略？如何促进华工创新创业更好地服务湾区建设？

王迎军：当代高等教育的转型具有两大特征。一是国家竞争驱动性。相较于早期美国斯坦福大学等高校从研究型大学向创业型大学转型更多源自自下而上的市场驱动的路径，当前高等教育转型具有明显的国家竞争驱动性，即国家政策制定者对促进这种转型具有"指引"乃至"干预"的显著意图。21世纪以来，在以人工智能、大数据、物联网、新能源汽车等为代表的新一轮科技与产业革命风起云涌之际，世界政治经济格局正在急剧调整和变化，全球创新空间和分工体系处于一次"大洗牌"的前夜。各主要发达国家包括新兴工业化国家均加强了在相关领域的部署和争夺。中国与美国、德国、日本等发达国家几乎站在同一起跑线上，全球创新网络正不断被解构与重构，新的全球科技创新高地正在崛起。在新一轮科技革命中，如何在世界政治经济格局中赢得相对于别国的创新竞争优势，世界主要大国纷纷寄希望于作为知识创新源头的大学发挥更积极的作用。二是教育创新集群性。大学对于创新经济的推动作用显著依赖于创新集群效应，当前世界各国纷纷在教育创新集群框架下推动大学转型。2016年1月，美国教育部教育技术办公室发布报告《教育创新集群：加速创新的步伐》(*Education Innovation Clusters: Accelerating the Pace of Innovation*)，明确提出，构建新型的教育创新生态系统需要建立跨越传统"筒仓"(silos)式结构的新的合作关系，必须能够有效连接三个领域的合作伙伴：教育者、研究者和企业家。这种"教育创新集群"在学区、研究机构、私营企业和其他团体之间建立了区域合作关系，能够在区域地理范围内产生创新集聚效应。早在2004年，德国科学界及政界领袖开始高度重视如何提高德国大学、研究系统的国际竞争力这一问题，进而在2005年6月促成了"卓越计划"(Excellence Initiative)的基本框架，该计划将改变德国对大学资助的平均主义方式，转而遴选出一批优秀大学，进行重点投入。"卓越计划"于2006年正式启动，主要目的在于聚集各区域的研究机构，建立大学卓越集群(excellence cluster)，促进大学与研究机构、私人部门以及其他组织的合作，助推德国创新经济的国际竞争力。加拿大也采取了有力措施，2017年5月25日，加拿大联邦政府宣布投入9.5亿美元启动"超级创新集群"(super cluster)项目，旨在将产业与学术相联系，以提升国家创新经济，促进大学和企业合作开展更多的研究开发和投资活动，并重点放在先进制造、农业食品、清洁技术、数字技术、保健/生物科学、清洁资源、基础设施和交通运输领域中，以此帮助加拿大企业迅速成长，增强国际竞争力。顺应时代潮流，作为广东省唯一一所入选国家级双创示范基地的高校，华南理工大学在向创新型大学、创业型大学的深刻转型中必须要承担更大的历史使命和彰显更坚决的行动能力。华南理工大学迈向创新创业型大学提出了以下思路。

第一，深度嵌入粤港澳大湾区国际科技创新中心建设的区域创新发展进程。作为当前继"一带一路"、京津冀协同发展、长江经济带之后的第四大国家发展战略，建设国际科技创新中心是国家冀望粤港澳大湾区在新时代下承载的重要使命。为此，广东省正在加快建设广深科技创新走廊，港深两地共建的"港深创新及科技园"正在建设实施，而国家层面的"粤港澳大湾区建设国际科技创新中心专项规划"也有望尽快出台。正如旧金山湾区的硅谷崛起的背后有斯坦福大学的巨大作用，华南理工大学完全有希望成为支撑粤港澳大湾区区域创新发展背后的那个"斯坦福大学"。依托学校强大的工科研究实力，华南理工大学可以面向世界科技发展前沿和全球经济产业发展优化设置学科和专业结构，打造适应国际发展趋势的优秀人才培养体系，成为支撑湾区创新发展的人才培养高地。更重要的是，依托并深化学校拥有的校企研究合作网络，华南理工大学可以成为湾区科技研发与转换的孵化器以及官产学研密切合作的示范区。

第二，以"双创"示范基地为契机全面深化大学研究园区的创新集群网络建设。

大学研究园区是通过产业伙伴关系促进大学的研发活动，帮助大学和产业界之间技术和企业技能的转移，从而帮助新企业发展并促进以技术为主导的地区经济发展的空间实体。成立于1951年的斯坦福研究区是美国也是世界上第一个大学研究园区，它在相当大程度上可以视为硅谷的前身。为此，华南理工大学将以国家级"双创"示范基地建设为重大契机，以先进材料、高端装备制造、大数据、网络空间安全、量子通信、生命科学与生物智造、细胞与组织工程、脑科学与人工智能、生态环保与新能源等我国未来重大产业领域为方向，精准对接粤港澳大湾区建设和海上丝绸之路沿线产业，着力将广州现代产业技术研究院、中新国际联合研究院、华南协同创新研究院、珠海现代产业创新研究院、中山市华南理工大学现代产业技术研究院等五个地方研究院和国家大学科技园建设成粤港澳大湾区创新创业试验新区。与此同时，坚持"走出去"与"引进来"并重，依托广州国际校区和中新国际联合研究院，建设人工智能与高端制造、智能电网与新能源等4个国际研发转化中心，从而形成完整的大学研究园区创新集群网络体系。

第三，协同政企全力参与国家、省级实验室等重大科技创新平台建设。2015年11月，习近平总书记在《关于〈中共中央关于制定国民经济和社会发展第十三个五年规划的建议〉的说明》中明确指出，要加快建设以国家实验室为引领的创新基础平台，强化国家战略科技力量。为此，2017年12月，广东省在广州、深圳、东莞、佛山等地正式启动建设首批4家广东省实验室。启动建设的广东省实验室以国家实验室落户广东为主要目标，是广东为了瞄准新一轮创新驱动发展需要，培育创建国家实验室、打造国家实验室"预备队"做的准备。其中，华南理工大学是东莞材料科学与技术广东省实验室的主要建设依托单位，主要面向战略性电子信息材料、生物合成与仿生材料、新能源材料、高端智造、自修复智能材料、材料基因等方向的战略前沿技术、核心关键技术、颠覆性技术的研发与转化应用的需要。可见，华南理工大学对区域重大科技创新平台乃至将来的国家实验室建设可以发挥重大作用，并依托重大科技创新平台加速知识创新与技术成果的转移转化，有力支撑区域创新和经济发展。

许长青：创新是大学的最本质特征，创新型人才培养是大学的最根本任务，而高层次精英人才的有序流动是区域经济增长的核心。请问校长，为了给粤港澳大湾区建设提供更多更好的高素质人才支撑，您觉得大学在人才培养上需要注意哪些问题？如何有效推动湾区人才资源的有序流动？

王迎军：华南理工大学已经发展为一所以工见长，理、工、医结合，管、经、文、法等多学科协调发展的综合性研究型大学。轻工技术与工程、建筑学、食品科学与工程、化学工程与技术、环境科学与工程、材料科学与工程、机械工程、管理科学与工程等学科整体水平进入全国前10%；9个学科领域进入国际高水平学科ESI全球排名前1%，其中，工程学、材料科学、化学、农业科学4个学科领域进入前1‰，入选数在全国高校中排名第6位，华南地区首位。建校以来，学校为国家培养了高等教育各类学生51万多人，一大批毕业校友成为中国科技骨干、著名企业家和领导干部。粤港澳大湾区人才流动的关键是打破各种制度壁垒，促进要素高效流动。

华南理工大学的智库建设

许长青：当今世界各国以思想、观念、文化为核心的软实力竞争是新的竞争点。智库作为国家思想创新的动力和源头是软实力竞争的关键。请问校长，在打造具有国际影响力的大学智库全面服务大湾区的建设中有什么独到的见解与思路？如何发挥大学在输出思想、引领社会发展中的作用？

王迎军：华南理工大学坚持以大力发展政策咨询推动人文社会科学与自然科学的协调发展。历史经验表明，每当社会处于重大变革时期，必须有先进的思想观念为清除社会污垢、开辟继续发展的道路指明方向，这时这种上层建筑对社会发展的指引与导向性作用尤其显得突出。大学的职能除了服务社会，还要服务于政府的重大决策，也就是发挥大学的智库功能。华南理工大学经过多年建设，正在朝高水平综合性大学方向发展，既有理工科专业方面的传统优势，又逐步形成人文社会科学方面的新优势。华工有条件利用自身在理工科方面的传统优势，把科学技术的专业知识与政府决策需要相结合，为制定合理可行的科技政策提供建议。同时，经济、法律、教育等人文社会科学迅速发展，促进科学技术与公共政策制定的有机融合，为政府科学决策提供建议。围绕高水平的政策咨询目标，可以更好地以政治、经济和社会发展的实践，促进人文社会科学与自然科学之间的跨学科研究和促进对话交流，并由此促进大学资源在二者发展上的均衡配置，从而形成人文社会科学与自然科学协同发展与进步的良好格局。

对粤港澳高校联盟的建议

许长青：科技竞争力是国家和区域国际竞争力的核心，高等教育国际化是提升湾区高等教育竞争力的必由之路。香港和澳门在高等教育国际化中具有独特的区位优势，香港正在打造国际高等教育枢纽。广州高等教育具有其特色和优势，但大湾区内高等教育综合竞争力还有待进一步提高。请问校长如何进一步推进粤港澳高等教育合作以提升湾区高等教育国际竞争力？粤港澳高校联盟在运作的体制和机制创新上您有哪些新的政策建议？

王迎军：华南理工大学是卓越大学联盟（E9）成员，也是粤港澳高校联盟成员。高校联盟将有利于师生交流互访、学术资源共享、培养高水平人才、推动科研合作，实现共赢共进的目的。粤港澳高校联盟将有助于湾区高等教育竞争力提升，希冀加大合作与交流的力度，共同为湾区发展做贡献。

3.5 暨南大学

学校简介：暨南大学（Jinan University）位于广东省广州市，学校的前身是1906年清政府创立于南京的暨南学堂，此后多次迁徙合并。新中国成立后，暨南大学于1958年在广州重建，"文革"期间一度停办，1978年在广州复办。改革开放后，学校快速发展，是中国第一所由国家创办的华侨学府，是中央部属高校、全国重点大学、"双一流"建设高校，直属中央统战部领导，是统战部、教育部和广东省人民政府共建高校。作为中国历史最悠久的大学之一，暨南大学在中国高等教育史上有着重要地位，曾多次开中国教育之先河。目前，学校学科齐全，文理工医兼备，学校有国家二级重点学科 4 个、国侨办重点学科 8 个、国家中医药管理局重点学科 2 个、广东省一级学科重点学科 21 个、广东省二级学科重点学科 4 个。学校的工程学、化学、临床医学、药理与毒理学、材料科学、生物学与生物化学、农业科学、环境/生态学、植物学与动物学、分子生物学与遗传学、社会科学总论、神经科学与行为学等 12 个学科进入 ESI 世界排名前 1%。

访谈对象：宋献中校长。

宋献中，1963 年 9 月生，湖南宁乡人，管理学院教授、博士生导师。1983 年在湖南财经学院（现湖南大学）获得学士学位，1988 年在西南财经大学获得经济学（会计学）硕士学位，1999 年在西南财经大学获得经济学（财务学）博士学位。1992 年前在湖南财经学院工作，1992 年 12 月调入暨南大学。曾任暨南大学会计系副主任（1994 年）、主任（1998 年），管理学院副院长（1998 年），国际学院副院长（2000 年），发展规划处处长（2006 年），校长助理（2008 年），副校长（2011 年），2018 年 2 月任暨南大学校长。主要研究方向为财务管理与资本运营、企业社会责任与公司价值。兼任中国会计学会常务理事，中国企业管理研究会副会长，财政部会计准则咨询专家组成员，全国会计专业硕士（MPAcc）教育指导委员会委员等。在《中国工业经济》《管理世界》《会计研究》《财政研究》等杂志上公开发表论文 100 余篇，主持国家自然科学基金 4 项，国家社会科学基金重大和重点项目各 1 项，其他省部级课题多项，出版学术专著 6 部，主编和参编教材及其他著作 10 余部。主持国家精品课程《基础会计学》，国家级教学团队"会计学"、全国黄达年式教学团队带头人，曾获评广东省"南粤教坛新秀"，获评财政部 2014 年"十大会计名家"。

访谈地点：暨南大学行政楼会议室。
参与人员：许长青、古文力、黄玉梅、金梦、牛可佳、周书翰。
访谈时间：2018 年 4 月 28 日。

访谈内容：

暨南大学的特色：培养侨生

许长青：今天我们课题组到暨南大学来访谈，感到十分荣幸。因为对于粤港澳大湾区建设中大学作用问题，到目前为止我们已经调研了十所大学，包括香港大学、香港理工大学、香港科技大学、澳门大学等。但是我们在广州调研得较少，所以我非常感谢校长给我们这个机会。尤其是暨南大学是具有悠久的办学历史，也是面向港澳办学的重要基地，特别具有代表性。暨南大学有很多的校友、留学生、港澳台学生，所以这个样本特别重要，我们对暨南大学的访谈期待已久。我先介绍一下我们的课题，我们的课题是中科院的院士学部咨询课题，去年（2017）中山大学校长罗俊院士从中科院接到了两个重大课题：一个是关于经济的，即关于粤港澳大湾区建设世界经济中心的问题；一个是关于高等教育的，即高等教育如何服务粤港澳大湾区建设的课题。我负责高等教育这一课题。课题调研主要是想通过对暨南大学、香港中文大学、澳门大学等这些在粤港澳大湾区内知名大学校长的访谈以及对政府部门或企业的访谈来深入探讨大学在大湾区建设中的角色定位与作用，为上级部门提出一些政策建议。我想咨询校长的第一个问题是您对这个课题研究有什么看法及指导性建议？

宋献中：非常感谢许老师带着这样一个庞大的队伍到暨南大学做调研。我首先简单地介绍一下暨南大学。暨大是1906年在南京成立的，当时叫暨南学堂，"暨南"的意思是把中华文化传播到五洲四海，因此学校的使命是"宏教泽而系侨情"。到今天我们仍然遵循这个使命，我们培养了30多万学子，在香港有6万多名校友，在澳门有2万多名校友。这也是许老师选择暨南大学调研的原因之一吧，为港澳地区培养人才，这是暨大义不容辞的社会责任。国家赋予我们的使命，就是要维护国家的和平统一和港澳的繁荣稳定，这是暨大在长期办学过程中一直坚持的。许老师的课题很有现实意义，从大标题来看，把三个要素有机地整合在一起，一个是为什么建设粤港澳大湾区，大湾区体现了区域创新与经济增长，这也体现了大湾区的中心任务；把高等教育这个要素放进去，这个视角很好，凸显出高等教育的重要性，这是非常值得研究的一个领域。我的一个小小的建议是课题研究要突出高等教育的功能，凸显这个副标题。大湾区给高等教育提出了一些挑战，也面临难得的机遇。我们应该怎么去应对挑战？我们应该如何寻找高等教育在大湾区中的角色与定位？这是课题研究的关键。

许长青：谢谢校长的建议。课题研究将紧紧围绕"大学的角色与作用"这个关键点，凸显时代特征。

宋献中：同时，我认为课题组在调研大学的时候，要从供给侧和需求侧两个视角来研究，尤其是要从大湾区的政府、企业、社会对大学教育有什么需求的角度出发，这特别重要。有时候我们坐在家里思考我们应该做什么事情，但可能我们自己想的不是他们所要的，我们可能站得很高或者想偏了，因此要多去政府部门、企业及社会各届做调研。粤港澳大湾区是"9+2"个城市群，不同的地区对教育的需求不一样，不同发展层次的城市也有不同需求，站在需求侧做分析调研，会丰富课题研究的内容。把供给侧和需求侧有机结合起来，做出来的成果对高校很有好处，各高校就可以根据需求调整大学生培养、政策创新、高等教育体系，以适应大湾区需求。因此对于课题研究我提出两点建议：一是突出高等教育这个中心问题，二是把供给侧与需求侧紧密结合起来进行规划广泛调研。

大湾区内不同大学的定位不同

许长青：您的提议很好。宋校长是经济学领域的专家，从经济学视角给我们提供了一个很好的建议，这个问题确实很重要，因为供给侧结构性改革也是国家高度重视的一项战略性部署。对政府和企业的访谈的计划我们是有的，我们会尽量按照校长的建议去做，使我们的调研样本更加完善。暨南大学是全国华侨第一学府，在世界各地有 30 多万校友，在香港有 6 万多名，澳门有 2 万多名，相对我们中山大学，暨南大学在这一领域很有优势。暨南大学对粤港澳大湾区的发展已经做出了很多贡献。粤港澳大湾区建设已上升为国家战略，广东也提出打造广深港科技创新走廊，在此我想问一下校长，在大湾区背景下，不同类型、不同层次的大学能起到什么样的作用？如何进一步彰显暨南大学在大湾区建设中的角色与作用？

宋献中： 许老师提的问题本身非常有价值。首先给大学做了界定，大学不是都一样的，是有区别的。我想从两个方面来分析这个问题：一个是共性，另一个是特性。从共性来说，大学的基本作用表现在五个方面：大学是人才的培养基地、是创新的领跑者、是咨询的智囊团、是多元文化构建的引领者、是教育开放合作的践行者。这些共性的方面对大学来说是毫无疑问的，我们既要培养合格人才，也要在创新上领跑。大学的创新不走在前面，整个社会就会缺乏前进的动力。特性方面，不同的大学应该有不同的作用。简单来说，可以把大学分为教学型大学、研究型大学。中山大学是典型的研究型大学，暨南大学的目标是成为典型的研究型大学，所以不同层次的大学应该有不同的角色。作为不同类型的大学应该做什么，这很重要。如果说所有的大学都一样，就同质化了。回到暨南大学来讨论这个问题，暨南大学的特色非常明显，拥有大量的港澳台侨学生，我们的培养目标就是要把这些学生培养成熟谙中国文化、对当地经济社会做出贡献的高素质人才。一部分学生毕业后留在内地，但大部分学生会回到港澳台地区和所在国。港澳大学对学生的培养和内地不同，具有文化差异，对西方文化了解比内地深入。侨校是我们的根，是我们的初心，我们的使命就是培养侨生。但是如果我们不是名校，就无法吸引更多的优秀学生求学，更好地服务大湾区的建设。所以暨南大学坚持"侨校 + 名校"的办学方针，我们对于港澳台侨学生的课程设计、培养体系、管理体制等都与内地学生有差异，着力打造品牌，这就是暨南大学的特色。把握了特色，就可能给学校发展带来机遇。我们要培养能直接参与粤港澳建设的人才，比如澳门在去年（2017）8 月遭遇超强台风"天鸽"的侵袭，我们的学生挺身而出，成立了专门医疗队，解决市民的问题，受到了特区政府的表扬，这说明暨南大学培养出来的学生没有辜负我们的期望，非常有责任感。

许长青： 非常感谢您给出的具有丰富内涵的大学办学理念。其实香港 8 所研究型大学之中也有分层次，不同的大学有不同的目标，美国 3 000 多所高校也是如此。大家都朝着研究型大学迈进，体现出一种社会文化状态，这当然是一件好事，但客观上不现实，实际上也做不到。美国 3 000 多所大学，也只有 3% 左右是研究型大学。

宋献中： 现在全国各地都正在建设特色乡镇，我们应该根据每个乡镇自己的特点来建设，不能千篇一律，大学也应该是这样。

教学与科研的平衡

许长青： 是的，这又是一个经济学视角，经济学对我们教育也很有指导作用啊！

下面我们进入第三个问题，大学校长作为领导者和战略决策者，有很多问题需要做出决策。科学研究、人才培养、社会服务、国际合作等，各种问题与矛盾都会出现。比如，暨南大学的教学和科研评价机制怎么处理这些问题？大学的多重角色至今会不会存在冲突？

宋献中： 大学在不同的发展阶段应该有不同的发展目标，体现在人才培养、科学研究、社会服务、文化传承、国际合作这五大要素之中。我个人认为，大学一定是人才培养为主，这是根本目的。如果把科学研究排在第一位，那么科研院所发挥什么作用？大学的所有东西都是为了育人，科学研究也是为了人才培养。教书育人，科研也应该育人。我认为，教学育人、科研育人、实践育人、文化育人、国际合作育人都是连在一起的，他们根本目的就是人才培养。人才培养和其他职能不是并列的，其他职能都应该是延伸的，人才培养是最高层次的，其他职能都应统一在人才培养的全过程之中。这几方面在大学的运行中可能会产生冲突，但要考虑不同层次学校的定位。今年开学的时候，我在全校专门讲了暨南大学要处理十个关系。一是侨校和名校的关系，二是教学与科研的关系。教学与科研都是教师的任务，二者要兼顾，因为科研也要育人，把成果应用到教育中。供给侧结构性改革在大学教学过程同样适用，如学生上课玩手机，总是说成是学生的问题，但我们有没有考虑过学校提供的课程学生是否爱听？要不要调整课程结构和专业结构？

许长青： 宋校长说的我们也感触颇深。我在课堂上经常讲教师教学要注意观察学生的眼神。如果大家抬头，全神贯注听课，说明我讲的课很有价值、很有启发；如果大家都低头，说明这门课没有价值、没有启发。

宋献中： 第三个关系是引进和培养的关系。大学教育，教师队伍是关键，教师是大学最重要的组成部分。但这里也有一些矛盾，我想各个大学都一样，引进和培养之间是有矛盾的。在人才引进过程中，经常会出现一些问题，就是不知道把人才作为第几层次的人才引进，引进之后是否会引起现有人才的不舒服。我们常说一流的教授，引进二流的教授，二流的教授引进三流的教授，三流的教授一定会排斥一流、二流的教授。因此人才引进一定要有带头人去做事，去全盘考虑。其实引进和培养应该是并重的关系。第四个是顶天与立地的关系，我们在做科学研究的时候，既要做顶天的项目又要做立地的东西。比如大湾区建设可能就是一个立地的东西，大学应该为大湾区建设服务。但是，我们也要做顶天的东西，也需要做一些高深的研究，需要在《管理世界》《经济研究》等杂志上发表高水平文章。没有高水平的论文和高档次的科研项目也是不行的，顶天和立地要并重。当然作为中山大学来说，可能顶天的任务比我们更重。像暨南大学就既要顶天又要立地，才有生存发展的空间。不同的大学有不同的定位，像暨南大学，只能是双轮驱动。第五个是发展和民生的关系，第六个是管理和服务的关系，第七是学术权力和行政权力的关系，第八是传承和创新的关系，第九是立足本地与连接全球的关系，第十是局部和整体的关系。

许长青： 校长总结得很全面。

宋献中： 在大学的办学过程中，毫无疑问会有矛盾，但是不同的学校，它的矛盾的焦点不一样。矛盾有共性，可能也有特殊性。当然解决矛盾的方法是要协调互补，互相促进。

许长青：我想问一个具体的问题，暨南大学在评价教师的教学、科研与社会服务时，比重各占多少？

宋献中：暨南大学的考核机制是"四三三"。所谓四三三，就是40%的教学，30%的科学研究，30%的社会服务。教学、科研、社会服务权重的确定是一个不断调整的过程，教学少了，就多加一点，科研少了，就加点科研，不断地进行协调，所以这也是大学治理过程中很矛盾的地方。针对学校人才的发展，我们做了一个"宁静致远"工程，就是对部分教师实施两至三年不考核，营造一个宽松的环境，目的是为了出大成果。

许长青：这个应该是对那些天才式的教师吧？

宋献中：准确来说是对有发展潜力的年轻教师。年轻教师在申请时要说清楚计划做什么，五年以后产出什么成果。当然要允许失败，假如有100个申请者，其中有80个成功了，这也是很好的。不可能大学引进的每一个人都是成功的，大学的本性就是要允许失败。实际上大学做科学研究，失败也意味着成功，因为你走这条路失败了，别人就可以不走你这条路，就可以去寻找到另一条路，失败乃成功之母。所以说大学一定要允许失败，大学不允许失败就没有创新了。创新和失败实际上是相辅相成的，有些人有点创新，得到了很多成果，出彩光鲜，实际上这也许建立在前人的失败和痛苦之上的。

暨南大学的创新创业教育与实践

许长青：是的，校长谈的很深入浅出。第四个问题，谈到大学在区域经济中的作用，其实也是大学在20世纪中叶的一次学术转型。在这次大学转型中，大学主动地融入为区域服务中去，涌现出一批创业型大学、创新型大学，为区域经济提供创新的源泉动力。粤港澳大湾区需要打造一个全球科技创新中心，这里面大学的作用不可或缺。我想请问一下暨南大学在创新、创业方面是如何对接湾区经济与发展的？比如说重大的科技创新平台建设、科技成果转化情况如何？

宋献中：这个话题就是您刚才在题目中讲的区域创新与经济增长之间关系的问题。粤港澳大湾区建设就是要构建一种创新的体制与机制以推动经济发展，这是大湾区建设的一个重要目的。大学的发展有德国模式、美国模式，美国模式就强调服务社会，如旧金山湾区的斯坦福大学。国际湾区也可分为几类，我们现在讲的"三大湾区"，纽约湾区是金融湾区；东京湾区是产业湾区；旧金山湾区是科技湾区、创新湾区。创新湾区实际上也就对应了现代大学的这种发展模式。所以我觉得粤港澳大湾区建设需要不断地创新，而创新在很大程度上依赖于大学，必须充分发挥高等教育在创新中举足轻重的作用。推动大学创新就一定要加大政府在高等教育中的作用。一定要加大对高等教育的投入，因为这是一个百年大计。湾区的建设发展离不开高等教育的发展创新，在科技创新方面和科技成果转化方面，暨南大学出台了一些政策。因为当时国务院侨办主任来考察暨大时提出了两个要求。第一，港澳台侨学生如何培养；第二，科技成果如何转化。针对这两个要求，我们专门制定了一个科学成果转化条例。其中教师的科技成果转化，教师可以拿85%。

许长青：产权属于教师还是学校？

宋献中：产权是成果转让出去后转给谁就是谁的。

许长青：那成果还没转出去之前呢？

宋献中：成果还没转出去之前应该是共有的，转出去之后，产权是别人的，但是收入分配机制是教师85%，学校10%，学院5%。整个学校就只拿了15%，弥补一点成本。这是我们采取的第一个措施。第二，我们成立了一系列的地方研究院。地方研究院就是把我们的一些科技创新成果辐射到地方去，促进地方经济发展。

许长青：暨大在哪些城市设立了研究院？

宋献中：在东莞、韶关、顺德、惠州等城市我们都建立有地方研究院。学校鼓励这些地方研究院的发展，暨大的地方研究院和中大相比，规模相对来说比较小，但我们还在加速推动。暨南大学较早成立了创业学院。创业学院成立于2001年，旨在培养创新人才，促进创业发展。我们为港澳台侨学生在南沙建立了港澳台侨学生创新创业基地。我们也借助校友会的力量成立了企业家联盟，定期把学校一些科技成果给企业家发布，促进科技成果转化。

大湾区内人才流动的阻碍

许长青：好。第五个问题其实我是非常想了解的，因为暨大是非常有特色的，特别是在大湾区人才培养方面。你们可能有很多跨境流动的学生及教师，因此我的问题是暨南大学在师生跨境流动方面存在哪些制约因素？如何推动学生跨境流动，跨境学习、就业、创业？

宋献中：老实说，这个问题提到点子上了。这个问题在粤港澳大湾区的建设过程中必须得到很大改进。因为包括教师到香港、澳门去工作的签证、工作的时间长短等都有很多制约因素。人才的有序流动是个系统问题，它涉及人事、公安、港澳办等部门，这些问题不是一所大学能解决的。很多制度因素制约了我们的人才流动，教师赴港交流时间一般为7天。假如你要到香港去做一个调研，你可能刚开始做就得回来，所以我觉得在这方面可以提一些意见建议。我们现在跟香港建立了5家联合实验室，与澳门大学、澳门科技大学也有合作。在联合实验室中，我们的教师可以到他们的实验室中去做事，他们的教师可以到我们的实验室做事，可以联合培养研究生。

许长青：我们的教师可以到香港那边去做实验吗？上次我在香港调研的时候，他们说在香港，内地的教师在港学术访问管得很严，不可以上课，做实验好像也不可以？

宋献中：实验可以做，但是要上课的话需要一个劳务劳工输出的手续，有困难。因为暨大在这方面可能比较成熟，我们在马来西亚、泰国、日本、中国香港、中国澳门大概有五十几个教学点，16个招生点，所以我们每一年都要派大量的教师去澳门、香港教学。我们是联合办学，这样签证问题就比较好解决。

许长青：香港、澳门的学生，在内地可以就业吗，还是必须回去？

宋献中：完全可以在内地就业，这点已经打通了，没有问题了。现在明确规定港澳台侨学生可以在内地就业。原来是港、澳、台的教师不能申请国家社科基金，现在也全面放开了，可以申请了。

建议建立高校智库联盟

许长青：好的，非常感谢。接下来一个问题就是大学智库问题了。暨南大学粤港澳研究所建立的历史比较悠久，也汇聚了很多专家，在社会舆情分析方面做出了重要贡献。所以大学智库引领社会发展，也是政府部门的思想库、智囊团。世界一流大学一般都有一流的智库，从事政策研究。我想知道暨南大学在服务大湾区这一块如何打造具有全球影响力的大学智库？构建了或正在构建哪些智库平台？

宋献中：是的，暨南大学建立了一批智库，如"一带一路"与粤港澳大湾区研究院、"丝路"研究院等。大湾区的大学智库建设很重要，能提供一些政策建议为政府部门决策参考，但我们在这方面还做得不是特别强。我一直在强调暨南大学应该在大湾区建设中去做一点事情，我们建立了一些智库，也提供了不少智库报告，被政府相关部门采纳，但没有形成规模，其作用还有待充分发挥。我想，大湾区内的大学能否联合起来，一起建立大湾区具有重大影响的智库。我考察过英国剑桥大学及美国的几所大学，他们的智库不是一个学校的，也不局限在一定的范围，各个大学的人都可以成为这个智库的研究人员之一，它是打通社会的，效果也比较好。如果能在一个地方，联合起来建一家智库，集中智慧真正地做一点事情，提供建议和决策，可能会产生良好的影响。有些东西确实是重复劳动，因为你做大湾区，你可能在研究一个问题，其他人可能也是在研究同一个问题。大家都在研究这个问题，实际上我们的力量就分散了。如果说中山大学做一块，暨南大学做一块，华南理工大学做一块，合作起来共同研究，研究力量就强大了。广州市社科院成立了一个智库中心，设在华工，也许是一个好的开端。这个智库是广州市刚成立的一个智库，主要围绕大湾区建设。各个大学各自搞一套我觉得也有点浪费，要是能够大家一起来做就更好。

对粤港澳高校联盟的建议

许长青：最后一个问题是粤港澳大学联盟问题。暨南大学是理事单位，在发挥大学联盟作用、促推湾区发展方面您有什么好的政策建议？

宋献中：第一，粤港澳高校联盟需要有一个规划，我们到底要做什么，我们的章程是什么，要有一个统筹规划。在统筹的过程中，要有分工，就是每个大学，你偏重的是什么？在协同的基础上进行分工合作，这是一个很重要的问题。第二，我觉得可以在联盟中成立联合实验室、联合智库。联合实验室旨在发挥相对优势，实现优势互补。现在做的都是大而全、小而全，这其实对高校的资源是个极大浪费。为什么要去浪费这个资源呢？我做不成我还花那么大本钱来做。如果你比较强大，你可以实行强强联合，也可以以强带弱，这样我觉得可以真正起到联盟的作用。不能就开两次会就完了，我觉得就开两次会不足以是联盟，做联盟的话，一定要是真正的联盟。

许长青： 对，一定要从形式走向实质。

宋献中： 是的，一定要走向实质，那才能使得联盟有生存力。还可以把眼光更扩大一点，扩大到社会层面，不仅仅是高校，可以吸收企业及其他组织。

许长青： 这个可能是需要相关部门协调，需要更高层级的协调。

宋献中： 对，粤港澳大湾区建设需要建立一个协调机构，加强顶层设计与战略规划是推动大湾区高等教育协同发展的关键。在高校联盟中创新资源共享与学术合作模式，共同推进三地高等教育协同发展。

许长青： 是的。非常感谢！

3.6 华南师范大学

学校简介： 华南师范大学（South China Normal University）创建于1933年，前身是广东省立勷勤大学师范学院。1996年进入国家"211工程"重点建设大学行列，2015年成为广东省人民政府和教育部共建高校，同年进入广东省高水平大学整体建设高校行列，2017年学校进入国家"世界一流学科"建设行列。学校学科布局覆盖哲学、经济学、法学、教育学、文学、历史学、理学、工学、农学、医学、管理学、艺术学12个门类。物理学列入国家"世界一流建设学科"，教育技术学、发展与教育心理学、光学、体育人文社会学4个学科列入国家重点学科或国家重点学科培育学科。学校还有9个国家"211工程"重点建设学科，23个广东省重点学科。在教育部第四轮学科评估中，心理学、体育学、教育学、马克思主义理论4个学科进入A类学科，其中心理学获评A+学科；物理学、化学、数学、工程学、植物学与动物学、材料科学6个学科进入ESI全球前1%。学校充分发挥地处改革开放前沿、毗邻港澳的优势，努力打造国内一流的教师培养与培训基地、教育研究与政策咨询智库、教师终身学习与资源共享平台。作为广东各阶段教育的"工作母机"，学校承担教师培养与继续教育任务的规模一直位于全国高校前列。学校依托教育、心理等学科优势，强化教育研究，全力打造南方教育高端智库，在珠三角、粤东西北地区努力建立若干教育发展研究院（中心）。学校在服务港澳台教育发展方面具有深厚的历史基础和先发优势，是最早在香港澳门合作办学的内地高校。

访谈对象： 王恩科校长。

王恩科，华南师范大学党委常委、副书记，校长。理学博士、教授、博士生导师。1985年起，在华中师范大学粒子物理研究所攻读硕士、博士学位，1990年取得博士学位。1992年晋升教授，1999年受聘为博士生导师。2002年11月至2010年1月任华中师范大学物理科学与技术学院院长。2010年1月至2012年7月任华中师范大学校长助理、研究生院院长。2012年7月至2017年9月，任华中师范大学副校长。2017年9月至今任华南师范大学校长。主要从事夸克物质理论、核环境中的微扰QCD理论、有限温度场论领域的理论研究。2004年获国务院政府特殊津贴。2005年入选教育部"新世纪优秀人才支持计划"，并获教育部自然科学一等奖（第一完成人）。2006年牵头的研究团队入选教育部"长江学者和创新团队发展计划"创新团队，并获湖北省自然科学一等奖（第一完成人）。2007年入选原人事部等七部委"新世纪百千万人才工程"国家级人选。2009年获国家杰出青年基金、受聘为教育部"长江学者"特聘教授，并获"湖北省劳动模范"荣誉称号。2010年获全国先进工作者（劳动模范）称号。2018年获教育部自然科学奖一等奖（第一完成人）。

访谈地点：华南师范大学行政楼会议室。

参与人员：许长青、古文力、黄玉梅、牛可佳、李瑞华。

访谈时间：2018年6月28日。

访谈内容：

对本课题的建议

许长青：感谢王校长今天抽出宝贵的时间与我们交流。其实之前我们约了很多次，但都是因为时间冲突而没能成行。

王恩科：是的，很抱歉一再推迟，今天我就这个主题与你们"坦白"交流，希望对你们的研究有所帮助。我认为你们这个研究是一件很有意义的事，罗俊院士还专门和我说过，说你们在做"粤港澳大湾区发展"的课题研究。

许长青：是的，我们承接了中国科学院学部两个咨询课题，一个是经济类的，另一个是高等教育类的。经济类的就是由陈广汉教授负责在做；高等教育类我负责在做。

王恩科：你这个课题不仅涉及高等教育，还涉及两块：区域创新和经济增长。

许长青：是的，主要还是高等教育和区域互动发展，即高等教育如何服务湾区发展、支撑湾区发展。非常感谢王校长对我们课题的支持，中午都顾不上休息。我们的课题名称是"高等教育、区域创新与经济增长：粤港澳大湾区建设中大学的角色与作用研究"。主要目的就是调研并发现粤港澳大湾区建设中高等教育合作中遇到的一些制约因素，然后要形成一个咨询报告提供政策建议。课题计划要访谈粤港澳大湾区知名大学及纽约湾区、旧金山湾区、波士顿湾区、东京湾区等国际一流湾区著名大学的专家学者。到目前为止，我们已经访谈了十二所。访谈对我们的课题研究确实起到了很好的作用。

师范类大学在粤港澳大湾区建设中的角色

许长青：华师是我们期待已久的访谈高校之一，感谢校长给我们这个机会。课题的总体设计是将成果做成三部分，一部分是实际案例与数据支撑的咨询报告，主要通过校长和专家访谈及问卷调查与数据分析等研究方法来实现。我们觉得无论缺失了哪一块，研究都是不完整的，没有说服力的。在学校的代表性方面，如果缺失了华师的访谈我们觉得研究也是不完整的。因为华师是粤港澳大湾区内极具影响力的大学、一流的师范大学。第二部分是政策研究，主要在质性研究与实证研究的基础上，提出具有价值的政策报告。第三部分是比较研究，主要是通过与国际一流湾区的比较，提炼出对粤港澳大湾区高等教育融合发展的政策建议。这个课题研究确实非常复杂，所以我要问的第一个问题是，对于这样一个涉及粤港澳三地的课题，我们这个思路是否可行？有没有一些更好的建议，把这个课题做得更好、更有针对性和实用性？

王恩科： 那我就从你这个问题开始入手吧。我觉得你们现在做"粤港澳大湾区建设中大学的角色与作用"这样一个课题，这个选题选得非常好。

粤港澳大湾区由一个区域性的合作规划上升为一个非常大的国家战略，粤港澳大湾区建设涉及经济、社会等各个层面的众多问题。如何规划和建设就需要充分考虑、充分调研，因此你们的课题非常具有理论与实践层面的意义。你们的课题主要集中在高等教育领域，是吗？

许长青： 是的，我们的课题主要研究大学在湾区中的角色与作用。

王恩科： 教育是粤港澳大湾区建设中一个很重要的问题和关键变量，所以我认为粤港澳大湾区的这些高校需要在国家战略层面把教育问题弄清楚。首先，参与、服务大湾区建设是高校义不容辞的责任。我们的的确确需要把这个事情做好，这是一个大的层面，要把握准服务的方向。其次，我觉得教育在大湾区建设中是一个核心变量。这个课题的价值所在就是反映教育尤其是高等教育的作用，同时粤港澳三地教育有差异，怎么去引领社会发展，这就需要合作。澳门的教育发展得比较好、比较快，教育问题也没有那么复杂，但香港的教育问题非常复杂。上次教育部关于大湾区教育的一个研讨会在华师召开，你也参加了，会上我也谈了一些观点。我们学校一直在研讨，作为师范院校，华南师范大学在粤港澳大湾区教育中应该扮演一个什么样的角色和发挥什么样的作用？我们应该做些什么样的事情？这个选题的确非常重要。当代大学主要强调有这样几个责任：一是人才培养，这是我们的主责；二是科学研究与社会服务；三是文化传承与创新。当代大学和社会密切关联，它不是一个独立的单元，而是和社会各方面相互作用。因此，在粤港澳大湾区建设中，我们怎样去培养人才，培养什么样的人才，这都是需要我们去思考的。

在创新驱动方面，大学扮演更为重要的角色。当代经济是创新驱动型经济，创新驱动是一个关键因素。说到创新，企业的技术创新比较强，但基础研究的实力不如大学，而基础研究是持久的变革力量。企业在创新驱动中的实力应该是不如大学、科研院所的，因此要真正落实创新驱动发展战略，大学应该扮演一个非常重要的角色。大湾区背景下，高等教育如何服务创新驱动发展，值得我们深入思考。社会服务与文化传承和创新也有很多问题去探索。因此这样一个选题，我觉得是非常有意义的。至于建议，我想你们应该把握住大学在湾区建设的作用。要把这个选题界定弄清楚，因为你们是做高等教育，就要从高等教育领域把大学的职责与粤港澳大湾区的发展结合起来，在最终的咨询报告中提出一些非常好的建议，我觉得你们这个课题研究也就非常成功了。粤港澳大湾区建设既有难得的机遇，更有很大的挑战，因为我们的大湾区和别的湾区，如东京湾区、纽约湾区、旧金山湾区等都不一样，这里面存在着很大差异。其他几个湾区实行的是一种制度，我们的大湾区内实行的是两种制度。因为存在两种不同的制度，在建设过程中就会遇到很多其他湾区没有遇到过的问题。如何处理好这些问题，协调好这些矛盾，理顺好彼此间的关系，我想这也许是本课题研究的一个难点。

许长青：对的，粤港澳大湾区具有情境的独特性，如何在这些独特的情境中协同发展，这是一个难点。

王恩科：我想大概是这样吧。总体来说，这个课题要能够真正地提出应对之策，对大湾区建设非常有好处。其实你们这个课题也是宏观上的，涉及面大，在高等教育功能这几个方面，你们如果把一个方面弄清楚了都是一件不得了的事。

师范类大学的独特作用：教师培养与教材编写

许长青：粤港澳大湾区每所大学的作用都不一样，比如说研究型大学可能致力于基础研究，理工科大学可能致力于应用研究与技术创新，高职类大学可能要培养具有工匠精神的人才，每所大学需要特色化、差异化发展。华南师范大学作为湾区内一所著名的师范大学，在粤港澳大湾区建设中如何发挥自身独特的优势与作用？

王恩科：你说的非常对。首先在粤港澳大湾区里面，香港高校的实力还是很强的，据不同的国际排名，香港高校有4～5所前100强大学。广东高校发展速度快，办学实力比较强大。中山大学、华南理工大学都是"985""双一流"高校，都是很有实力，尤其是中山大学稳居国内前列，位居世界前101～150[①]，所以你说的非常正确。各个大学在粤港澳大湾区里发挥的作用一定要结合学校的优势来整合和考虑。比如中山大学作为一所综合性大学，在大湾区建设中承担着非常重要的责任，也就是中大现在正在做的怎样推动粤港澳大湾区创新驱动发展。与其他大学相比，综合性大学科研实力要比别的大学强很多，对整个湾区的创新驱动发展要发挥独特的作用。又比如华南理工大学作为一所工科院校，科技成果转化是它的强项，就要认真研究怎样推动粤港澳大湾区建设中大学与企业合作。我们也一直在思考，也做了多次调研，我们师范类大学在粤港澳大湾区中应该如何发挥自己的作用，应该做点什么样的事。我认为最重要的是要做好本质工作。虽然华师也在往综合性大学转型，但是师范的本质不能丢。粤港澳大湾区存在两种制度，当前香港的问题，归根结底是教育出了问题，是青年人理想信念出了问题，那么教育问题和我们学校的职能有更大的关系。教育问题最重要的是要做好两件事，一是教师在人才培养中扮演什么角色；二是教材建设，你教给学生的是什么样的知识。我们想我们能不能够加强与粤港两地教育合作，为香港培养一些专业教师？或者是加强教材编写、教师培养方面的合作，促进大湾区教育发展。

许长青：香港高等教育国际化程度也是比较高的，有超过90%的教师都来自国外。

王恩科：是的。我们也做过调查，香港教师中的成分也是比较复杂的，部分教师有一定的政治倾向性，再加上教师在学生中的影响力是很大的，所以他们有意无意地在课堂上或者对学生的指导过程当中把自己的政治倾向灌输给学生，这样一来学生很

---

① 软科ARWU世界大学学术排名。

容易被误导。面对这样的现实，我们应该怎样应对？我们现在也就是在想怎么为大湾区发展做一些事情，粤港澳能不能把三地的力量团结起来，联合办学，共同为大湾区发展做应该做的事情？比如说香港的教材建设，能不能在内地高校的主导下联合开发？历史课程尤为重要，尤其是中国近代史，我们一定要让香港的学生真正了解中国。香港教育大学是一所非常好的大学，我们能不能联合起来在教师教育方面做一些实事？在合作办学方面，可以采取多种形式，香港的学生可以来内地学习、就业，内地的学生也可以去香港就学就业。这样可以改变两地的高等教育结构，促进粤港澳大湾区高等教育融合发展。按照香港目前的教育体制，香港教育问题会持续存在，对粤港澳大湾区建设会产生不利影响。我感觉我们的任务很重，但是怎么来做？我们会主动地配合国家战略把这些事一件一件地做好，香港现在出现的一系列问题才能够从根本上得到解决。华南师范大学是师范类大学，我们的思路很直接，就是从教师入手，从教材入手，加强三地合作。这是我们的强项，希望能在粤港澳大湾区建设中发挥我们独特的作用。

许长青：对，就是要从源头上，一个是教师，一个是教材，来发挥师范院校独特的作用。那么我想问一下，华师与香港教育大学进行合作的进展如何？

王恩科：我们现在有了协议，已经初步建立了合作关系，但是现在想更大胆一点，比如一起招生。下一步我们要根据粤港澳大湾区发展规划来修订计划方案，因为我们的方案也要和国家对接，不能与国家的大政方针有矛盾。

计划建立粤港澳教师教育学院

许长青：我们上次和深圳大学校长、香港科技大学校长讨论的时候，都希望国家能在大湾区建立一所粤港澳大湾区联合大学或联合创新大学，选址可选在广州南沙，像这样的项目您觉得是否具有可行性？

王恩科：我们现在就在准备做这样的一些事，比如说建立一所联合大学，我们每个大学在框架内建立一个学院。湾区教师都可以来这里进修，进修完后既可以在内地就业也可以在港澳就业。我们现在的目标是建立一个新的校区，建立一个新的教师学院。我们不仅会和港澳甚至世界诸多大学合作建设一所新的世界一流的教师教育学院，而且面对粤港澳进行招生，通过联合培养互通就业的方式，推动粤港澳三地教育共同发展。把内地的教育政策推广到香港，难度很大。我们可以通过多种形式的合作，推动香港教育改革与发展。

许长青：华南师范大学这个新的培训合作办学模式是不是和华南理工大学的国际校区有些相似？

王恩科：是的，我们的计划其实也想采用国际校区模式。这对我们自己也有好处，广东也需要一所高水平的师范大学。广东是一个经济强省，但还不是一个教育强省，教育水平有很大的提升空间。广东教育水平提升的关键是师资，所以如何提高广东师资水平，也是我们面临的一个非常大的问题。我觉得我们现在的教师培养模式满足不了这个需求，更解决不了这个问题，所以我们需要创新办学模式。提高创新能力、推动区域发展那应该是中山大学、华南理工大学的事，我们应该做的是聚焦教育问题。

大湾区人才流动的体制性阻碍

许长青：人才是第一资源，推动粤港澳大湾区发展，创新型人才流动是关键。有经济学家认为流动是经济增长的核心。请问王校长您认为应该如何破解阻碍三地合作人才有序流动的制度性障碍？

王恩科：你这个问题真是问到点子上了，华师也正在调研这方面的问题。首先是两种制度下的矛盾，我建议你们这个课题在这方面要做深入研究。关于教师教育领域，目前遇到的一个非常大的难点是教师资格互认问题。内地的大学毕业生要从事教师职业，必须要持有教师资格证，教师资格证相当于执照，有教师资格证才能当教师，没有教师资格证就不能当教师。香港那边也一样。粤港两地虽然同属中国，但香港不承认内地的教师资格证，这是最大的障碍，阻碍两地人才流动。这是一个体制上的问题，也是粤港澳大湾区值得关注的问题。两种制度产生的障碍应该怎么破除？按照目前香港的制度设计，持有内地教师资格证书的人在香港当不了教师。香港教育大学是培养香港师资的，学生去该校学课程是可以获得教师资格证的。另外，香港大学、香港中文大学以及其他两所大学的教育学院也从事教师培养工作，也提供教师资格证。没有经过教师教育学院培养的怎么办？学生也可以先去中学参加临时聘用，然后由聘用学校去向教育局申请，参加相关方面的学习并考取教师资格证。这个流程以单位形式来组织，个人是不可以考取的，这在制度设计上抑制了内地学生在港任教。

许长青：港籍学生在内地参加学习并获得教师资格回香港后能不能当教师？

王恩科：也不行。但是学生可以走第二条路，先当临时老师，因为你没有教师资格证。但是学校可以给你一个名额，去大学的教育学院学习，系统学习教育学、心理学等课程，当你通过一般专业课程考试后，就可以获得教师资格证。香港的教师行业形成一个封闭体系，如果不打破，它就永远是问题，如果这些问题不突破，学生就业会永远遇到机制上的障碍。

华师的智库建设

许长青：其实人才流动应该是双向的，应大力推进人才双向流动。另一个问题是关于大学智库的。一般来说，作为文科院校，我们应该在文化创新与文化价值引领方面发挥更大的作用。在大学如何推动与引领湾区发展方面，校长有什么好的建议？

王恩科：大学不仅要做人才培养，而且要做研究。研究机构最主要的就是要为相关部门出一些点子。我们刚才说了那么多问题，我们到底该怎么做，就是要为中央所关心的问题一个一个地出点子。人才培养是学校绕不开的中心任务。我们是一所师范大学，首先应该研究的是教育问题，除了教育问题以外，还有社会问题。关于智库建设问题，华师要成立专门的智库机构，一方面研究粤港澳大湾区教育问题，另一方面研究社会以及社会发展方面的问题。

许长青： 校长是物理学领域的专家，对教育问题的确很关注并且有独到的见解，这对华南师范大学的发展及华师服务国家战略必将起到很大的推动作用。

王恩科： 其实我们比中山大学的发展更难，中大是综合性大学，只要把学科做上去了，事情就迎刃而解了。我们不光要把师范教育做好，还要参与综合性大学的竞争。我们现在要做的就是：第一教师教育出特色，第二学科水平上台阶。

建议建立粤港澳教师教育联盟

许长青： 关于粤港澳高校联盟共同打造合作平台，提升湾区高等教育竞争力的问题，最后想请校长谈谈做法与思路。

王恩科： 前两天香港教育局的主任秘书到华师访问，他说他也在做教育方面的事，我们也给了他一些建议，其中一个就提到了粤港澳大湾区教师教育联盟问题。我觉得粤港澳高校联盟这个平台非常好。香港的大学有自己的优势，广东的大学也有自身优势，所以能把大家的资源整合，优势互补，共同提升，这是非常好的。具体的思路，我觉得联盟太大不知抓什么好，因此建议在高校联盟下设置专业联盟，这比大联盟更有凝聚力。比如说教师教育领域，香港有5所大学，广东也有多所师范类大学，可以考虑成立一个教师教育联盟。中大也可以和港大等一些综合性大学在联盟的框架内研究综合性大学感兴趣的问题。联盟要加强实质性合作，每年开展一些活动，聚焦一些问题。不要泛泛的合作，泛泛的话那什么问题都弄不清楚。

许长青： 非常感谢王校长，访谈对我们非常有启发。

第 4 章
香港高校访谈录

中国科学院院士咨询课题"高等教育、区域创新与经济增长：粤港澳大湾区建设中大学的角色与作用研究"课题组在 2017 年 12 月 13 日至 2018 年 7 月 9 日期间先后访问了香港大学、香港岭南大学、香港中文大学、香港科技大学、香港理工大学、香港城市大学等 6 所香港高校，访谈了 6 位院士/时任校长。

4.1 香港大学

学校简介：香港大学（The University of Hong Kong，HKU）是一所位于中国香港特别行政区的公立研究型大学，于 1910 年 3 月 16 日奠基，1911 年 3 月 30 日根据《大学条例》成为一个自治学者团体大学，是香港历史最悠久的高等教育机构之一。建校初期，香港大学规模极小，自 1912 年 3 月 11 日正式开学，艺术、工程、药学成为最初开设的专业。到 1916 年 12 月举行首次毕业典礼，仅有 23 名毕业生。在学校成立 10 年后，女性首次被允许入校学习。第二次世界大战爆发，香港大学一度处于瘫痪状态，1941 年教学全面中止。1948 年 4 月 9 日复校后，秩序重建与结构转型并举，学校步入高速发展的黄金时期。香港大学自创校以来始终采用英语教学，其学术研究多可与欧美无缝对接、良性互动，也得益于此，在很长一段时间里，以医学、商科、人文、政法等领域见长的香港大学都是中国高等教育界一面独特的旗帜，享誉亚洲乃至世界。香港大学在 THE2020 年世界大学排名中位列第 35 名，是香港在世界大学排名最高的大学。

访谈对象：叶嘉安院士。

叶嘉安，1952 年 10 月 28 日生于香港，祖籍江西南康。1974 年毕业于香港大学地理及地质系。1976 年获泰国亚洲理工学院硕士学位。1978 和 1980 年分别获美国纽约州锡拉丘兹大学区域规划硕士及城市规划博士学位。2003 年当选为中国科学院院士，是中科院地学部首位香港院士。现任香港大学讲座教授、研究学院院长、地理信息系统研究中心主任、香港注册规划师。在国际上首先将案例推理系统与 GIS 相结合。首次提出细胞自动机（CA）的城市规划模型，把环境因素、城市形态、城市密度等引进城市 CA 模型中。他是较早分析中国城市社会空间结构的学者之一，提出土地产权对城市发展和规划的影响。代表作有《东南亚卫星城的规划与拓展》和《地理信息系统及其在城市规划与管理中的应用》。2008 年获联合国人居署颁发的"联合国人居讲座奖"，以表彰他对人居环境的发展和规划做出的杰出贡献。2010 年当选第三世界科学院院士，2019 年当选香港科学院院士。

访谈地点：香港大学行政会议室。

参与人员：许长青、黄瑞敏、张紫薇、金梦、牛可佳、周书翰。

访谈时间：2017 年 12 月 13 日。

访谈内容：

高校合作需要有基础，合作应出成效

许长青：中山大学罗俊校长叮嘱我们课题组一定要访谈叶嘉安院士，所以我们第一时间就联系了您。非常感谢叶院士百忙之中抽时间与我们交流。我们的课题是"高等教育、区域创新与经济增长：粤港澳大湾区建设中大学的角色与作用研究"。关于在粤港澳大湾区中大学应该扮演什么角色、发挥什么作用，您是区域规划领域的专家，我们想听听您的意见。

叶嘉安：好的。不过关于高等教育领域的问题我没什么研究，我主要从事区域经济方面的研究。香港的大学和不少名校一直都有合作，包括珠三角地区的中山大学、华南理工大学、深圳大学等，可以查查香港的高校和这些学校之间的合作数据。香港国际化程度高，和国外的合作更早更多。香港高校和内地北京、上海、武汉的学校合作也很多。例如我们有一个与浙江大学合作建立的浙江研究院。浙江大学在很多研究领域都比较强，我们也愿意与他们合作。实际上，通过对比，你就会发现：香港的大学和北京、上海的合作比较多，反而和广东的合作比较少。

许长青：这样的话粤港澳大湾区高校之间的合作还是很有潜力的，那如何去挖掘呢？

叶嘉安：你们从事高等教育研究的，肯定知道，大家要有共同的兴趣、共同的研究才有合作的可能。现在讲大学之间的合作，合作的基础在哪？为什么离珠三角近，港校反而跑到北大、清华去，跑到复旦、浙大去？如果你们要研究这个，肯定是要找档案出来，看合作之后有什么成果。是要提高大学的国际排名，还是要提高珠三角地区的生产力？对于大学之间的合作是否可以提高生产力，我不是很清楚，这是值得研究的课题。其实大学合作也不一定可以提高生产力，很多科研成果其实和生产力是没有关系的。

许长青：对，大学研究成果还不一定和生产力能产生直接关系，尤其是基础研究。

叶嘉安：海外、内地高校研究的成果与产业之间关系比较大，但是香港在这方面做得比较差。我们的研究和产业方面联系少一点，很多研究成果不能产业化。

许长青：对，香港可能更加偏重于基础研究，香港以服务业为主，实体产业本身就比较少。

叶嘉安：在20世纪60年代，香港的科研可以转化到工业界，现在没办法了，因为工业跑了。20世纪六七十年代，我们有一半的人口从事工业生产；现在香港已经变成服务业社会了，你想找一个技工，很难找到。他们全都跑去珠三角了，现在如果我们想做一个小工具，没办法做，因为找不到人，得去珠三角才找得到技工。珠三角现在和香港20世纪60年代差不多，大中小厂都有。香港当时十人以下的小公司占了很大比例，现在香港只有大公司了。

许长青：在粤港澳大湾区建设上升为国家战略的大背景下，包括高等教育在内的粤港合作可以实现优势互补，两地之间的合作是不是会更加广泛、更加深入？

叶嘉安：这也并不是必然的。比如你的隔壁邻居，你一定会和他合作吗？不一定的。要有一个基础，才会有合作，不是说我们是邻居就一定要合作。合作肯定有一个基本的动因，为什么要合作？如果不弄清楚动因是什么，那这个问题就没有意义了，就只是空喊口号了。国家提出共建"一带一路"倡议，很多人说"一带一路"来了，香港就一定好了，问题是广州比香港还好，你想想多少非洲人在广州？香港又有多少？我们做研究还是要实事求是的好。你要做这个研究，就要挖掘并研究这些资料：香港和国外高校合作的资料以及与内地高校之间合作的资料。然后你就会发现，珠三角地区高校与香港高校在这方面做得比较差。现在的问题是，是不是政府多给一点投入，合作就一定好了？我们还得看合作后的产出，会出什么成果。交换学生、老师等之类的成果都可以。20世纪80年代，夏书章校长、许学强老师等领导来香港考察的时候，主要是来借鉴经验的，当时的合作形式是香港的高校帮助内地高校把一些学科建立起来。工业也是一样，但是工业是大家一起赚钱，当时我们交流的重要任务是，大家一起把水平提高。你可以去拜访夏校长、许老师，他们当时来交流一年，当时有很多这样的教授过来交流。过来就是看看书，了解西方学术的发展。这就是当时的合作与交流的原因。现在内地大学与外国大学的交流的机会多了，香港也不再是中西合作的唯一桥梁了，内地的教师与学生可以直接去美国，也可以直接去英国，所以当时内地与香港的交流比现在还要多。任何事物都是有原因的，包括你们来香港大学也是有原因的。为什么现在交流没有这么频繁了，如果可以提升产业，那大家为什么不合作呢？有些人提出一体化，我们不提一体化，大家最重要的还是了解。现在武汉的高校想跟我们合作，我们第一个要做的事情就是去武汉看看他们有什么可以和我们谈，不能一来就签一个协议书，我们都不知道有什么可以合作的就签一个协议书，那就很没意思了，对不对？我们要知道在什么情况下可以合作？合作能带来什么结果？你说融合、互相了解，其实国家给合作多点投入就可以了，很简单的，学生过来，老师过去。现在很多内地的老师其实不愿意过来，因为一是香港没什么东西给他学，二是国内的收入比香港还高。香港的老师如果只有两周的交流时间，当然不会既去北京又去广州，这些都是有原因的。

许长青：所以说两地高校之间的合作是需要基础和条件的。

叶嘉安：不能说我和你很近，一定会交流得很好。

许长青：在高等教育领域，港澳和珠三角的合作可能还小于港澳与北京、上海等城市的合作。在粤港澳大湾区建设上升为国家战略的大背景下，如何破解这个局面？

叶嘉安：国家为什么要建设粤港澳大湾区？当然是有多方面原因的，包括政治、经济、文化、社会等多方面，深层次的原因可能还是政治，而不是经济。以前没有大湾区，经济领域的合作也很好。原来有"前店后厂"模式，现在市场变了，这个模式也不存在了，现在出来的新模式，一定是市场经济规律决定的，人为怎么搞都不会成功的，因为商人要赚取利润。但是从政治角度看，因为距离近，人民群众之间应该多些了解。相比之下，香港很少人跑去上海，所以香港和珠三角做文化交流还是相对容易的，政府拿点钱出来，大家就可以促进了解、交流。为什么要提升到国家层次，肯定是有政府的考量，国家也是希望经济、政治一起搞好。但是对于经济来说，这不是政府说了算的，市场经济，你没有钱赚人家怎么跟你合作？如果国家愿意进行更大的投入，每年遴选一些比较好的项目，举办实习班、研讨班，把香港的中学生、大学生组织起来，给他们一个交流的机会，我想肯定是非常好的。

经济发展模式变化，以前的合作基础不复存在

许长青：如果以您从事的城市规划专业为例，能否提供一些比较具体的案例或做法，可以在湾区建设中为我们提供一些借鉴？

叶嘉安：香港与珠三角的区域规划已经是第六轮了，因此大湾区实际上也并不是新鲜的概念，1984年就搞过这个规划。当时我们形成了研究报告，举办了很多研讨会。如2002年的研究报告，讲的就是香港怎么与珠三角合作。当然现在的情况变了，很多企业搬到珠三角去了，当时还有很好的合作基础，现在全都不存在了，所以现在的合作反而在减少。减少的原因不是别的，正如邓小平所说的"大气候，小气候"问题，大气候有变，小气候也有变，香港不再是以前的香港，珠三角也不是以前的珠三角了。在这个新环境下，合作的模式需要更加高水平、高质量，低水平的合作肯定会减少。

许长青：粤港澳大湾区建设是否会给香港带来比过去更大的发展机遇？

叶嘉安：对于香港政府来说，答案是肯定的，但从民间和企业的角度来说，大湾区建设要更多地惠及民众，通俗一点说，就要有钱一起赚。现在珠三角到处都是工业，我们没有工业，只有服务业。中国经济正在转型，就业正在转型，整体来说，香港的机遇还是有的。其实很简单，全球都一样，全球都在经济转型当中。欧美从20世纪70年代开始服务业比重就增大了，内地也一样。另外，我们也可以看到，过去香港与珠三角地区的生产服务行业交流还是很积极的，香港与广州、深圳这些城市都有很多的交流。但珠三角的工业与珠三角以外的城市，如北京、上海等的交流更密切。现在政府很多事情，包括规划，现在有很多往返口，如深港西部通道[①]、港珠澳大桥等，影响暂时还是有限的，至少没有达到预期。今后怎么推动合作？那肯定不能像以前了，

---

① 深圳湾大桥。

过去已成为历史了,是过去式了,不适用的。

高校目标变化,需探索新的合作模式

许长青: 那面对这样一种新形势、新挑战,我们大学肩负着人才培养、社会服务、科学研究等多种职能,在大湾区建设中应该如何发挥大学的角色与作用,您能否提出一些建议?

叶嘉安: 我主要从两个层面来讲。第一个层面,我们香港的高校也好,广东的大学也好,国内其他地方的大学也好,现在跟二十年前的大学都不一样了,合作的对象变了。现在的大学都追求国际排名,要提高国际排名,那合作肯定就要找国际知名的大学,这是一个很重要的条件。第二个层面,合作的层次变了。以前合作的层次较低,中大在改革,北大、清华也在改革,大家都在加快改革。现在的科研成果要求发顶尖的论文,而不能是普通的论文。因此现在大学之间的合作与二三十年前的合作不一样了,合作要求更高,出科研成果。所以大学职能都要发生变化,要求提供更高质量的人才、更高水平的科研成果。

许长青: 世界一流的湾区都有一流的高等教育支撑,您觉得湾区高等教育应该如何更好地服务于湾区发展?

叶嘉安: 是的,高等教育与区域经济具有互动的关系。你们看京津冀、长三角,还有中部地区的武汉、长沙等地,都是这样的。武汉真的是大学带动了"光谷"的发展,高新科技带动创业、创业带动经济。珠三角更是如此,广州、深圳都不错,深圳的发展得到全国优质大学的支持。全国的大学给它培养人才,全国的大学给它做研究。香港在这方面没有什么优势,大学产业化能力弱。所以你们就把这个问题找出来,时代不一样了,可以说十年河东,十年河西,这个是大课题。

许长青: 您还有没有在其他方面提供给我们的更好的思路?

叶嘉安: 现在的经济环境真的变了,变了之后香港跟珠三角地区应该怎么合作、怎么协调,大学的作用在哪里,一定要好好研究。可能以前大学与本地工业的关系比现在强,但现在情况有所变化,很多工业的发展不再依靠本地大学的科研成果,而是面向全国、全球。以深圳为例,作为全国创新能力较强的城市,深圳的高新科技成果肯定不是仅仅依靠某一所大学,而是汇聚不同区域的大学的成果。所以怎么发挥大学的作用,在这一方面也是需要研究的。

许长青: 您主要是从经济增长的视角来体现大学的作用?

叶嘉安: 对,我的研究领域主要是区域规划与区域经济。我们的国家经济很厉害了,如果拿1980年香港的GDP与内地的GDP相比较,香港的GDP差不多是内地GDP的15.3%,现在呢?2.8%。我们国家的GDP增长得快。另外市场也变了,"前店后厂"时代,我们的市场都是在欧美。

许长青: 整个大环境不一样了,科技发展水平不一样了,人才培养模式也发生了变化。

叶嘉安: 对,整个大气候变了。

许长青: 好的,时间不早了,我们的交流到此,非常感谢叶院士!

4.2 岭南大学（香港）

学校简介：岭南大学（香港）（Lingnan University，简称岭大）是香港的博雅大学，历史可追溯到 1888 年其前身格致书院在广州创校开始，后逐渐发展成为中国南方知名大学。1911 年辛亥革命后，中文名称改为岭南学校。新中国成立后，内地高等院校进行调整，岭南大学于 1967 年立足香港。岭南大学是香港本地高等院校中历史最悠久的高校，在人文学、商科、社会科学领域都设有本科、硕士、博士教育。为了拓宽学生视野，学校联系开展了许多国际交流项目，遍布 40 多个国家和地区 240 多所海外伙伴院校。岭南大学秉持"作育英才，服务社会"的校训，肩负着在香港推动博雅教育的特殊使命，并矢志成为一所国际驰名且具备香港特色的博雅大学。岭南大学现校址位于香港屯门虎地，青山公路岭南段，于 1996 年建成迁入；前校址位于香港岛司徒拔道。2012 年加入成为"世界博雅学府联盟"成员。2015 年，岭南大学被《福布斯》评为"亚洲十大顶尖博雅学院"之一。岭南大学鼓励师生透过研究及知识转移贡献社会，拥有许多来自人文学、商学、社会科学范畴和具备丰富经验的研究学者，他们研究范围广泛，包括金融、财政和货币政策、文化政策、创意产业、健康和老龄化、人口、体制和管理等。2020 年 4 月，岭大于《泰晤士高等教育》世界大学影响力排名榜（THE World University Impact Ranking 2020），在优质教育组名列全球第二。

访谈对象：莫家豪副校长。

莫家豪，岭南大学副校长，林文赞比较政策讲座教授。加入岭南大学前，莫家豪教授先后出任香港教育大学副校长及比较政策讲座教授，以及香港大学社会科学学院副院长及社会政策教授。在此之前，莫家豪教授任职英国布里斯托大学（University of Bristol），担任东亚研究讲座教授并创办了东亚研究中心。莫家豪教授是一位活跃于学术界不同领域的学者，尤其致力于社会学、政治科学、公共及社会政策研究，对中国及东亚地区有广博了解。莫家豪教授 1989 年毕业于香港城市大学公共及社会行政学系，1991 年获香港中文大学颁发哲学（社会学）硕士之后赴英国深造，1994 年获伦敦政治经济学院（LSE）颁发的哲学（社会学）博士学位。莫家豪教授在比较教育政策、比较发展与政策、中国与东亚当代社会发展等范畴均著作甚丰，对社会变迁及教育政策范畴的研究更做出了多方面的创新贡献，奠定了他在这些领域的领导地位。其近作集中探讨中国和东亚地区的社会发展及政策比较，莫家豪教授亦是期刊 *Journal of Asian Public Policy*（London：Routledge）及 *Asian Education and Development Studies*（Emerald）的创始主编并担任 Routledge 及 Springer 出版社的丛书编辑。

访谈地点：香港岭南大学黄氏行政楼会议室。

参与人员：许长青、黄瑞敏、张紫薇、金梦、牛可佳、周书翰。

访谈时间：2017 年 12 月 14 日。

访谈内容：

大湾区大学应加强人才培养与科学研究

许长青： 我们访谈的主题是"高等教育、区域创新与经济增长：粤港澳大湾区建设中大学的角色与作用研究"，这是中国科学院学部咨询课题。请问莫校长对这个课题的研究有怎样的理解与看法？

莫家豪： 总体的理解应该是交流合作、共同学习，通过研究寻找未来香港在大湾区中的发展机遇以及香港高校在大湾区建设中所发挥的作用。我国在去年（2016）9月提出粤港澳大湾区的发展方向，非常具有历史意义，尤其是我国经过几十年的经济发展，如果我们能够在大湾区平台中合作，这种合作不仅仅是经济合作，而且加强在高等教育等领域的合作，这是一件非常好的事情。国家刚刚出台了"双一流"大学建设政策，"双一流"大学建设将推动我国高等教育中心的打造，比如说北京地区、上海地区，大湾区建设对建造南方高等教育中心具有重要的意义。

李克强总理在政府工作报告（2017）中三次点名粤港澳大湾区。随着经济拉动，我觉得教育尤其是高等教育与科技方面的合作对整个大湾区未来的发展很有意义。如果我们根据教育部的评价，中山大学、华南理工大学等内地高校可以和香港几所大学联合办一些课程，开展联合研究，就能为南方教育枢纽建设做出贡献。同时我觉得在大湾区的建设过程中，大学对整个湾区的经济转型也会产生重大作用，这种作用就不单单是过去所讲的公益，而是对中国制造到中国创造转型的作用。从中国创造这个背景上讲，高等教育的科研、人才，高等教育与企业不同领域的合作都将为我国服务业、创业科技发展提供动力。香港那么小，地方不够、资源也不足，如果能够与内地的朋友一起合作，使香港融入内地发展，我觉得对整个南方高等教育与科研方面的提升是一件好事。

所以我对课题的总体看法是我们要跳过大湾区，以更加开放的视野来研究这个问题。大湾区里面有很多事要做，大学之间有竞争，更有合作。其实，我们竞争的对手不是在内地或香港，也不是在湾区内，而是外面的大学，包括纽约湾区、旧金山湾区、东京湾区等地区的世界知名大学。我经常在思考内地、香港、澳门还有台湾，如果我们能够进行学术合作，把科研搞好，就算是全球最强的文化圈，也是全球最强的科技和研究力量了。我们国家经过过去几十年的努力，在工程领域的出版已是全球第一了，不同领域研究的国际出版情况都说明我们领跑全球。你可以细想一下，如果大湾区能够一起合作，我相信这方面的研究实力会得到进一步增强。香港地区经济正在转型，我们希望有更高的科技发展，更高的事业，尤其是消费。我们几乎没有工业，我们的工业三四年前就已转移到广东地区，如东莞等城市，现在都跑到内地去了，还转去了非洲、东南亚地区，台湾地区的状况也是一样。香港不能走以前的工业制造老路，而必须走再工业化之路，走科技创新之路，所以高等教育在人才培养、科学研究等方面的合作是我们未来的重中之重。香港将来年轻人的就业机会，在大湾区的合作发展中应该会得到更多的机遇。

我经常和香港学生说优秀的人才不应该仅在香港找工作,优秀的人才要面向大湾区,面向亚洲,面向世界。这也是我们岭南大学办学的目标,我很期待我们的学生认识中华,理解亚洲,面向世界。所以我们是一所博雅大学,希望学生不应该单单去思考香港问题,整个湾区及区域问题,而是要为全球服务。我们每年本科生大概有九成以上都可以去海外,有交流的机会,并且提供奖学金。所以从宏观视角来讲,大学在大湾区建设中的角色和作用非常重要,尤其是在知识经济时代,科研力量在湾区中的作用更加凸显,这就是我的总体看法。

香港的大学办学自主权更大,岭大以博雅教育为特色

许长青:现在大学都追求综合性大学,不同类型、不同层次、不同阶段大学的作用没有发挥出来,不同类型大学在湾区中的角色和作用应该不一样,请问您如何看待这个问题?

莫家豪:因为香港比较小,我们不应该重叠,也不应该重复,各个大学要有侧重点和特色。其实,香港的大学治理制度和内地不一样,内地有政府管理,香港的政府基本不干预大学自主发展。但是从另一个意义上来讲,大学治理,也是根据我们不同的历史、办学目标去发展特色而履行教育使命。正因为香港比较小,所以我们不需要重复别人做的事,这也是一件好事。所以大学教育委员会也不给我们什么要求,只是根据我们学校提出的发展方案,通过国际的评价,根据评估结果通过 UGC① 进行拨款。评估大学绩效的不是香港特区政府,而是国际同行,由不同领域的专家、学者给我们意见,进而提升我们的国际水平。香港 8 所大学其实构成了香港高等教育体系(Hong Kong University Systems),香港教育系统中的大学有不同的氛围,扮演的角色也不一样。我们岭南大学主要是以文科为主,当其他大学都把主要力量放在医科、工科的时候,我们觉得应该突出自己的办学特色,因此人文社会科学是我们的重中之重,所以我们不做其他,集中发展人文和社会科学。我的期待是希望我们学校将来在亚洲,人家提起岭南大学就会想起岭南大学是亚洲地区最强的文科大学,这就是我的目标定位,也是我的盼望。博雅教育是我们岭南大学领先的部分,具有教育的氛围,但我们还是以文科为主。因为我以前在港大工作,比较坦白地说,在综合性大学中文科的发展机缘一般比较少。港大曾经说它有 10 个王牌学院(Kingdoms),而竞争实力雄厚的包括医学、法律、工程等,最后来到教育学院、人文学院等这些人文社科学院。但岭南大学不会这样,我们以文科为主。所以我觉得香港的做法和内地的做法不一定都一样,由于评价过度单一化,内地大学都希望走向综合化。香港特区政府不给指标来对学校进行评估,评价不是你说好就算好,而是要拿国际标准、博雅教育去评价,这样就令学校分出不同,不同的大学根据香港的发展需要提供不同的教育选择。我们不需要每一个学校都成为博雅大学,而是需要有些学校以工科为主,有些是职业型的,有些是综合性的,所以在香港有两所综合大学,几所以工科专业为主的大学,也有以文

---

① The University Grants Committee (UGC),(香港)大学教育资助委员会。

科为主的大学，以教育为主的大学，我觉得这个分工就可以满足香港发展的多元需求。

提高大湾区高等教育竞争力，成为亚州高等教育枢纽

许长青：过去香港想打造亚洲教育枢纽，但现在香港也存在教育要素资源流失问题，您怎么看待和解决香港的亚洲教育流失问题？

莫家豪：我从两年前开始提香港教育在亚洲的流失问题，但是很遗憾的是香港特区政府做得不够，因为现在亚洲教育枢纽的角色已经被新加坡等国家抢过去了，而香港的大学之间也没有这种高度协调的能力。香港教育环境的好处是大学自我发展，不好的地方是没有像内地和新加坡那样有强大的政府调控支持力量。现在国际竞争那么激烈，其实政府的某种调控行为也是一件好事，但在香港，政府不可能插手大学事务，所以这是个缺点。好的地方是我们还比较自由，根据我们的需求去发展，但是从区域竞争来说，区域整个竞争力的提升还是比较困难的。现在回到这个问题，我个人非常重视大湾区发展，因为我觉得大湾区的同仁能够在高等教育领域加强合作，真的诚心合作，能够结合不同的力量优势互补的话，香港还是有可能重新打造成为亚洲教育枢纽的。新加坡虽小，但是它可以利用政府的力量，利用国际资源，聘请高水平教授到新加坡，所以它是非常成功的。但香港特区政府从来没有，从来都是大学自己在做。所以从这个意义上讲，如果我们大湾区能够集合人才，集合机缘，而且有一个比较宏观的发展方向，真的努力去做，我觉得香港有希望重塑教育枢纽地位。内地那么多的年轻学者都非常努力和优秀，如果香港同仁和内地朋友一起来做，我觉得有希望。

人文与科技结合，解决大湾区社会发展中的问题

许长青：刚才校长说了，岭南大学注重人文社会科学特色，但是在大湾区建设中，科技创新很重要，现在打造港深科技走廊，打造粤港澳大湾区全球创新中心，而且大学创新和创业是湾区经济增长的引擎。那么岭南大学在知识创新与成果转化方面有没有重新考虑采取新的举措？

莫家豪：我们觉得创新和创业是国家的大政方针，全国、全行业都是往这方面去做的。但是我举一个例子，就是苹果的前行政总裁乔布斯（Steve Jobs），他讲过一句很重要的话，他说："苹果的DNA、苹果的成功就是科技与人文结合。"所以我觉得单有科技、科研，没有人文，也是不好的。科技是一把"双刃剑"，也有缺点，最好的科技都要与人文配合。如果人文科学领域的人才能与工程、科技人才合作，就能够配合把科研转化为生活能用的好的产品，产品面世后都需要营销，都需要对语言的理解，对人文的理解，所以我觉得我们不同大学的角色不是说博雅大学以文科为主，就没有创业。尽管我们没有科技，但我们可以与科技大学合作，与理工大学合作，它们缺乏人文，我们有人文与社会管理的优势。在未来，大湾区社会发展中可能会出现新的矛盾，如何解决这些矛盾，这需要社会政策、社会管理。香港社会管理的模型、社会政策的做法或许对内地有参考作用，例如我们现在都面临着老龄化等问题，我觉得两地应该有很多可以参考的地方。

许长青： 科技和人文的融合，致力于打造科技湾区、人文湾区应该是大湾区的一大建设方向。现在很多大学的合作流于形式化，实质性的合作需要创新型人才培养的合作，需要推动湾区人才的高效有序流动，需要破解各种壁垒，您怎么看这个问题？

莫家豪： 我们积极推动香港与内地的交流与合作，但两地都需要开门，真正地愿意合作。我们非常欢迎和其他大学的交流与合作，比如明年（2018）4月，岭南大学将与北京大学举办教育论坛，搭建交流平台，发挥各自优势，推出研究成果。

智库建设：社会政策与社会变迁研究中心

许长青： 另一个问题是大学智库建设在引领区域发展中的重要作用，湾区建设需要思想引领，您如何看待这个问题？

莫家豪： 我刚刚提到这个问题，我觉得经济发展变化都牵涉到社会结构的变化，如人口转型问题、社会管理问题、福利问题、教育发展问题等，所以大学智库建设应该建立完善。尤其是粤港澳大湾区的发展，人员交流将会越来越多，越来越频繁，在这一过程中，一定会出现很多矛盾和冲突，我们如何梳理这些矛盾与冲突，就要通过这些政策研究去给国家、给地区政府提供参考意见。我们岭南大学成立了社会政策与社会变迁研究中心（Centre for Social Policy and Social Change），主要针对区域变化和变迁所带来的问题进行研究并给政府部门提供一些政策和建议。这就回应了你刚刚提出的问题，我觉得很重要，国家要打造全球经济中心，社会幸福感、社会和谐、社会福利等问题都需要去配套，都需要去研究。我们和中山大学政务学院、港澳珠江三角洲研究中心都有很好的合作，我希望湾区大学的学者能有更多的研究合作项目，出更高水平成果，引领湾区社会发展。

许长青： 世界著名的湾区，如旧金山湾区、纽约湾区、东京湾区都拥有世界一流大学，高等教育整体竞争力都很强。相对来说，粤港澳大湾区高等教育核心竞争力较弱，缺乏世界顶尖大学。我的下一个问题是怎么通过粤港澳高校联盟来提高我们大湾区高等教育竞争力？

莫家豪： 回到我们刚刚讨论的话题——亚洲教育枢纽的问题，不仅仅是在香港，整个湾区都需要一些教育平台，包括跨国平台，利用这些平台可以拉近彼此之间的关系，提升高等教育竞争力。2016年我们也成立了高等教育研究平台，由岭南大学发起，如果你们关注研究教育，研究高等教育，欢迎你们中山大学团队加入进来。我们每年都有举办活动，而且每年这些学者交流后都有成果出版。比如我们现在看到的这本关于创业教育的书（访谈中莫副校长拿起该书进行展示），就是借助这个平台而获得支持的。利用这个研究平台，每年都有研究成果出来，让我们的青年学者觉得有希望，所以将来希望教育的同仁跟我们合作，让我们多多学习。中山大学牵头成立了粤港澳高校联盟，我去年也去参加了成立大会。我希望通过这个平台，大湾区大学能做一些真正的项目合作，无论是研究项目还是课程合作，从小项目开始，如学习班，到大项目的合作，如联合办学等。中山大学是大湾区内的著名大学，国际排名也非常高，希望也多和我们岭南大学合作。最近岭南大学的排名也不错，我们是亚洲一百强。希望通过合作进一步提升办学实力及湾区实力。

推动大湾区内大学之间的实质合作

许长青：还有一个问题，比如说我们和港澳的老师、教授们也常见面，见面的时候大家聊得都很好，希望做些什么事情，但是聊完了以后后续跟进比较少，我始终觉得是不是因为制度上三地之间还是有一些阻碍。我自己觉得大家聊的起点都很高，目标都很大，但是回头真正要落实的时候，总感觉就差点什么，有时候有些项目谈着谈着就不了了之，因此粤港澳大湾区教育合作确实还有很多需要努力的地方。不知道您怎么看待大湾区大学之间的合作？

莫家豪：我认为主要是由于不同的体制、不同的需求，比如我们发起一个项目，但是到签协议的时候，往往都是对方学校那边不同意，过来的代表都很积极，但是回到学校去，他们都说不能代表学校的意见。所以合作都需要不同层次的同仁，尤其是教育行政管理人员来推动。香港高校尤其是岭南大学，我们真的是非常开放，我们每年都有出版很多著作，我们有很多内地的学者过来访问交流。我们与华南理工大学合作谈的很好，他们学校领导也都来了，但是到了真正要落实的时候，好像因为政策等因素，导致不能很好地推动和落实。我们岭南大学一直都非常欢迎你们来交流与合作，非常欢迎你们的学生来我们这边学习，我们也很希望内地的朋友告诉我们怎么落实比较好。

许长青：对，我感觉就是因为各种原因落实起来可能比较困难，大家都觉得交流合作是一件好的事情，也很重要，但是做起来就会面临比较多的困难。大学确实很想为大湾区发展做一些事，假如大湾区内的大学想共同做一些实质性的项目，您觉得是从哪几块入手比较好？

莫家豪：我觉得学生交流是个非常好的事，可以找一些专题来进行研讨或培训。也可以多举办一些教师交流活动，教师都有出版压力，大家可以找些专题，同时邀请国外一流大学的学者一起交流。国外的学者都很希望了解中国，我们也能通过这个好的国际交流，把我们中华优秀传统文化推介给他们。湾区大学也可以参与到国家倡导"一带一路"建设中去。"一带一路"不单单是在我们国家讲，我们要通过国际交流，向国外介绍，如果都没有这个交流，那几乎也就没有介绍的机会。我刚从英国回来，英国对中国的研究都非常热门。我在英国做了一个演讲，吸引到的同仁来自剑桥、牛津、伦敦大学学院、布里斯托，还有哈佛，我没想到他们对中国的问题那么感兴趣，所以我们需要加大这些方面的研究与交流。现在的问题不是财政问题了，我们整个区域都富起来了，我们可以找个合作项目，找些机缘，举办国际会议，让我们跟国际的同仁有些具体的交流，把我们东方好的东西介绍出去。我们预计每次举办会议后都要有成果，对参与的同仁来说，对他们个人也有真正的帮助，如果只是空谈，没什么大的作用，那就没有什么意义。接下来我们会找一些真正的合作主题，展开深入合作，用我们特首的话来说，成熟一项成就一项。

许长青：因此，大湾区高等教育的深度合作还需要更高层次的协调，克服体制机制的障碍。

莫家豪： 协调的话宏观政策需要协调，但是具体的操作，政府不管最好。比如我们有一个硕士课程叫"国际教育和管理"（International Higher Education and Management），我们都不需要成立专门的部门，都能吸引到海外人才来这里给我们的学生上课。所以吸引人才很重要，半课程、半培训，做研究，把湾区这里的人才结合起来。如果把学校弄成形式上的东西，这个我觉得太麻烦了，没有必要，也没什么好处，但是找专题找项目，配合学校不同的人才，加强海外人才引进来配合教学与研究，我估计这是比较好的。

岭大以博雅教育为中心，重视教学与科研

许长青： 大学的基本职能是教学、科研与社会服务，我不知道香港这边的高校是如何处理三者之间关系的。我也不知道岭南大学是怎么样处理这种教学和科研之间关系的，尤其是在教师的评价机制上？

莫家豪： 大学作为一个学术殿堂，没有一个教授不做研究或不做教学的。研究不单是为了排名，还是为了把教学做得更好，所以我们坚持每个教授都做研究，希望他们把好的研究转化成为教材，为我们的学生提供更优质的教学。我们不以排名为重点，你研究好，教学好，自然你排名就好。只看排名，这不是岭南大学的做法，因为我们最好是问自己，假如我们变成了一流大学，那么学生的学习是不是也是一流？这才是最关键的。如果我们的老师教学不好却排名好，我们没有一个人会信服的；反过来，教师研究没有那么好但教学非常好，我们会给他们成长的机会。这是非常重要的考量，尤其是对年轻的学者来讲，研究不是为了升等级，而是为了更好地教学。岭南大学有博雅教育的中心，我们坚持以学生为本，博雅教育就是要求我们必须非常重视学生的学习、学生的素养。我自己都教几门课，但是我也没有忘掉我的科研，因为如果没有教学，没有好的研究，我就没有资格带博士生。研究和教学之间没有矛盾，为什么我们搞研究就不能教学呢？我们本来就是教学的，为什么能教得好？因为我们的研究能鼓励学生。校长和我都坚持这一点，我们经常与新来的教师说："要来岭南，你要来做研究，但是也要做教学，如果你单是来做研究的，对不起你可能不适合岭南，不是你不好，只是我们这个地方还需要好好的教学。"

许长青： 在岭南大学，有没有什么教学工作量之类的硬性规定？

莫家豪： 有的。但是我们工作量的要求并不高，因为我们的班很小，一个班最多20来个学生，我们20个人算多了。每位教师教一门课，带PhD（博士生），我们都有研究的要求，但我们不是为了大学排名而做研究。有些大学的科研压力就很大，他们就是为了排名服务。我认为教育不应该是为了排名，这是我们的看法。

许长青： 非常感谢莫家豪副校长，十分期待在将来我们能有更加实质性的合作。

莫家豪： 我们也期待你们回去看下有没有同仁能有感兴趣的主题与我们合作，我们这么近。我们和内地许多大学都有合作，包括清华与北大，我们是非常积极的。

许长青： 好的。非常感谢！

4.3 香港中文大学

学校简介：香港中文大学（The Chinese University of Hong Kong，CUHK，简称"港中大"）是香港一所具有国际视野并且矢志将传统与现代、西方与中国相结合的著名综合性研究型大学。港中大是世界大学联盟成员、亚洲首家国际商学院协会（AACSB）认证成员、亚太国际教育协会创始成员、英联邦大学协会成员，是一所以"中国研究""生物医学科学""信息科学""经济与金融""地球信息与地球科学"为五大重点研究领域的公立研究型大学，并堪称这些领域的世界级学术重镇。港中大现有9个书院、8个学院及研究院，开办各类本科课程265个。校园俯瞰吐露湾，占地面积137.3公顷①，建筑面积711 255平方米。港中大于1963年由三所中文专上学院（新亚书院、崇基学院、联合书院）合并组成；1966年成立香港首所研究院；1967年成立中国文化研究所；1986年，港中大全面检讨课程结构，改用学分制，并加强通识教育；2013年，港中大金禧校庆。港中大的创立，打破了大英帝国殖民地近五百年来只允许一所高等学府存在的铁律，是20世纪亚洲地区"非殖民化"的表征之一。港中大的出现掀起了香港20世纪70年代的"中文运动"，成功终结了英文垄断官方语言地位的局面，具有一定的时代意义。书院制是港中大的特色，现有成员书院包括崇基书院、新亚书院、联合书院、逸夫书院，以及新增的晨兴书院、善衡书院、敬文书院、伍宜孙书院及和声书院。作为香港乃至亚洲首屈一指的高等学府和当代新儒家的主要阵地，港中大先后聚集了钱穆、唐伟、章君毅、牟宗三、林语堂、劳思光、刘殿爵、饶宗颐、余光中、杨振宁、高锟等一大批学术巨匠，培养了以史学家余英时、数学家丘成桐、银行家郑海泉等为代表的各界杰出人才。

访谈对象：沈祖尧校长。

沈祖尧，1959年10月22日生，胃肠病学专家，祖籍浙江宁波，现居中国香港，中国工程院院士，欧亚科学院院士，港科院创院院士，香港中文大学庆尧医学讲座教授。沈祖尧于1983年获得香港大学内外全科医学士学位；1992年获得加拿大卡尔加里大学生命科学博士学位；1997年获得香港中文大学医学博士学位；2003年在非典一疫中，沈祖尧带领其医疗队伍在前线与疫症对抗，展开了一系列SARS冠状病毒临床及流行病学的研究，被《时代周刊》列为当年的"亚洲英雄"；沈祖尧教授于2010年7月至2017年12月任香港中文大学校长。2011年当选中国工程院院士；2012年当选欧亚科学院院士；2013年获颁世界杰出华人奖；2015年当选港科院创院院士。沈祖尧在国际上首创了为期一周的抗幽门螺旋菌治疗方案；率先采用内窥镜治疗消化性溃疡出血；制定多种预防因非甾体类抗炎药或阿司匹林（NSAIDs、aspirin）引起的溃疡并发症的治疗方案；率先在亚太地区确立了结肠镜检查对早期发现无症状大肠癌的临床筛查价值；在消化系统肿瘤发生的分子机制方面做了系列创新性研究。

---

① 1公顷＝10 000平方米。

访谈地点：香港中文大学校长办公室。
参与人员：许长青、黄瑞敏、张紫薇、金梦、牛可佳、周书翰。
访谈时间：2017 年 12 月 15 日。

访谈内容：

从人才培养、科学研究、国际交流、创新创业等方面支持大湾区发展

许长青：中山大学目前承担了中科院的两个院士咨询课题，一个是关于粤港澳大湾区建设中大学的角色与作用的研究问题，另一个是关于打造粤港澳大湾区世界级经济中心的研究。我是前一个课题的执行负责人，课题负责人是中山大学校长罗俊院士。我们到香港高校来调研，都是围绕这个课题展开，主要是进行大学校长、院士及专家的高端访谈。非常感谢沈校长给我们这个机会，为顺利完成我们的课题研究提供了这么好的支持。

沈祖尧：欢迎你们！你们是香港每个大学都去还是选取部分大学？

许长青：我们选择了香港大学、香港中文大学、香港科技大学、香港岭南大学、香港理工大学和香港城市大学。

沈祖尧：8 所研究型大学你已经选了 6 所了。

许长青：是的，鉴于时间关系，我们暂时选择了这 6 所。香港的大学对于我们的研究确实非常重要，我们所讨论的主题也非常契合学校发展及粤港澳大湾区发展。校长给我们提供一个这么好的机会，我们表示衷心感谢！也感到非常荣幸！

沈祖尧：我也很高兴，好，那我们开始讨论吧。

许长青：粤港澳大湾区已经上升为国家战略，国家对大湾区的发展规划应该很快就会发布了。① 怎么去建设粤港澳大湾区？大学在这里面扮演着重要的角色与承担重要的作用，尤其是我们想要和国际上其他湾区，如纽约湾区、旧金山湾区、东京湾区三大湾区相媲美，我们要在 2020 年赶上并在 2030 年建成世界一流湾区，因此科创型大学的作用非常重要。我们的课题是"高等教育、区域创新与经济增长：粤港澳大湾区建设中大学的角色与作用研究"。这也是全新的一个重大课题，我的第一个问题是：校长您能否给我们提供一些研究思路，以便我们把课题做得更好？

沈祖尧：大湾区也是香港特区政府非常重视的一个领域，因为政府已经跟我们讲过好多次，希望香港成为大湾区里面一个重要的成员，而且我们几个校长也去过大湾区的其他城市，目的就是实现大学在大湾区建设中的作用，明确大学的发展方向。我记得大概是半年前，香港科技园的总裁带着我们香港几所高校的校长去访问大湾区其他城市，我们先从广东省科技厅开始，然后去了南沙科技园等几个地方。从这个访问里面，我们发现，广东省政府确实重视科技创新并对科技与产业发展进行了大量投入。我们一直在想香港应该怎么样配合大湾区建设。我们认为在配合方面可以从以下几个

---

① 中共中央、国务院于 2019 年 2 月印发实施《粤港澳大湾区发展规划纲要》。

领域入手：一是培养学生，人才在大湾区建设中的不同领域发挥着重大作用；二是香港高校参与大湾区里的一些重大研究项目。香港怎么参与？其他高校在大湾区里怎么发挥作用？特别是香港高校的优势在哪？广东高校的优势在哪？可以有哪些优势互补的合作？这些都是需要我们思考的问题。比如说海洋科学的研究，我们有关于海洋科学的研究，港中大的海洋生物研究所就在海边，中山大学也有海洋科学研究，是可以合作研究的；内地高校也有一些我们可以利用的东西，比如在中山大学有超算中心，等等，我们也可以利用你们已有的这个设备，共同去做研究。另外香港高校也可以联合国外的研究机构与大湾区高校共同发挥作用。香港是一个与国际接轨的地方，有大量外国公司的投资，国外的大学也可能在香港开办它们的分校或建立实验室。如香港科技园（Science Park）里就有瑞典的大学在这里做一些有关干细胞的研究，因为我们跟它很近，而且我们港中大的下一任校长段校长也是从事这方面研究的，所以在这个领域我们可以联合国外的研究力量共同发挥作用。因此我想在粤港澳大湾区建设背景下，我们确实有很多地方可以共同合作。还有一个领域，比如在交通物流领域，也是非常重要的，因为在这个"一小时生活圈"中，交通、物流等方面有很多需要三地共同配合，我想这也是我们可以发挥共同作用的地方。因此你们的课题在大湾区视角下确实具有非常重要的理论与现实意义，一定要建立在大湾区共同发展、互利共赢的视角下去深入研究这个问题。

许长青：香港中文大学是综合性大学，具有跨学科优势。现在我们特别强调高等教育与产业发展的"产教融合"及服务区域经济发展。我们课题组也非常关注香港中文大学在促进香港区域创新与促进科技成果转化、实施大学技术转移等方面的成果。请问贵校采取或将采取哪些重大举措来进一步推动香港经济和社会发展以至于推动大湾区发展？还有我看了一些研究，在谈到香港数码港（Cyberport）的时候，好像它的发展，可能最初的发展态势比较好，但是后来的发展并没有预期那么乐观，其中的原因又是什么？

沈祖尧：是的，他们说数码港变成了一个地产项目。

许长青：对，当时数码港的建立主要为了适应新一轮科技产业的发展，促进产学合作。但有人说这个数码港和高等教育的联系不够紧密？

沈祖尧：差不多是十多年前，董建华先生开始建设这个数码港，我想那个时候政府可能还没有想好发展的方向。至于和大学的联系，我们从一开始就没有怎么参与，也不清楚它的发展计划具体如何。但是十多年过去了，现在的香港特区政府非常重视科技创新，科技园的发展比较好一点，因为它每一期的发展我们都比较清楚，比如说最近的一期发展，即第三期的发展，是关于可持续发展（sustainable development）和绿色城市，都是先介绍情况，同时政府也让我们知道它的想法是什么样的，让我们大学参与，政府也确实提供了一些与大学合作的空间。因为科技园就在我们大学旁边，所以要建立一个绿色城市，或者是一个智慧城市（Smart City），我们认为科学园和香港中文大学可以做一个小规模的实验的场所。我们的交通怎么样，我们的 Wi-Fi 怎么样，还有其他的物流（logistics）状况怎么样，都有很多合作的空间。

许长青： 在粤港澳大湾区建设中，广东省和香港特区政府都非常重视科技创新的作用。国家提出建设广深港澳科技创新走廊，香港与深圳也合作共建深港科技创新区。请问香港中文大学在支持区域科技创新方面有哪些新思路或者新举措？

沈祖尧： 首先，我们在校内不断完善课程体系，更加注重学生的创新创业的培养。所以我们从今年开始每一个学期都设有包含创业培养内容的课程，无论是文科、理科，还是工科，对学生都有一定的培养。我们从几年前开始，除了创新科技周以外，还为学生建立了孵化器（incubator），前期的孵化器。前期是什么意思呢，就是说先给学生一些创业空间，他可能有一个创业的想法，但是他没有试过，也不知道怎么去写一个比较好的商业计划。那我们先给他一个地方，不用他租不用他干什么，先让他在里面搞半年的时间，看看他的结果怎么样。我们会请一些校外专家，包括我们的校友，在外面有创业经验的，给他们做指导，也给他们一些在商业计划上怎么写的指导。但是我们讨论过，不要给他钱，给他钱的话就好像他在打一份工，有工资就会没有这种渴望的感觉。没有渴望的话，他就不会去思考，就没有动力。所以我们不给他钱，但是给他地方，给他一些培训。这是我们准备的一部分。然后，我们在深圳龙岗有一个校区，那边和深圳一些企业有更多的合作，徐扬生校长在那边，有一些公司专门培养大学生或者大学毕业生创业的，给他们资金和地方。我们那边的校区跟他们已经有了这样的合作，有学生在里面工作。这几个方面可能是我们学校目前实施和配合的一些措施。

基础研究与应用研究、人文社科与自然科学的平衡

许长青： 我们都知道沈校长连续几年被评为香港最杰出校长，校长是很有办学理念的。当下人们对大学理念有很多不同的看法，比如创业型大学也好，创新型大学也罢，这些大学都可能比较注重科技成果产业化。在这方面，工科类的学科比较有优势，而基础科学并没有这么明显的优势。如果一所大学强调科技成果产业化与技术转移，可能会影响到基础学科的发展。这里面可能会存在大学办学理念的冲突，如应用学科与基础学科、人文社会科学之间的冲突或非均衡发展。校长能否就这个问题谈谈您的看法？

沈祖尧： 我们大学是一所综合性大学，希望可以把科学、工程教育与人文学、社会科学结合在一块。因为你不管发展什么工业或者什么企业都是希望人们的生活过得更好，所以人文社会科学是重要的，而且有一些新的创业理念是可以和人文连在一块的。举个例子来说，我们非常注重中国文化的培育与传承，中国文化可以成为一个新的创业机遇。我们学校有个中国文化研究中心，就在我们学校最中心的位置，校长的办公室反而不是在最中心的。因为这是我们大学开办时第一任校长李卓敏教授强调要让中国文化成为香港中文大学的一个重点研究领域及特色。文化能促进经济增长吗？要是把文化和产业连在一块，确实是可以变成一个很好的机遇，比如文化旅游，甚至一些网络文化游戏。有人说我们可以把《红楼梦》变成一个网络游戏，一边在学中国的文化，一边去玩这个游戏，这是其中的一个想法。另外，人口老龄化除了是个医学

问题，同时也是个人文问题，到底我们要怎样去照顾好老人家，除了他的身体以外，他的心理健康怎么样，他跟社会其他人的社交网络怎么去建构，这是一个社会学问题，而社会学属于人文学科。所以我们在建立香港中文大学老人研究中心的时候，不但是有医学院的、社会科学院的专家和教授，还有心理学等领域的专家学者，把他们放在一块。所以我认为人文社会科学与工程科学是可以紧紧地连在一块的。

许长青：是的。但现在有个问题，就是大学的评价机制，大学在设计一些指标评价教师学术贡献的时候，不同大学其评价标准是不一样的，有些可能过分强调国际或国内顶尖期刊的论文，而有些学科，如人文社会科学很难在国际刊物上发高水平的论文。所以如何建立一种科学合理的评价机制？

沈祖尧：在香港，大学评价机制起码已经有改变了。以前我们叫 RAE（research assessment exercise），每三到五年实施一次，主要是看论文的影响因子（impact factor）。而现在，从今年开始，RAE 加上 Impact，这就是大学教授对社会的影响力。他的影响力不是通过能发表论文的数量（quantity），而是质量（quality）来决定的。这个质量是对人类、对社会有什么贡献，如果你发了 Science 和 Nature 的文章，但是社会依然是混乱的，那你对社会发展是没有什么贡献的。现在这个影响力，应该不仅仅局限在发表论文，还有对社会的贡献。好的影响力当然很重要，但是怎么样去评价这个影响力，目前还处在讨论当中，结论的形成可能还需要一定的时间。不知道内地有没有这方面的好的办法。

粤港澳高校深度合作的障碍与建议

许长青：现在我们中山大学也是强调大学教师对社会的贡献，我上次和罗俊校长也谈到这个问题，他说我们学校现在是综合考虑，看教师对社会的贡献，也不仅仅是看你发了多少论文，或者一些其他的。下一个问题回归到粤港澳大湾区本身。粤港澳大湾区建设是国家战略，它的本质是粤港澳三地融合发展。但是这个"融合"怎么形成，这里面确实还存在很多体制机制上的障碍。比如说我们大学教师来香港都是提前两个月就要和香港这边的大学联系，提前一个月开始办手续，而且还得考虑能不能办成功。我总觉得，"融合"不仅仅是一种技术上的问题，可能更多的还是有一种心理上的或者其他方面的问题。以人才的高效有序流动为例，我觉得还不是很顺畅，阻碍了大湾区的融合发展。因此，接下来的这个问题是，为进一步促进粤港澳大湾区内大学合作及人才高效有序流动，三地政府部门需要做哪些方面的体制机制创新？

沈祖尧：这个问题可能比较复杂，因为这种状态由不同因素导致，比如说你刚才提到的你们来香港做研究的时候要申请，但是我们进内地不太需要申请，回乡证制度解决了这个问题。我们入境没问题，但是你们出境有问题，这就需要两地政府部门协调解决了。另外，我们觉得有障碍的就是我们的研究经费不能进来，直到最近为止，几个月前中联办副主任谭铁牛院士请我们香港几十个院士写了一封信给习近平主席，就谈到在"一国两制"下，香港与内地进行科研合作，这个研究经费不能流动的话，那就会导致很多问题。比如说我们和中山大学共同拿到一个"973"项目，项目经费到了，但是我们根本拿不到钱。这个谈了好多年，香港谈的时候就说是内地某部门负责，我们去了发改委，也去了科技部，他们都说不是他们那边的问题，而是香港这边的问题，推来推去。最后还是习近平主席做了批示，这扇门就打开了。就是在这个月，我们头一次收到了一些国内的经费，我们的国家重点实验室，以前我们是一分钱都拿不到，现在香港特区政府给我们一点，国内拨付的也可以过来了。现在来的是九十九万，可能超过一百万会不会有什么关卡？我想可能会有一些税务上的政策问题，但是我想这个门既然已经打开，以后的合作就会更加方便。再比如说我们要买一个仪器，在香港买了不能带进内地使用，内地买了也不能带来香港用，这是由一些海关问题导致的。所以我觉得这些问题是多方面原因造成的，需要综合治理。

许长青：所以这里面可能还有很多需要面对的问题，校长是否还可以进行更加深入具体的阐述？

沈祖尧：可以。比如，香港高校的教授到内地大学工作，要是他拿到工资的话，有两个方面的阻力，一方面他是香港的教授，香港的大学教育资助委员会（UGC）不允许他到外面超过规定的一段时间。因为全职老师是香港的公职，所以不能到别的地方去工作，必须为香港服务。这个是看得很紧的，现在我们每个教授，每个礼拜，几个小时做教学，几个小时在外面做服务都要填一个表。这个是UGC的规定，UGC有权限制我们到别的地方，比如说"千人计划"，我们就有难处。"千人计划"如果要求我们到内地三个月或者六个月，我们就不会被批准。另一方面，如果是联合聘用（joint appointment），如果他在香港拿的工资，在香港要交税，如果在内地超过半年，183天吧，要交内地的个人所得税。内地的税要比香港的高很多。所以我们的老师说，我不去了，因为过去要交很多的税，但是我们也不能说你不要交税了。所以税务是个问题。

许长青：我还有一些问题，"双一流"建设大学是国家未来几十年重点发展的高校，香港这边的大学有没有纳入"双一流"大学建设？香港高校有没有这方面的诉求？

沈祖尧：没有，教育部要是有一些富余指标的话，能不能把香港的大学也纳入"双一流"大学建设行列？我们有这方面的需求，到时候要提上去。

许长青：这个也是有关经费流动的问题。"双一流"大学的经费来源主要是国家的财政投入。

沈祖尧：香港高校与内地大学的投资体制不一样。我们这边主要是UGC这种特别的拨款机制。

许长青：因为国家的财政资源是有限的，多方面的财政来源也很必要。如果说教育部把这个"双一流"大学资金投到香港来，那香港UGC的资金是不是也可以投入内地呢？这样也就比较公平，双方都享受到了资助。我想UGC的经费是很难投入内地高校的，所以这也是一个双方都存在的问题。

沈祖尧：在"一国两制"框架下，还是有一点差异的，所以我觉得粤港澳高等教育融合发展真的是有很多内在制约因素需要考虑并加以解决的。我们要在一体化和"一国两制"下取得平衡。

许长青：我还有一个具体的问题，香港这边的教授或者毕业生，到内地去就业，他的社会保障好像得不到落实，内地的教师来香港也面临同样的问题，像医疗养老等都是一些比较具体的问题。

沈祖尧：因为内地生在香港毕业，有一年的时间去找工作，一年内能找到工作的话就可以继续留在香港，但不能完全享受香港市民的一些福利。比如看病，香港人看病基本不用花钱。如果他们得大病，问题可就麻烦了。同样地，香港人在内地的话，像社会保障、老人金他们都没有享受到。

许长青：香港毕业生在内地的公职单位上班是按照事业单位对待的。但社保、住房公积金等方面确实是没有购买的，因为社保需要用内地身份证，如果你是香港回乡证，只能买商业保险。①

沈祖尧：如果毕业生在香港待了七年的话，他就能享受到完全一样的待遇，不知道内地有没有这样。

香港中文大学的智库建设

许长青：我们的下一个问题，粤港澳大湾区建设，思想引领可能比较关键，很多大学都有一些比较著名的智库。本课题所依托的单位中山大学粤港澳发展研究院也是一个国家高端智库机构。香港中文大学在打造具有国际影响力的高端智库方面有哪些机构或着力建设哪些新型智库机构？

沈祖尧：我们有一个亚太研究所，已经有好几十年的历史了，这个亚太研究所就是以一个智库模式来运作的。这个机构以前比较注重沪港经济研究，一直和复旦大学有比较多的合作。现在国家提倡共建"一带一路"，我们在研究所里面建立起了"一带一路"智库，就是说香港怎么在"一带一路"倡议中扮演一个好的角色，在"一带一路"中做怎样的贡献。这个是我们在香港中文大学中的一个智库机构，研究员有社会科学的，有经济学的，也有其他科学的，但主要在社会科学研究领域。他们和中山大学粤港澳发展研究院也有合作。

大湾区高等教育核心竞争力提升

许长青：还有一个问题是关于高等教育核心竞争力，因为粤港澳大湾区打造国际教育与科技创新高地，必须具备较高的高等教育整体竞争力。高校联盟是提升湾区高等教育国际竞争力的一个重要途径。成立于2016年的粤港澳高校联盟，确实是一个很好的思路和一个合作的平台。您认为应该怎样使高校联盟发挥更好的作用以提升大湾区高等教育整体竞争力？

沈祖尧：是的，香港中文大学是粤港澳高校联盟的发起单位之一，我和中山大学

---

① 因为访谈是在《粤港澳大湾区发展规划纲要》出台之前进行的，当时这些问题都没有解决。在《粤港澳大湾区发展规划纲要》发布后，这些问题都逐渐得到了落实。不同城市落实细节不一样，进展也不一样。但总体状况是问题逐步得到了解决。

罗俊校长也交流过。我和罗俊校长及澳门大学校长多次碰头，建立一个联盟，促使湾区大学之间有一些实质性的合作。我还记得去年罗校长提出了一些合作的领域，如精准医学、超算、建立图书馆联盟等。目前我觉得高校之间的合作还是非常初步，面向未来，我们可以共同地去想一两个比较重要的项目，并且是广东省和香港澳门都很有兴趣的项目，然后三地政府部门加以支持，一起合作。比如说，在粤港澳物流方面，我们怎么去提高到一个更高的水平，此外环境保护项目、海洋研究领域都是好的领域。罗俊校长告诉我中山大学的海洋研究要建造最大的科考船，香港也是一个很重要的港口，所以我觉得这么好的一个项目应该落实一下，我们写一个好的建议给三地政府去考虑，特别支持这方面。现在联盟已经有几十个学校了，所有的学校没有同时参与同一个项目。我想从一两个领头的大学先做起来，其他大学来参与，这个思路很好。

香港中文大学人才培养的特殊机制：书院制

许长青： 跟您的交流感觉到气氛非常融洽、非常放松，但我们访谈的时间有限，我想最后请教一个问题，我觉得香港中文大学的人才培养有一个特殊机制，即书院制。书院、院系和学生之间是一种怎样的关系？这种培养机制在培养高素质的人才方面发挥了什么样的作用？

沈祖尧： 书院制是从香港中文大学建立开始之时就有了，因为港中大原来就是书院，还没有大学以前就有书院了，这些书院联合在一块就变成了香港中文大学。港中大的书院有一些较大，有一些较小，它们所发挥的作用主要有三方面：一是促进了学生个人全面发展的培养，而不仅仅是他的学科专业素质的培养，要教育学生怎么做人，关注他的思想品德及他的视野等。学院给他提供通识教育，从他的道德品质方面、人格方面进行培养。二是每个书院什么类型的学生都有，书院就是给他们一个提高的机会，给不同背景、不同学科的同学一个合作的机会。比如一起去做某种服务，他们一开始可以承担一个项目，最后毕业的时候，这个项目可能是工商管理和医学专业的学生与法律专业的学生做的一个项目，这样就能促使学生和其他背景的同学一起合作，而并非法律专业的学生就一直和本专业的同学做功课。三是学院制也培养了学生团队合作的精神。我想这些可能是书院制在学生培养中发挥作用的主要方面。

许长青： 香港中文大学只有九个书院，那所有的本科生都需要归属于某一个书院吗？也就是说每个同学不管是哪个专业都要属于一个书院？

沈祖尧： 你看香港中文大学就好像一个表格，有横的有竖的，竖的就是学院，横的就是书院，每个学生都要归属于一个书院。

许长青： 那这个机制和牛津大学、剑桥大学的书院制是一样的吗？或者有什么区别？

沈祖尧： 差不多，但是牛津大学、剑桥大学的书院更加有权力，因为他们的经费在书院，我们的经费在大学，所以区别还是有的。

许长青： 也就是说，大学有两套运行系统，比如经济系是学术管理系统，书院是从事学生管理，经费是在经济系而不是在书院，是吗？

沈祖尧：基本上是这样，大部分的经费是在经济系，但是大学也给一点经费给书院，作为通识教育等经费支出，然后书院也积极去募款，书院有住宿收费，书院经费确实是没有大学院系那么多，我想大概是1∶9吧。

许长青：那书院还承担教学吗？

沈祖尧：有一部分。书院里面的通识教育，一定要拿到书院里的学分，每年6个学分，只有这样才可以毕业，没有达到就不能毕业。比如香港大学和其他大学没有书院但是有宿舍，那就不一样了，因为宿舍就是住宿的地方，那就没有这种培养。

许长青：在香港，这种培养机制是不是港中大独有的？其他学校有没有？

沈祖尧：好像岭南大学有，它是所有学生都能住到一起。

许长青：明白。非常感谢！

4.4 香港科技大学

学校简介：香港科技大学（The Hong Kong University of Science and Technology，HKUST）是东亚研究型大学协会（AEARU）成员、AACSB和EQUIS双重认证成员、环太平洋大学联盟（APRU）成员，是一所以商科、工科为优势学科的国际性研究型大学。香港科技大学是香港政府为配合20世纪80年代经济结构转型需要而创办的香港第三所大学。1986年9月，香港科技大学筹备委员会成立。创校以来，香港科技大学秉承全球视野和锐意创新的精神，迅速成为国际知名学府，带动香港转型为知识型社会。科大竭力追求卓越，领导并促进科技、商业和人文社会科学创新，为世界培养新一代的领袖。截至2014年9月，香港科技大学校园占地超过60公顷。THE2020排行榜香港科技大学排第47位。

访谈对象：陈繁昌校长。

陈繁昌出生于中国香港，美国国家工程院院士、香港科学院创院院士，香港科技大学第三任校长，现任阿卜杜拉国王科技大学校长。1973年陈繁昌毕业于美国加州理工大学，获得理学学士和理学硕士学位；1978年从斯坦福大学博士毕业后进入加州理工学院应用数学系，担任研究员；1979年进入耶鲁大学计算机科学系任教，先后担任助理教授、副教授；1986年进入加州大学洛杉矶分校数学系任教，先后任教授、研究生院副主席、系主任、国家纯数及应用数学研究所主任；2001年担任美国加州大学洛杉矶分校自然科学学院院长；2006年担任美国国家科学基金会助理会长；2009年出任港科大第三任校长，于2018年卸任，并在同年出任阿卜杜拉国王科技大学校长；2014年当选美国国家工程院院士；2015年获英国思克莱德大学颁授荣誉博士学位。陈繁昌专长于数学、计算机科学及工程学的研究。

访谈地点：香港科技大学行政楼会议室。

参与人员：许长青、范昕、章冲、金梦、牛可佳。

访谈时间：2018年1月5日。

访谈内容：

大学在湾区经济中的角色与作用：一个值得探究的问题

许长青： 我们课题是"高等教育、区域创新与经济增长：粤港澳大湾区建设中大学的角色与作用研究"。旨在通过对粤港澳大湾区内著名大学的调研来了解大湾区建设中大学应该承担的角色与发挥的作用以及现存的制约因素。请问您对这个课题有何看法与建议？

陈繁昌： 第一，我觉得这个课题研究的时机很好，因为国家很快就要出台粤港澳大湾区详细规划①。课题的关键词是"大湾区"，如果单纯谈大学的角色与作用就没啥意思，谈得太多了。课题组应该想到旧金山湾区、纽约湾区，还有东京湾区。纽约湾区过去是金融湾区，现在想做科创湾区，想和西部的湾区竞争。现在在纽约曼哈顿和皇后区之间的罗斯福岛（Roosevelt Island）上开办了一所专注于创新科技的康奈尔大学新校区，叫康奈尔科技（Cornell Tech），致力于信息科学、电气与计算机工程等科技领域的研发与人才培养，为纽约湾区创新经济提供新的引擎。课题应在国际比较视野下突出大湾区建设中大学的角色与作用。第二，研究很有现实意义。粤港澳大湾区是在一国、两制、三关税区、四核心城市背景下的深化合作，既有体制叠加优势，也有亟待解决的人流、物流、资金、信息畅通的制约因素，高等教育等公共领域的深度合作尚有很多问题需要去研究。

大学的角色与使命：培养学生、创造知识和服务社会

许长青： 一方面，研究型大学要承担基础研究和教学工作，另一方面，社会对研究型大学又有更多的期待，比如推动科研成果转化。您觉得研究型大学在湾区建设中扮演的角色是什么？

陈繁昌： 每一个国家都有大学，通常大学最重要的职能是培育人才、创造知识与服务社会。有人提到还有文化传承、国际交流等作用，其实这些也可以放在服务社会里面。研究型大学的使命同样是三个。第一是培养学生。研究型大学培养的学生是未来社会的领袖，我觉得这个最重要，至于将来做什么工作，由他们自己来决定。第二是要创造知识。知识的创造不只是当前马上要用的知识，也有将来要用的知识。这里有一个平衡问题，你不要全部做基础研究，那是"象牙塔"；也不要全部做眼前的应用研究。大学的使命是社会上其他机构承担不了的。企业有营利的压力，对时间的紧迫感比较强；大学相对而言压力没有这么大，它的时间刻度更长远。第三是社会服务。研究型大学应该尽量对社会做出贡献，大学职能的发挥需要学校和政府部门保持合作关系。大学服务内容很多，比如大学教授在香港政府里面有一些职务、服务，还有教师在自己的专业领域获奖等。从历史角度看，大学职能日益发展和完善推动着大学全面融入社会发展的有机体中，成为国家发展与全球治理的重要参与方。

---

① 访谈时间为 2018 年 1 月 5 日，当时《粤港澳大湾区发展规划纲要》尚未公布。

许长青：创新是大学的最本质特征，创新型人才培养是大学的最根本任务。为了给粤港澳大湾区建设提供更多更好的高素质人才，您觉得大学在人才培养上需要注重哪些问题？

陈繁昌：大学不是企业的训练场，上大学最重要的是学习专业知识，储备经验，发展综合素质和能力。首先要特别注重综合素质的培养。如港科大既注重STEM①教育，也注重人文学科教育。20世纪50年代苏联成功发射人造地球卫星，美国意识到自己落后了，开始提倡数理及科技教育，及至90年代美国国家科学基金会提出STEM教育，它通过政策与财力支持培育年轻科技专才，提升国际竞争力。香港教育局和科技局先后发表推动STEM教育的报告，期望社会能因时制宜去培养新一代人才。世界在急速发展，科技与工程为社会带来翻天覆地的改变，要追上步伐，就要推STEM教育。原因有三点：一为经济。全球经济都被科创带动，要加强竞争力就得培养年轻科创人才。二为终身学习。要在科技洪流下不被淘汰，就要装备好自己以应对转变与挑战。三为合格公民。开放民主社会的公民首先必须要有基础理科知识，才能参与决定社会未来发展的方向。其次要注重能力培养。教育不是一味地灌输知识，而是要将这些知识融会贯通，培养学生的创造与解难能力。数理知识是人类文明的一大成就，与音乐、文学无异，我们不能只是把它看成是促进经济增长的工具。要鼓励学生创新创业，培养创新创业能力。创业失败是一种经验，如果成功则将可能抓住改变世界的机会。港科大每个星期都有创业研讨会，邀请各领域的有创业经验的人士与学生做分享。港科大积极引入企业与校内科研力量联合研发，促进产学融合，营造良好的创新生态环境。

大学的角色定位与转化：守位与超位

许长青：港科大用较短的时间发展成世界著名的一流大学，产学研合作走在国际前列，您能否介绍一下港科大的办学经验？

陈繁昌：我们学校的办学模式国际上都有案例，学校发展得好，有天时、地利、人和的综合因素。一是明确的定位。创办港科大，我们希望可以差异化，目标是为社会培养创新及科技型人才。我们的定位不是做综合性大学，因此我们只有四个学院：理科、工科、商科及人文社会科学。尽管我们和麻省理工学院（MIT）比较相似，MIT人文社科实力很强，港科大的商学院也很强。但我们不可以授予文科学位。我们也想给医学学位，但大学不是越大越好。我们也一直在考虑和评估各种机会是否要去香港以外的地方办分校②，但这要与我们的实力、规模和资源要素相匹配。我觉得最重要的不是我们要建设一所分校，这不是不可以，但不够创新。粤港澳大湾区是一个全新概念，它有很多新理念，大湾区最需要什么？大湾区的特殊优势是什么？这需要我们去思考。我想创新科技是一个大优势，创新人才、企业发展、高新科技研发与应用，

---

① 科创，Science, Technology, Engineering, Mathematics。
② 2018年12月21日，香港科技大学与广州市人民政府及广州大学签订三方协议，合作建设香港科技大学（广州）；2019年9月26日，教育部正式批准筹备设立香港科技大学（广州）。

都有特别需求。我们的大学可不可以在这些方面有一些真正突破，这是关键。二是我们引进了很多世界一流人才，目前全职教授约 500 名。三是政府的支持。港科大创办时，香港政府希望发展科技创新，26 年过去了，香港在创新上还有很大的提升空间。四是内地经济发展。内地改革开放和经济发展给香港提供了很多机遇，也促进了港科大与内地的合作与发展。

许长青： 大学的角色与作用在于人才培养、科学研究、社会服务等几方面。作为大学的领导者，学校既要求我们的教授多发明些专利，又要求多出高水平的论文，教师压力很大。这是否会导致大学角色与作用的冲突？怎么调适？

陈繁昌： 我个人认为大学的教学、科研与服务三职能并不矛盾，相反它们相互促进。我觉得大学定位很重要，这个问题与大学理念高度相关，不是每所大学都一样。我在美国工作很久，美国有 3 000 多所大学，但我们听到的都是哈佛、斯坦福、麻省理工、加州理工等。其实每一所大学的定位不一样，就好像苹果公司前总裁、联合创始人乔布斯（Steve Jobs），他不是斯坦福等名校毕业生，他毕业于一所很小的大学，叫里德学院（Reed College），位于俄勒冈州。里德学院办学定位与特色很鲜明，强调博雅教育，专注学术，极其注重课堂教学，同时以其超多的博士校友著称，其博士毕业生占比在美国大学中排名第三。

许长青： 可以看出，大学的分层分类办学很重要，那么香港的大学角色定位明显吗？

陈繁昌： 是的。香港特区政府及大学教育资助委员会（UGC）对大学是有定位的。香港共有 8 所公立研究型大学，在人们的观念中，香港大学是最老的大学——拥有大量学医和法律的大学生，香港中文大学第二——凸显中国文化特色，第三就是港科大——科技研究型大学。香港理工大学前身是技术学院（Polytechnic College），1994 取得大学地位。香港城市大学是城市技术学院（City Polytechnic），1995 年更名为香港城市大学。浸会大学也是学院（College），1994 年改为大学。岭南大学前身是广州岭南大学，院系调整后由一些校友在香港复办，1999 年升格为岭南大学。所以每所大学不一样，我们港科大一开始就不是综合性大学，我们的定位就是科创型，理工科教育是香港发展的需要。当然香港大学的发展也面临着竞争压力，每一所大学，首先是这 8 所研究型大学之间竞争压力很大，每一所大学都要像哈佛、斯坦福，都在做创新科技。我觉得从一个国家或地区来讲，你不需要每一所大学都做成一样，这个叫角色差异（Role Differentiation）。香港 UGC 在 2002 年聘请了一位英国大学校长写了一份发展报告，里面有很多提议，其中第一个提议就是角色差异。当然办学定位问题在实践中也存在很多困难，尤其是政府治理方面。

许长青： 刚才您说大学角色定位在实践中存在一些困难，您能否具体说说存在哪些问题？

陈繁昌： 可以。第一，高校追求大而全。我们学校的定位就是要对香港的经济发展有所贡献，因为我们是创新科技的定位。如果你是一所规模较小的大学，比如博雅学院、文理学院等，政府就不会要求它做很多，我觉得对它来说也是不合理的。但是优秀的文理学院也需要，比如说像苹果前总裁乔布斯这种杰出人才，不一定要在哈佛毕业。第二，私立学校发展不够大。内地公立大学比较多、比较好，优秀大学几乎全是公立大学，香港也是这样。从国际上看，美国私立大学实力很强。因为它们有独立性，尽管它们需要政府研究基金的支持，但是学校发展的其他方面大学可以自主办学，政府干预比较少，这是一个优势。我们的政府对公立大学有很多期望。比如我们学校是科技型的，政府希望你的学生开一个公司，你的教授多写论文发表，因为他们的关键绩效指标（Key Performance Indicator，KPI）比较短线，所以政府对学校的要求也比较短线。高校培育人才周期长，这个对他们来说似乎太遥远。当前是香港科技创新的最好时代，政府现在很重视科技创新投入，但是政府的目标有时太任性，而我们大学的定位就不是这个样。因此大学在大湾区建设中的作用应该着眼远方，不是说香港需要多少律师，需要多少医生，香港的大学就培养这么多医生和律师，如果这样，我觉得太短线。

许长青： 一方面，大学需要定位，需要差异化发展；另一方面，大学发展到一定阶段也需要自然超位。因此，大学在定位上可能会出现固守本位和超越原位的矛盾，您怎么看待这个问题？

陈繁昌： 我个人认为大学定位与学校发展并不矛盾。大学要固好本位，扮演好自己的角色，同时社会是发展的，社会对大学的期待与要求也不是永恒不变的，需要在适当时机实现角色转换和超越。粤港澳大湾区建设中，大学要意识到自身所要扮演的角色及承担的责任。对于一所大学来讲，意识到自身角色就是找准自身定位，如果定位不正确，再努力恐怕也无济于事。同时，大学要善于在不同角色之间进行转换，避免角色冲突。大学绝对不可以将自己定位为某一种角色，而应该具有转换自身角色的意识。如果一所大学只抱着"象牙之塔"角色定位不放而忽视与社会的接触，就会故步自封、落后于他人；反之，则会渐失追求、亦步亦趋。大学的角色转换不是见风使舵，更不是墙头之草，而是一种坚持自我价值内涵的角色转换。

许长青： 由于定位的差异，不同类型大学的教师评价机制应该不一样，港科大的教师评价机制如何？

陈繁昌： 是的，不同类型大学的评价机制应该不一样。港科大是研究型大学，每一个教授，都要有研究的贡献，我们的绩效评价是教学、科研和社会服务综合考评。我们已经建立了这样的评价体系，主要分为三个方面，一是研究，二是教学，三是服务，包括社会服务，做技术转移就是其中一种方式。每一位教授定期接受评审，三方面的比重分别占40%、40%和20%。我们的教授和学生，如果有技术转移的机会，想要创业，会得到很好的平台和支持，我们有创业竞赛以及一些课外活动给学生参与。但是我不能去跟院长和系主任说，明年1/3的教授一定要去做技术转移，这不可以，因为大学不是企业。全世界所有的研究型大学，研究一定是必不可少的。但如果你只有研究做得好，教书做得不好，我会转告系主任：这个教授，你要让他在教学方面"补习"一下。

高等教育与区域创新：大学科技创新合作推动湾区经济增长

许长青： 目前，创新创业型大学（E & I University）快速发展，大学知识产业化成果显著，大学成为经济增长的新引擎。请问港科大在服务大湾区创新和经济增长方面有哪些新举措？

陈繁昌： 有的。香港科技大学建校之初，学校的定位就是创新科技研究型大学，所以我们一开始就建立有创新创业中心（Entrepreneurship Center），也建立有技术转移办公室（Tech-transfer Office）。近二十多年，科技变化很大，以前在香港没有大学生创业，人们觉得那根本不可能，内地也是这样，现在不同了。科技创新团队不是要学生投资创业，与正规课程的学习也没有什么关系，学生没有学分，只是志同道合的几个朋友和同学聚集在一起，很踊跃地去参加这些活动。为了培养学生的创业意识，我们现在的课程设置在原来主修的基础上增加了辅修，比如主修是工程，辅修商科、辅修创业。学生不只是单纯地上课，还可以创业。我们有一个讲座，每周从校外请一个人来，讲述他的成功经验；不成功的案例也可以，分享经验教训。他们会告诉你怎么去写一个商业计划及模型构建等很多类似的东西。我们有一个留给学生的创新基地，让本科生去做。学校计划盖一栋创新大楼，目的主要是给学生多一点地方、多一点创新空间，同时引进企业，包括风投企业。其运作模式和斯坦福大学很相似，就是要把学生、教授、企业、科研机构等不同主体放在同一个地方，营造一种创新的氛围和文化。

许长青： 香港政府很早就建立起了数码港，致力于科技创新驱动发展。与过去相比，现在的科技创新氛围是不是更加浓厚？

陈繁昌： 对，现在特区政府很重视，创业文化这个大气候比较好一些。前面说到，我们在1991年创办时就是希望对香港经济有贡献，但是光靠大学远远不够。香港缺少创新科技企业，我们的学生毕业后怎么办？现在香港年轻的大学毕业生很少有人去内地工作，可能有文化、生活习惯方面的差异。美国硅谷通常指的是帕罗奥图（Palo Alto）、山景城（Mountain View）、森尼韦尔（Sunnyvale）、圣克拉拉（Santa Clara）及圣何塞（San Jose）这些地方，并不是旧金山，但旧金山现在也有很多科技企业。为什么？因为在硅谷工作的很多年轻人喜欢住在旧金山，每天几百辆巴士穿梭。当这些人有一天离开谷歌（Google）、脸书（Facebook）而自己创业的时候，就把科创产业带到了旧金山。如果把广深科技创新走廊比作硅谷，香港至少可以是旧金山，硅谷到旧金山与珠三角城市到香港的距离差不多。香港目前迎来科技创新的最好时期，首先是特区政府重视科创发展，成立创科局，设立专门基金以资助香港高校的科研以及香港科创企业。其次，香港社会科技创新氛围大大改善。几年前，香港几乎看不到民间私营的科技创新企业和工作坊，现在不一样，港科大校园里就有很多学生成立的科创工作坊。包括内地企业在内的许多大型科技企业纷纷在香港设立研发中心。

许长青： 粤港澳湾区建设中，科技创新是第一动力。港科大在打造粤港澳大湾区国际科技创新中心中怎样才能发挥更大的作用？如何理解大学与产业之间的互动关系？

陈繁昌： 大湾区城市群在世界上有什么优势？不是看香港对广州有什么优势，对深圳有什么优势，而是粤港澳大湾区对于东京、纽约、旧金山有什么优势。我们必须要有国际大视野。我们这里基础设施完善，基本实现互联互通，国内外市场比较大，同时也是对接共建"一带一路"倡议的桥头堡。但科技创新实力还得进一步提升，科技创新合作很有必要。目前，我们在内地的科研合作平台主要在大湾区。港科大在广州南沙建有研究院。在深圳的第一个研究院就是与深圳市政府和北京大学开展产学研合作，设置了孵化机构，帮助毕业生创业。后来我们又建了港科大全资拥有的第二个研究院。新产品研发出来后，我们在政策上提供支持，比如说学生创作的知识产权归学生所有。我们和北大在深圳的医院也有合作，共同进行医药和生命科学方面的基础研究和临床应用研究。港科大和佛山市政府合作已有五六年，与当地企业进行LED产业升级方面的研究，目前已经取得一定的成绩，项目产业化进程有望加快，必将大大促进产业升级与经济发展。

许长青：高等教育融合发展是粤港澳大湾区建设的重要组成部分，也是一个重要条件。请问高等教育融合发展将为湾区大学合作带来哪些机遇和挑战？

陈繁昌：香港有全球排名靠前的大学，全球大学100强中有5所在香港，这是世界上任何一座城市都难以比拟的。另外，香港高校有较多的自主权，比如说，只要学校有足够的经费，就能自主增加招收博士生的名额。有了博士生才能招到好教授，这对于研究型大学来说举足轻重。香港还有国际化的环境、成熟的法律以及低税率政策。珠三角有很好的完善的产业链，有很多创新科技大企业，有制造业的生态环境，有大量的人才、资金。东莞、深圳以前是世界制造业中心，如今要在创新方面竞争；广州是华南科教文化中心，现在要做全球创新枢纽。粤港优势互补非常明显，香港缺乏的内地都有，内地缺乏的香港都有。在我看来，大湾区真正融合起来，世界上没有一个地方可以和这个合体比较，真正的"世界无敌"。双方完全可以结合起来，做好产学研一体化。推动三地高校合作，个人认为建立一个共同平台或机构来协同推进大湾区发展很有必要。如我们可以在广州南沙地区建立一个粤港澳大湾区联合大学，这个大学应该是一个"虚""实"结合的平台。三地可以签一个谅解备忘录（Memorandum of Understanding，MOU）来规范合作办学。有实力、有特色的大学都可以在这里开设一个课程。至于学位、学费等问题可以进一步协调。这样可以突破行政体制机制障碍，发挥大湾区特色优势，探索新的教育模式，引进国际一流教育资源并吸引世界顶级实验室、高校或企业来共建研发中心或实验室。①

---

① 目前香港科技大学已开始在广州南沙设立校区，陈校长在审阅访谈稿时寄语新的校区，希望港科大在南沙的校区，不仅是港科大的，也是整个大湾区的。

时任校长陈繁昌教授的看法与现任校长史维教授举办广州校区的愿景高度契合，史校长在应广东省、广州市人民政府邀请到广州办学伊始，就提出科大新分校"一校两园"的定位，以实现两个校园在同一体系下，对香港和内地的机制同步优化，在学术架构、行政管理和技术转化方面优势互补，丰富两个校园的内涵，充分发挥协同效应。详细请见香港科技大学官网：https://www.ust.hk/zh-hant/news/greater-bay-development/hkust-collaborates-guangzhou-government-and-guangzhou-university.

人才聚集与有序流动：粤港澳大湾区建设的关键

许长青：人才资源是第一资源，人才流动是推动湾区经济增长的核心。就您所了解到的影响粤港澳大湾区人才流动的因素有哪些？

陈繁昌：这方面需要政府来整合，才能使粤港澳大湾区更有竞争力。人才资源是最关键的，是第一资源。粤港澳大湾区有很好的人才资源，关键是如何使他们有序地流动起来。一是交通因素。区位是合作的一个因素，但还需要便捷的交通条件。港科大在广州南沙有一个研究院，有近两百员工在那里工作，一些教授每周要去一两次。我们现在过去开车单程要两个小时，时间成本大。二是制度因素。香港和内地的制度不同，现在粤港两地的人流物流的自由流动还存在一些障碍，别说大湾区，就是香港与深圳之间都存在障碍。又比如说，如果我们的教授来内地做研究的话，薪水和税收问题怎么办？珠三角创业和产业生态环境做得很好，内地许多毕业生可能想来广东创业，但由于种种原因，香港的毕业生来内地工作或创业的意愿至今仍不是很强。关于基金使用问题，我们在广东省拿一个研究基金，但是钱过不了关。关于税收方面，香港的教授在内地呆到超过183天，就要付内地的税，内地的税比香港的税高很多，所以很多教授不愿意去。① 高等教育制度方面，内地高校博士生教育受到很多条件限制，你没有博士教育，没有博士生，你就招不到好教授，没有好教授怎么谈合作。

许长青：在粤港澳大湾区背景下，如何进一步促进粤港大学间的人才流动和互动？

陈繁昌：一是需要克服制度性障碍，前面已经讲过。二是要让年轻人看到模范。香港年轻人需要榜样的力量，这些榜样不仅仅是香港本土成长起来的科技创业者，还包括内地的马云、马化腾以及美国的乔布斯。学生需要有全球化视野，获得更多激励。比如腾讯以及腾讯牵头发起的国内首家互联网银行微众银行的高管团队里就有香港人，他们大多之前在美国读书，现在来深圳工作了，他们觉得在深圳工作很好，发展机会多。如果多报道一些这样的案例，对香港学生的带动就会很强。三是要塑造创业文化，淡化香港与内地的区分。很多香港年轻人只愿意在香港工作，但是我们要看到比尔·盖茨、扎克伯格在美国东岸读书却到西岸去从事科技创新创业，并且成为一种趋势。所以要淡化香港与内地界限，让香港的年轻人看到新领域，然后鼓励他们参与进去。

智库建设与国家战略：大学智库引领湾区发展

许长青：世界各国大学都十分注重大学在经济社会发展中的思想引领作用，大学是政府部门的重要智囊，对国家重大公共政策的制定能起到重要参谋作用。港科大是以工科见长的大学，请问在引领大湾区发展的智库建设方面有哪些重要举措？

---

① 因为访谈是在《粤港澳大湾区发展规划纲要》出台之前进行的，当时这些问题都没有解决。在《粤港澳大湾区发展规划纲要》发布后，这些问题都逐渐得到了落实。不同城市落实细节不一样，进展也不一样。但总体状况是问题逐步得到了解决。

陈繁昌：国家提出粤港澳大湾区战略，我觉得大学的职能不仅仅局限在经济方面，其他方面的职能也值得探讨，大学的智库角色、智囊团作用同样十分凸显。港科大除了工科和商科外，我们建立了人文和社会科学学院。我们的最初想法是为了培养综合素质人才。我们的创校校友很多是在美国工作很久的，他们认为博雅教育很重要，我们所培养的工程师将来可能做大老板而不仅仅做工程，还需要文化养成。不但文科学生需要博雅教育，理工科学生也需要博雅教育。学校为本科生提供辅修课程，如全球中国课程、人文社会科学、量化分析、共同核心、大数据等。虽然我们没有人文社科方面的本科生，但我们在训练这些学生的时候，希望他们能够承担更多的社会责任。人文社会科学与社会发展密切相关，香港社会存在很多社会问题，如能源、环保等，这些不单是科学，不单是工程，更是社会科学。未来港科大将在商学院、工程学院、理学院和人文社会科学院基础上，着重拓展可持续发展、机器人制造、大数据、设计与创新以及公共政策这五大范畴。特别是公共政策学科，我们将充分发挥港科大拥有的独特优势，加大研究生培养，重点发展不同于以往偏重政治的公共政策研究，采用科技手段和方法来分析社会公共政策，例如新能源、环保、交通、智慧城市等，为政府部门和社会贡献力量。

区域融合与高等教育国际化：大学发展的必由之路

许长青：您认为国际交流也是大学的重要服务职能之一，高等教育国际化是提升湾区高等教育竞争力的必由之路。港科大在国际化办学方面有哪些成功经验？

陈繁昌：港科大非常注重国际化办学。在聘请教授方面，港科大十分注重人才引进，聘请的都是全世界最优秀的人才。港科大创校校长吴家玮教授在创办之初，就去国外招聘人员。香港是个特别的地方，文化交汇，资讯发达，国际接轨。港科大讲国际化，真正在香港出生的教授少于20%。跨国机构的总裁们，会坐着飞机来港科大上课，每两个礼拜来一次，为什么来？还是因为国际化。港科大积极缔造国际化及多元文化的校园。学校积极招收非本地学生，在香港公立大学里，我们的非本地学生比例最高。为帮助非香港本地学生更容易融入香港的生活环境，港科大推出了接待留学生的家庭计划（Host Family Program）。由全校教职员工自愿报名，为非本地学生担任生活辅导员，邀请非本地生到自己的家里做客，带他们出去游玩熟悉香港等。同时，学校的办学资源方面能够达到国际水平并从资源上保证把全世界的优秀人才吸引到这里。

高等教育集群与联盟：提升湾区大学综合竞争力

许长青：打造高等教育集群，提高粤港澳大湾区高等教育综合竞争力是大湾区内大学的重要任务。粤港澳高校联盟已经在中山大学成立，您对高校联盟的运作有何建议？

陈繁昌：香港科技大学是联盟成员。我们学校参加了很多大学联盟，比如京港大学联盟、环太平洋大学联盟。联盟的意义在于三个方面。第一，联盟是一个交流的平台。我认识世界很多大学的校长，就是通过这些平台，我们去交流、去开会，才有接触和认识的机会。如果没有这个平台，你就没有这么多的机会，没有这个时间。第二，平台具有与政府打交道的作用。比如东亚联盟，韩国、日本、中国的高校可以围绕一个主题去做，环太平洋联盟也有一些共同的问题去研究。对于这些问题，单个学校来做就没有那么好，一起共同做会比较好。平台可以共同发表一些东西，这在与政府沟通方面会起到一些作用。第三，通过平台可以相互学习，共同提高。对于粤港澳高校联盟，建议在联盟内部加强合作力度，建议三地成立粤港澳大湾区高等教育合作委员会以协调湾区高等教育机构，推动三地高校深度合作，加强学生交流、教师交流、课程开发、联合办学等，联合培养高素质创新型人才，提升湾区高等教育竞争力。

许长青：好的，非常感谢陈校长的精彩分享！

4.5　香港理工大学

学校简介：香港理工大学（The Hong Kong Polytechnic University，PolyU）是一所坐落于香港九龙红磡的公立综合性研究型大学。毗邻海底隧道，地理位置优越，占地 94 600 平方米。除课室、实验室及其他教学设施外，校园亦设有多种运动、康乐及其他设施。香港理工大学前身香港官立高级工业学院，成立于 1937 年，为香港历史最悠久的高等教育院校之一，也是香港 8 所受政府大学教育资助委员会资助并可颁授学位的高等教育院校之一。QS2020 年世界大学①排名为 91 位。

访谈对象：唐伟章校长。

唐伟章，1980—1985 年任肯德基大学助理教授及副教授。1993—1994 年在桑地亚国家实验室工作。1986—1996 年任亚利桑那州州立大学副教授，随后晋升为教授。1996—1997 年在美国国家自然基金会工作。1996—2000 年任科罗拉多州州立大学机械工程学系教授兼系主任。2000—2008 年任乔治华盛顿大学工程及应用科学院院长。2009 年 1 月至 2018 年 12 月任香港理工大学校长。

访谈地点：香港理工大学行政楼会议室。
参与人员：许长青、古文力、金梦、牛可佳、李瑞华。
访谈时间：2018 年 4 月 25 日。

访谈内容：

人才培养与科学研究

许长青：我们之前访问了香港大学、香港岭南大学、香港中文大学、香港科技大学，一直在和贵校协调时间，今天非常荣幸，能够和校长进行面对面交流，为我们这个课题提供支持。

---

①　QS 世界大学排名（QS World University Rankings）是由英国一家名为夸夸雷利·西蒙兹（Quacquarelli Symonds）的国际教育市场咨询公司所发表的年度世界大学排名。

唐伟章： 我之前听说你们跟其他的校长交流你们的这个课题。

许长青： 非常感谢校长对我们课题的关注。这个课题是中山大学校长罗俊院士承接中科院的一个学部咨询课题，规模和支持力度都很大，主要议题是对粤港澳大湾区的高等教育合作、科技合作进行研究，对一些实际问题进行研究，为相关部门提供政策支持。首先请校长谈谈对这个课题的看法吧。

唐伟章： 好的。中国过去的三四十年，特别是从20世纪80年代到现在变化特别大，我在香港长大的时候，深圳是个很小很小的渔村，现在已经是一个在经济方面走在中国前列的一个发达城市了。

许长青： 是的，深圳的变化确实非常之大，尤其是在科技创新方面，科技创新能力基本上是排到第一位的。

唐伟章： 人口也很多，实际差不多两千万，香港现在还是七百多万人。所以深圳这个地方已经带动了整个大湾区的发展。当然也有广州等其他城市，大湾区总共11个城市，把香港、澳门连起来，作为整个区域的一个平台，这个地区的人口加起来总共是六千六百多万人，差不多七千万人，这等于一个英国，等于一个法国。所以大湾区可以发挥的能量是非常之大的，如果大湾区有机会可以让11个城市的发展产生协同效应，那么整个大湾区的经济就可以做得更好。现在可以发展的空间还是很大，我以前居住在美国旧金山，那是20世纪70年代的时候，看到他们湾区的发展，在十五到二十年的时间里，旧金山湾区从一个没有什么特别之处的湾区发展成为一个推动全球电子化的世界科技中心，确实是一个了不起的成就。如果这样比较，我们的大湾区联动起11个城市的力量去发展，也很有可能在五年、十年之后，成为全球的科技经济中心，这样整个大湾区的经济、教育和人们的生活水平都可以提升起来。所以我对粤港澳大湾区发展很感兴趣，也非常地兴奋，对本课题的研究也很感兴趣。

许长青： 我们这个课题主要是研究大学、高等教育在大湾区建设中的角色和作用，要把这个课题做好需要花很多的时间和精力，同时也需要咨询包括校长您在内的很多专业人士。那么就我们这个课题本身，您能不能给我们一些思路和建议？

唐伟章： 好的。每一个地方要发展好，人才是最重要的。人才从哪里来？大部分都是从教育机构来的，从大学来的，我们中山大学，香港的几所大学，包括深圳的大学，这些大学在大湾区发展的过程中都将发挥作用。首先在人才培养方面。第一，我们的大学有机会可以培养出更多的优秀人才，贡献给这个地区。第二，我们的大学也应该担负起这个责任。我们应该明白这个大湾区需要什么样的人才，不同的大学可以配合一下，这样就更好。我们在两年前开办了一个新的专业叫航空工程学工学士课程，为什么要开呢？就是因为我们看到香港航空业的专业人士非常欠缺，而且现在香港机场还计划建设一条新的跑道，可以预见，未来香港在这一行业是需要很多专业人士的，所以我们大学就要配合。两年前（2016）就开办了这个专业，将来也会做得更多一点。因此我们大湾区的高校就要看看需要的人才在哪一方面，可能有的领域我们没有能力做的，中山大学有这个能力就中山大学做，每一所大学都有它的强项，那这样就可以从整体上配合大湾区发展，这个很重要。二是在科研方面。科研方面大湾区有什么样的机遇？将来在这个专业方面有什么发展？这些是需要很严谨的研究才可以得出的。现在很多人在讲工业4.0，我自己也有另外一个看法，将来十年、二十年，中国会成为一个科技出口的国家。中国过去是科技进口，我们用别人的科技制造一些产品，将来的十年、二十年，我们就会成为积极地用科技制造产品来供应全中国、亚洲，甚至整个世界，因为过去的二十年，中国在这方面已经建立了一个很好的基础，很多大学与不同的科研机构，现在的科研能力都很不错。可以做一点创新工作，这个可能性还是很高的。那么未来二十年，中国要变成一个科技出口的国家，这将在哪里发生呢？大湾区可以承担起这个很重要的角色。

许长青： 对，目前中国的技术确实是可能受制于人，特别是一些卡脖子的技术，比如中兴事件，产品芯片现在被别人控制垄断了，这是一个很麻烦的事情，所以这可能是大学所要发挥作用的体现。

唐伟章： 这也是国际化的一种影响，就是我不需要知道所有的事情，我不需要掌握我所用到的所有科技，如果日本有，我从日本买回来，如果美国有，我从美国买回来，但是现在世界的发展形势变化很快，变得动荡与不稳定了。

许长青： 是的，贸易保护主义和单边主义有所抬头。粤港澳大湾区是一个国家战略，是从国家战略的高度来规划建设的。

唐伟章： 从短期来看，这可能是一个打击，但从长期来看，这会让中国的发展更快。举一个例子，关于核电的发展，二十多年前，美国组织的一个国际团体，与十几个国家一起，研究最新的一代反应堆，当然中国没有参加，我们都知道为什么。没办法，中国就只有自己发展这个科技，十多年前，中国在这方面的发展已经超越了这个国际团体。中国目前研发的是全世界最先进的核电反应堆。新在哪里，过去反应堆都是用液体做冷却，但是这个最新的反应堆是用气体。这有什么作用呢？过去的反应堆的冷却液体，如果反应堆的温度太高，这个液体就变成气体，那反应堆的压力就上升，压力太大了那整个反应堆就爆开了，但是用气体冷却反应堆就没有这个问题。全世界都没有这个科技，只有中国有。

许长青： 这几年中国的科技确实发展得很快，如高铁、大型建筑技术、大数据等。

唐伟章： 宽体飞机也可以做出来了，很多方面中国都是一步一步地超越世界水平，所以我刚才说的未来的二十年，是中国科技出口的时代了。

香港理工大学的定位：应用型研究

许长青： 第一个问题我们听了很有启发，接着进入第二个问题，就是大学的角色和作用。其实校长刚才您已经讲过了，就是科学研究、社会服务、人才培养等，但是不同的大学有它不同的定位，比如大湾区就需要不同层级的人才。那么打造一流湾区，如何发挥不同大学的角色和作用？

唐伟章： 现在不同的大学有不同的定位，这是件好事，如果每所大学都是一样的，那就不是服务社会最好的方法。就像香港有8所政府资助的大学，我们的定位就是在教育方面、科研方面、工作方面都适应社会的需要，所以我们的工作比起其他大学更着重在应用方面。教学也是，我们提供的课程都是依专业需要的，如工程师、护理等。科研也是，我们非常支持教授发他们的论文，但是不要停留在这个地步，要再多走一步，将他们的科研成果转化应用出来，贡献社会，在香港我们有很多这方面的工作要做。香港地铁很多都用到我们的科技，很多技术和系统都是香港理工大学的。如安在路轨上的监测系统，这个系统由光纤连接很多的感应器组成，车经过一个感应器就产生一个感应信号，这个信号很快就可以传到一个控制台，工作人员就可以看到车开到哪里，也可以分析这个信号，知道这个车运行的情况是否正常。中国内地的高铁也看中了我们的技术，我们将这个系统改进，应用在国家高铁上，北京到上海这一段高铁已经在用我们的技术了，现在国家也在让我们把技术提供给不同的高铁系统。

许长青：那我们中国高铁也有香港理工大学的贡献，而且贡献很大。

唐伟章：我们的科技应用受到了社会的重视，所以我们的定位就和其他7所大学有一些不同。比如你看整个大湾区，我们要知道每一所大学他们的突出特色是在哪一方面，然后连起来看我们大湾区的大学怎样可以发挥各自的强项，一起助力大湾区向前发展，我相信这样会很有作用的。

许长青：香港公立研究型大学是8所，每所大学都有自己的定位，那这些如何体现出来？比如香港理工大学和香港科技大学定位上有什么差异？

唐伟章：对比香港公立研究型大学，香港理工大学则更加重视创新实用的科研方向，当然也需要做相关基础研究，只是和他们的侧重点不同。

许长青：香港理工大学是1994年建立的，但是历史可以追溯到1937年是吗？

唐伟章：1937年是香港官立高级工业学院，1972年是香港理工学院。我们算是香港历史第二长的高等院校。我们在1983年首办本科，在1986年及1989年分别开办硕士及博士学位课程，1994年正名为香港理工大学。

许长青：虽然贵校办学历史比较短，但是如今学校的办学实力很雄厚，确实不错，校长您是做出了很多贡献的。

唐伟章：这不是我一个人的工作，这是好几千个人的工作，但是我们都很兴奋，在这么短的时间内能跻身全球百强之列。

教学与科研的平衡

许长青：现在的水平确实不错，在多个国际大学排名中都进入了前100强。

唐伟章：你提到排名，这很重要，但我们的工作也绝不能单看排名做的。刚才讲我们的科研致力于应用研究，这在排名方面不一定起作用。现在我们提供的教育尽量符合学生需求，特别是本科学生，在2012年就从三年制改到四年制。用了一年时间引进了很多课程，都是培养我们的学生使他们有一个很强的社会责任感。确实不容易，这些工作在排名方面是拿不到分的。但是我们还是要做，这是我们的信念。

许长青：这就是大学的社会责任感。

唐伟章：所以我们特别高兴，虽然我们并不仅仅看重排名来做我们的工作，但排名也一步一步地提高起来了。

许长青： 一个好校长就是一所好大学，大学校长的办学理念需要不断更新，尤其是对教师的管理与评价机制，要思考怎样去发挥教师的作用。香港理工大学是怎样去评价教师绩效的？因为教师既要搞教学，又要搞科研，还要做社会服务，可能每所大学的评价机制都不一样。

唐伟章： 其实跟其他大学怎样评价教授相比，我们的做法也没有太大的差别。首先最重要的是他教学是否发挥了一个正面的作用，令学生可以真正地学习。其次，在科研方面当然是需要有积极的创新思想。这两方面都很重要，如果科研做得好，教书教得不好，这个我们是不接受的；如果教书教得好，科研做得不好，我们也是不接受的，两方面都要做得好。这两方面都有很高的要求，很多人都关注你做研究做的好，是不是不重视教学？其实不是的，两方面都重视。现在的大学应该都是这样子的，当然对我们来讲，如果老师在技术转移方面有一点贡献，那么就更理想了。

逐渐重视人文科学，人文与科技结合

许长青： 我的第三个问题，香港理工大学是更多地突出理工这一块吧？在未来人文社会科学在香港理工大学的作用或者是在学校的发展方面会不会有更多的考虑呢？

唐伟章： 我们多年前就成立了一个人文学院，所以我们的人文社会科学也开始一步一步得到重视，因为我们现在的教育理念就是要让学生毕业的时候有足够的专业知识，确保将来他可以做一个成功的专业人士，但是只这样还不够。另外一个目标就是要让他成为一个对社会有关怀、有很强社会责任感的人，我们的教育就是从这两方面推动，所以人文社会科学方面也越来越重视了。我们尽量不把理工科和人文社会科学分开，有很多时候都是一起做的，我们工程学院的学生会上人文学院提供的和社会服务有关的课程。服务学习课程是我们本科生必修的课程，目的是让我们的学生在毕业之前有一个机会，将他们专业知识应用出来，为社会做有用的事情，那才能毕业。这个课程也是有学分的，不单是做义工，还要将他的专业知识应用出来，所以要有一定的学术水平。我给你们讲一个例子，我们生物医学工程专业的学生，他们有一个关于服务学习的课程，与特殊教育相关，我们的学生到广州去帮助一群有需要的小朋友安装义肢，让他们的生活可以更加正常化，然后我们学生也可以体验到将所学知识运用于实际生活的过程。用这个方法令他们对社会需要有一点点感悟。服务学习，是香港理工大学每一个学生都要做的。

许长青： 我了解了一下，香港理工大学的社会科学也是很好的，其中酒店管理在全球很有特色，排名也很靠前。

唐伟章： 是的。其中一个特色就是把酒店管理与理工理念结合起来，我们的酒店管理专业的一个重点就是把最新的科技应用在旅游管理上面。

许长青： 这个酒店管理专业是纯粹的酒店管理还是包括了旅游规划这一块？

唐伟章： 就是旅游管理。大湾区的发展对我们这个专业也有影响，香港的旅游对大湾区的旅游影响也很大。因为我们这个酒店管理做得不错，现在也有一点名气，内地很多人也引进了这些经验。

香港理工大学鼓励创新创业实践

许长青： 非常感谢校长。第四个问题是关于高等教育和经济增长关系的。当代经济发展到现在，正处在第四次工业革命之际，科技创新在区域经济增长中发挥了很重要的作用。各个国家都很重视，在大湾区的发展中，广东省提出打造广深港科技创新走廊，把这一片连接起来，香港也正在打造全球科技创新枢纽。整个大湾区正在加速融合发展，打造全球的优质生活圈、科技创新中心。其中大学在此次工业革命中作用很大，香港理工大学在大湾区的科技成果转化、产教融合服务湾区发展中有什么新的战略举措？

唐伟章： 香港理工在过去六年间协助我们的学生建立了超过250个初创企业，这个最开始是从他们一个比赛里挑选出来的。我们给他们一点资助让他们可以起步，现在看来这两百多家初创企业后来在外面能拿到的经费是我们给他们的十倍。这证明这些初创企业不仅走出第一步，走出第二步、第三步都有可能。有一些学生去了"硅谷"，有一些去了珠海，有一些去了深圳、上海。现在我们资助学生走这条路很有经验，我们希望以后在整个大湾区可以一起去做，在广州、在深圳搭建平台帮助一些年轻人走这条路，这也是美国大学过去所走的路，肯定有一部分可以很成功。他们的成功可以带来很多就业机会，高技术企业的产生可以吸引其他人士来这个地方工作，也可以不断培养和吸引其他人才来这个地方，吸引力也是评价一个区域很重要的能力指标。

许长青： 以前听说香港特区政府对科技创新不是很重视，现在不同了，深港科技创新受到高度重视，发展前途可期。

唐伟章： 一个地方的发展，在某个程度上受政府影响。过去有一段时间香港政府是做得不够的。但科研经费在几年前就有显著改善了。

推进大湾区高校实质性合作的建议

许长青： 大湾区建设是要促进粤港澳融合发展，但是实际上还是会遇到比较多的困难。比如人才流动，您认为怎样才能进一步促进湾区内的人才流动？有什么好的建议？

唐伟章： 过去好几年有一些提案，其中一个提案是关于"183天"。作为全国政协委员，过去我的提案是针对教育工作人员，如果我们与内地合作，是否可以跳过183天，避免双重征税。合作期间对税务没有影响，这样就好了。内地说这是香港的问题，香港说这是内地的问题。我们正在推动这个改革，现在有一点准备了，我相信很快就可以解决了。还有另外一个问题，科研仪器过境，就会产生关税的问题，如果这个问题也可以解决，那两边大学的合作也会更加密切。

许长青： 这个问题意思是仪器过境需要交很高的关税是吗？

唐伟章： 是的。现在有一点变动，可以将过去的障碍消去，希望我们大学的合作将来会越来越密切。

许长青：有一些专家建议在大湾区的核心地带，如广州南沙，或深圳落马洲，搞一个合作区，假如搞这个合作区的话，香港理工大学有没有在内地建校区的可能？

唐伟章：香港理工大学暂时在内地还没有校区或分校，但是有很多基地，如北京、杭州、西安、深圳等地。如果暂时有机会的话，我们也会考虑在大湾区建校区扩大规模的。

许长青：另外一个问题就是大学在经济上起到了人才培养作用，对社会起到价值引领作用，那么香港理工大学在大学智库建设上有没有一些新的平台建设？

唐伟章：有的。首先我们与中山大学已经有合作了，与深圳大学也有合作，我们在两个月前已经建了首个生物科技和转化医疗国际合作平台。所以我们与大湾区的好几所大学已经有了合作经验，现在就是考虑怎样在过去的经验上在大学的层面进行深度合作，让它的影响更大。粤港澳高校联盟是中山大学、港中大与澳门大学牵头搭建的，相信会有一些新的作为，我们学校也会尽力，让这些平台发挥更大的作用。

许长青：对于这个联盟怎样做得更好，校长有什么建议吗？

唐伟章：我希望这个联盟可以研究几个重点的领域，每一个大学在这些领域有什么强项可以去发挥，无论是教育方面还是科研方面，尽量去做。也要定一个目标，比如五年之后我们有什么目标，十年之后我们有什么目标。每一个大学都是很有分量的大学，如果我们联合去做可以比我们自己做好一点。另外还有京港大学联盟，内地的大学，比如人才、教育经费、地域等都是有优势的。我们经费也不错，基本的支持是不错的，科研资源支持方面，内地还是要好一些，合作的机会很多。我有一个问题，我听说你们中大在深圳建了一个校区，今后两校合作也更加便利了。

许长青：是的。因为中山大学文理综合性比较强，深圳校区主要发展新工科，如航空航天、医学等，主要是满足深圳新兴产业发展的需求。校长刚刚提到的粤港澳合作要落实到具体的事项和资源，创建一些专业合作指南，这个很好。中山大学今年有可能牵头成立大湾区超算联盟，超算中心设在广州大学城校区，这是粤港澳高等教育合作的一个新领域，希望校长能给予一些更多的指导。

唐伟章：非常乐意！可不可以告诉我深圳校区、珠海校区的进展如何？

许长青：珠海校区已经办了十多年了，包括教学和科研，中法核工程学院、国际金融学院、国际翻译学院、历史学系、中文系等，从本科生到博士生都有，有比较完整的人才培养体系，是一个很成熟的校区了。主要研究领域包括深空、深海项目，现在正在做一个关于全球海洋科考的项目。珠海校区还有一个引力波的项目，即天琴计划，政府投入也很大。深圳校区正在建设中，主要包括新工科、医学等专业。今年已经在广州招生，很快就可以投入运行。深圳校区将打造世界一流校区，也为中山大学打造世界一流大学奠定更加坚实的基础。深圳市政府投入很大，很重视校区建设，占地面积比较大。深圳发展快，需要更多的一流大学支撑。当然也是适应国际化办学理念，培养大湾区人才，培养国际化人才。很多学生跟我反映："从我们中山大学学生交流项目看，国际化项目很多，但就是学校与香港的交流项目较少。"中山大学深圳校区的建成，将为粤港两地高等教育合作提供更多的机会。

唐伟章：中山大学的发展很快，今后还会更好。随着大湾区的发展，粤港澳合作深入展开后，情况会有所改善。

许长青：谢谢！非常感谢校长今天的交流！

4.6　香港城市大学

学校简介：香港城市大学（City University of Hong Kong，CityU，简称"城大"）是一所坐落于香港九龙塘的公立研究型大学，是香港 8 所受大学教育资助委员会（UGC）资助并可颁授学位的高等教育院校之一，获教育部列入国家重点高校名单。城大现以工商管理、法律、工程、资讯、创意媒体、能源及环境作为六大发展重点，以"专业教育提供者"为大学定位。THE2020 排名为 126 位。城大校园总面积共 15.6 公顷；开设 9 个学院 130 多个专业学科和 1 个研究生院。

访谈对象：吕坚副校长。

吕坚，1978 年考入北京大学，经由教育部选拔，于 1979 年获首批国家奖学金公派赴法国贡比涅技术大学攻读本科学位，1986 年获该校博士学位。曾在法国机械工业技术中心（CETIM）任高级研究工程师和实验室负责人，法国特鲁瓦技术大学机械系统工程系主任，法国教育部与法国国家科学中心（CNRS）机械系统与并行工程实验室主任，香港理工大学机械工程系主任，讲座教授，兼任香港理工大学工程学院副院长，香港城市大学科学与工程学院院长。曾任法国、欧盟和中国的多项研究项目的负责人，并与空客、EADS、宝钢、安赛乐米塔尔、AREVA、ALSTOM、EDF、ABB、雷诺、标致等世界五百强公司有合作研究关系或为它们进行科学咨询工作。曾任欧盟第五框架科研计划评审专家、欧盟第六框架科研计划咨询专家，中国国家自然科学基金委海外评审专家，中科院首批海外评审专家，中科院金属所客座首席研究员，上海交通大学、中山大学、中南大学等大学客座教授，中科院知名学者团队成员。2011 年被法国国家技术科学院（NATF）选为院士，是该院近 300 位院士中首位华裔院士。目前，已取得 23 项欧、美、中专利（含 6 项 PCT 拓展专利），在包括本领域顶尖杂志 *Nature*（封面文章），*Science*，*Nature Materials*，*Materials Today*，*Advanced Materials*，*Nature Communications*，*science Advances PRL*，*Acta Materialia*，*JMPS* 等 SCI 杂志上发表论文 360 余篇，SCI 引用 16 000 余次。

访谈地点：香港城市大学行政楼会议室。

参与人员：许长青、古文力、金梦。

访谈时间：2018 年 7 月 9 日。

访谈内容：

香港的教育投入和研究投入还不够

许长青：非常感谢吕校长！我是中山大学许长青，今天下午非常感谢您抽出时间与我们交流,因为我这个课题是中科院的一个院士学部咨询项目,中山大学很重视。访谈从去年(2017)7月开始,到现在一直在做,这是我们访谈的第13所大学,香港应该是第6所大学。

吕　坚：我们香港有8所大学,5所综合性大学。

许长青：是的。8所中我们去了6所。粤港澳大湾区是国家战略,在区域发展战略上,中国北方有雄安新区,南方有粤港澳大湾区,都是千年大计。这段时间讨论得非常热烈,我们课题组也一直在收集资料、意见,最终我们将形成一个咨询报告。其实我们去年访谈了香港中文大学、香港科技大学等多所高校,感觉获益良多。我们的第一个问题是,面对这样一个重大课题,校长能不能给我们提供一些更好的思路或者建议,怎么去做这样一个大的课题?

吕　坚：我的第一个观点是政府要加大对大湾区研发的投入。粤港澳大湾区虽然有不少大学,香港也有不少好大学,但是总体来说大湾区是高等教育资源缺乏地区,跟京津地区或者是长江三角洲比较的话,总体教育资源是缺乏的,理论上来说是很难支撑下一步的发展,所以说,我个人认为,从投入的角度来讲,要加大高等教育经费投入,尤其是香港高等教育经费投入。因为香港8所大学加起来的经费还不够清华大学一所大学的多,更不用说北大、中科院还有其他的学校。比如北京高校,人均经费最多的不是北大,不是清华,而是北航,还有北理工,经费都很多。这是投入,听起来很大,其实是远远不够的。而且在大湾区的研发经费也非常少,仅是超过了国家要求。前两天科技部的领导刚来过,讨论大湾区科技规划,当时提到现在整个大湾区的研发经费支出占GDP比重是2.8%,五年之内要提高到3.5%。对香港来说3.5%基本上就是很困难,因为香港本身才0.7%,香港占大湾区的经济大概有20%~30%,深圳应该占到3.5%了,但是其他地区要是提高到3.5%,还真的是有一定困难的。因为北京是5%多一点,上海那边也很多,所以从总体的研发投入来看,我们就已经很少了,就按人均,每万人培养的大学生数量,大湾区是很少的,落后很多地区,所以再不加大对高等教育投入培养人才,高等教育怎么能支撑产业升级?深圳市研发投入确实是很多的,但深圳是电子行业为主,与电子行业为主的国家相比,比如说韩国,把电子行业单块拿出来,深圳又很少了。虽然华为投入很多,但是把产业划出来,按这个领域分的话,其实总体投入并不多。所以我们首先要把这个困难拿出来,投入多大就要看政府的决心。像香港是0.7%。本届政府结束的时候,下决心要涨到1.5%,这是什么概念,就是每年要多投入250亿,250亿说多也多,说少也少。250亿,香港特区政府要是盖楼的话,盖五栋楼就是250亿。虽然投入了这么多,但这只是基础建设,所以政府现在正在努力找投入方向。现在好多领导都觉得研发已经投入这么多了,怎么还要投入,但是实际上是差很多的,一比就知道了。香港特区政府总是说我们在教育方面的投入是全球最高的,其实是不对的,因为它是跟国家比,但是香港是中国的一个地区,所以就要和地区比,如跟美国加州、麻省这些地区比,按人均和总投入来看它都远远低于后者。这些还不算美国投在学校的经费,我只是说州政府和香港政府的比较。

第二个观点就是如何协同发展。现在的问题就是，比如说人工智能，大家都说人工智能好，如果大湾区内 11 个城市分别投入几十个亿到人工智能，最后就是低水平的重复和浪费。科技部确定了 9 个重要领域，其中一个是海洋，海洋当然不是每个城市都想搞，但比如说广州、深圳、香港等沿海城市都可以做。然后就是先进制造、新材料，各个地方投一百个亿，都是没有协调的，大湾区协调必须有一个统一的规划。现在就分成了几块。香港自己一块，澳门自己一块，深圳市因为财政独立，所以自己一块，然后就是广东省自己管的城市，自己是一块。如何将这四块拼起来成为一个大纲，这是最重要、最大的挑战。还有就是大家都不愿意投入基础研究，而是先把产业弄到自己这里来，这是很奇怪的。和他们一谈，基础研究不愿意投，但是产业愿意投，大家都还是老的概念，拉动 GDP。因此没有把基础研究作为比较重要的领域，但基础研究必须要有突破。我为什么这么说呢，香港这几年出了"独角兽"，就是估值超过十亿美元的。现在小米前两天在香港上市，第一天就跌破底价 5%，给所谓的高科技行业一个重击。这里有两种"独角兽"，一种就是服务行业"独角兽"，如滴滴打车，都是和别人学的，规模大就可以做起来。还有一种真的就是科技型的，这就需要基础研究的支撑。

许长青： 那也就是说首先是政府要加大对科研的投入，是吗？

吕　坚： 首先是大学的投入。习近平主席说要将粤港澳大湾区建成世界一流的创新中心，大学的作用很重要。首先从几个指标来说，每十万人培养的大学生数，粤港澳大湾区远远低于中国其他地区，或者是对标的其他湾区，从基础来讲就少了很多。虽然政府认为自己投入了很多。但是历史上我们欠账很多，大学不是一天就建起来的，需要长期的发展过程。

大学孵化出的"独角兽"企业较少，科研成果产业化能力有待提升

许长青： 第二个问题，其实刚才校长说一流的湾区需要一流的大学支撑。与国际著名湾区相比，粤港澳大湾区的大学整体的发展潜力还是很大的，香港有 5 所大学进入前 100 强，广东有 2 所进入世界顶尖大学行列或潜在世界一流大学行列。但是香港的一流大学在成果产业化这一块还是比较欠缺的，您怎么看待这一问题？

吕　坚： 可以这么说，但也可以从另一个角度来分析，香港没有一所大学在国际著名的四个排名中均进入全球前 100 的，而其他每个湾区都有两到三所在前 50 名甚至前 20 名的大学。因此粤港澳大湾区高等教育竞争力是不够的，缺乏世界顶尖大学。产业化我刚才说了，大湾区这些大学有没有出来"独角兽"。仔细分析一下大学的这些产业是什么，都是房地产。我到一个地方，要建一个分校，给我一千亩地，我就盖楼，请一个房地产商盖楼，把楼租出去，然后说我每年产出来多少。关键是这些学校研发了哪些核心技术，这些核心技术又有几个真正地变成了产业？以前像北大、清华，出了几个大的产业，但现在怎么样了？我说的真正的"独角兽"是什么呢，比如我说的大疆科技，虽然是一个小的领域，但是产业第一，中国其他的大学有几家能培育这样的企业？所以大湾区的科技教育融合发展应该是未来需要突破的。

香港城市大学各项排名靠前,工科、商科、创意媒体是优势学科

许长青: 确实应该说整个大湾区大学的科研能力及高等教育整体竞争力有待进一步提升。现在是打造国际一流湾区,打造国际科技创新中心与教育高地。大学需要从社会边缘走向社会中心。并且不同层次、不同阶段、不同类型的大学,在大湾区的建设中应该扮演不同的角色和发挥不同的作用。在这一方面,香港城市大学的定位、角色和作用主要突出的是哪些?

吕 坚: 我们大学的定位是一流的专业大学。专业大学是我们不仅强调通识教育、博雅教育,更要培养一流的专业技术人才,比如说律师、工程师、科学家等。我们关注具有世界一流的研究水平,让他们有比较好的专业方面的投入,今后也会朝这方面进行发展。首先,我们现在工科比较强。四个排名里香港城市大学有两个排香港第一。我们工科专业比较齐全,除了航空和化工,还有机械、材料、电机、计算机等。我们计算机专业比较强,根据美国 U.S. News 的排名,我们是全港第一。在四个全球排名中,我们工科现在在交大排名是 24 位,是大湾区第一;U.S. News 我们现在是 15 名,也是大湾区第一;然后就是 QS 和 THE,一个是港大第一,一个是港科大第一。但是我们在四个排名里都是前一百名。这个包括你们邻居(华南理工大学)都不知道我们排名这么靠前。我们不是强调"唯排名论",但是基本上能说明我们的位置,工科的实力。其次,我们有比较强的商科。我们的商科排在亚洲第二,香港第二。香港第一是港科大。尽管这样,我还是这样的观点,我们离世界一流还是有一定的距离。可能有一两个学科能排到前面,剩下的都有差距,主要原因是规模太小,体量小。工科排在我们前面的,规模都比我们大很多。今后我们将继续加大工科、商科以及创意媒体(新媒体)的投入,创新教育教学方法,突出学校优势。

许长青: 那么香港城市大学主要是在工科、商科、新媒体等优势学科领域为大湾区提供优秀人才?

吕 坚: 其实我们的法学院也很有特色,它的特色在于和中国内地的合作,我们每年训练几十位中国高级法官,在国际上的影响可能不如其他兄弟学校,但是我们和内地的合作比较有名。

许长青: 香港城市大学校园比较小,学校规模也不是很大,如果说我们做大一点的话国际排名和影响力是不是会上升一点?

吕 坚: 如果我们能控制现在的教学质量的话,就可以。

许长青: 随着大湾区的发展,各个领域都会对人才有大量的需求。人才培养是大学的基本职能之一,在国家战略背景下,香港城市大学有没有在大湾区设置新校区的计划?

吕 坚: 我们在深圳有一个研究院,以研究为主,我们承接各级政府的研究项目,比如说我们今年拿到的深圳市政府的项目数量超过第二名一倍。深圳研究院主要是为大湾区培养高级专门人才,没有本科,只有硕士、博士,还有实验室,从事知识转移,研究主要是为支持大湾区一些新工业的发展。大湾区的高等教育发展也是不均衡的,

有些地区可能人才更加缺乏，比如说惠州这个地方，教育资源更缺乏，五百万人一个大学都没有，只有一个惠州学院。但是它有不少工业，一个是电子，还有一些大公司。我们也希望在大湾区建新校区，但其实还是有很多限制，希望中央政府能给大湾区一些特殊政策，允许地方政府建一些大学。

教学、科研与社会服务的平衡

许长青： 大学的角色一般是人才培养、科学研究与社会服务。这样的三种职能有些时候还是有矛盾的。比如说我要搞科学研究，可能人才培养这一方面会不会有一些削弱，还有社会服务，因为资源是有限的，每个人的时间和精力也是有限的。那么大学，比如香港城市大学，在这些角色的发挥中，是不是会有一些角色的冲突？怎么处理矛盾与冲突？

吕　坚： 个人觉得是没有冲突的。一个大学要培养好的人才首先要科学研究做得好，而且要让学生将科学研究传承下去。一个学校没有大师的话根本做不了大学，那么大师从哪来？大师就得学问好，学问好就要做科研，或者你有自己独立的观点。我认为把一个学校分成教学型大学或研究型大学是不对的。我认为只有好大学和坏大学之分，没有教学型大学和研究型大学之分。现在每个大学，中国的一流大学，都强调教学科研，你要是研究做得不好，培养的学生肯定不好，特别是现在，知识在不断更新的情况之下。不像以前，一本三字经，或者一本书可以念几十年、几百年、几千年。现在每天都在变，如果你连科研都做不好，跟不上世界形势的变化，那么你教的东西肯定有问题。所以我们学校是非常强调科研水平的。教学科研同步发展，然后才能真正地服务社会。

香港城市大学非常重视科技成果转化

许长青： 是的，非常同意您的观点。接下来一个问题是关于高等教育与区域创新、经济增长关系的。历史上大学经历了两次转型，第一次是19世纪德国柏林大学，大学从教学型向研究型转型，在此之前大学主要从事教学，主要是把知识传承下去，柏林大学的改革是标志性的。第二次是20世纪以后，斯坦福大学、麻省理工学院等研究型大学致力于科技成果产业化，将知识转化为现实生产力，像"硅谷"的出现，就是一个典型的案例，大学实现了从创造知识到创造财富的转型。香港也有这方面的案例，比如香港科技大学的大疆的无人机。我想要问的问题是香港城市大学正在或将要采取哪些措施来服务湾区创新，促进科技转化，推动湾区经济的增长？

吕　坚： 对，我给你说几个数据。首先，我们香港城市大学是非常重视知识转移，我刚才说了，我们非常重视科研，你去看QS排名的时候，它有一个就是教员人均产出和引用，我们经常在香港名列前茅的。然后就是如何把这些科研成果与经济增长联系到一起。香港的大学教授做出来的第一个上市公司，就是从香港城市大学出来的。这个技术原来叫千里眼（Tele Eye），就是我们学校的一个教授做出来的。现在大家都讲大疆无人机，我就来介绍一家新的公司，今年（2018）3月刚刚被科技部列为"独角兽",它名叫"奥比中光",5月蚂蚁金服就带了公司投了2亿美元作为它的D轮投资。这家公司CEO就是我们学校的博士毕业生,不光是我们学校的,而且是我课题组的博士后,我们系的博士。这家公司今年是第6年,大疆科技是第11年。大疆科技第4年产值和第5年产值都是这家公司的1/10。这家公司是开发动作捕捉技术产品的。什么叫动作捕捉?就是马云的刷脸硬件都是他们公司做的,就是刷脸技术。另外就是做传感器技术。传感器是三维的,比如说现在的无人驾驶车它怎么知道旁边的这些车都在动还是不动,它就要用到传感器,一个无人车要8~30个传感器。举一个例子,以后你的手机,如华为的P20手机已经有三个镜头了,所以你以后照相都是三维的。大疆科技现在估值是200亿美元,占据了全球市场70%的份额。中国是1万亿人民币的市场,中国大概占全世界的20%~30%。它的技术研发在深圳,深圳市政府5年前投了5 000万,私人投资投了5 000万,就一个亿。这是第一个证明我们香港城市大学培养的人才,是和香港科大一样的,甚至更好。第二个就是我们香港城大无线充电技术。iPhoneX有什么新的东西?其中一个东西就是无线充电。我们已经卖了几百万美元,以后市场每买一个,我们都拿几毛钱或者几块钱。有一家名叫Convenient Power的公司,我们2006年做特许给它,它就把这个11个专利捆绑在一起继续发展,然后它现在就组建一个联盟。这个联盟可能包括苹果、小米、三星等公司。现在这个成了世界上唯一的技术。这样的技术就是我们城大的老师发明的。学校的知识转移处把它卖给这家公司,然后我们跟他们一起发展,然后把它推广到全世界的公司现在都采用这项技术。

许长青: 大学的知识产业化或者叫大学技术转移是需要建立完善的转移机制的,比如专利的利益分配机制。香港城市大学技术转移的利益分配机制是怎么样的?

吕　坚: 我们学校是比较简化的,学校拿30%,然后是教授所在的单位系或者是实验室,因为教授可能是独立从事研究的,那就系和个人各35%,有的教授属于一个实验室,那就是实验室拿35%,个人拿35%。

香港城市大学的三大科创平台

许长青: 这些都是一些成功的案例。香港城市大学有没有一些新的重大国家级平台建设,比如说超算技术或其他的国家重点实验室、国家级技术转移平台?

吕　坚: 有的。第一个我们现在有两个国家重点实验室的伙伴实验室和一个国家工程中心香港分中心,这都属于政府支持的。第二个是我们学校集中支持的三大领域,一是健康一元化(One Health)研究,比如禽流感、疯牛病,这都是人跟兽接触后被传染的,这是我们在这方面要做的东西。我们认为人跟兽是一样的,就是你不能把人兽分开,而且兽更复杂,所以我们主要是关心这个问题。我们已经与美国康奈尔大学开展合作,建立动物医学院或者兽医学院,现在的兽医和生命科学院是专门做这个的。二是智慧城市。三是数字化社会,数字化社会包括了金融科技、区块链等,我们在全球都是一流的。我们学校的信息科技,专业叫图书馆信息科学(Library Information Science),根据上海软科的排名,我们是全球第三、亚洲第一。当代社会与信息科学密切相关，大概包括以下几部分：第一个就是这些技术本身，区块链、金融科技，就是包括付款的这些系统；第二个是创意媒体；第三个是这一大堆数字化的东西对社会的影响，如对心理、对社会的影响，这些都包含在数字化社会里面。这三个平台是我们学校的跨学科平台。最后我想说的是专利，我们学校是全球获得美国专利的前一百所学校之一，也是香港获美国专利最多的学校。2016年、2017年我们都是第一，加上中国内地，我们是第二名，清华大学第一。我们去年（2017）就超过港科大，比港科大多出更多的专利。所以我今天带着我们的行政人员过来与大家一起交流，是因为他现在就管我们的宣传工作，也可以宣传一下我们城大的成果。我们很多东西，不光国际上不知道，连我们很多邻居，甚至连我们学校的教授自己都不知道。

许长青：校长还是比较看重学校排名的，您所引用的数据都有这方面的。香港的高校有没有参与教育部的学科评估？香港高校是如何实施评估的？

吕　坚：没有参加，香港有自己的评估系统。香港每六年评估一次，八个学校一起评估，上次是2014年，六年一次，下一次是2020年。只是评估研究，不评估教学，因为教学是各个大学自主决定的。

香港城市大学的智库建设

许长青：刚刚我们确实了解了很多关于城大的事迹成果，获益良多。香港城市大学工科很厉害，那么在文科、人文社科领域怎么样呢？因为大学还有文化传承、引领社会发展的职能，比如说斯坦福大学，它有一些软实力，拥有胡佛研究所，哈佛大学有费正清东亚研究中心，哥伦比亚大学有东亚研究所，都具有全球影响力。那么，香港城市大学有没有一些部门在打造有全球影响力的社会智库？

吕　坚：我们学校也正在建造，因为我们学校做的政治科学（Political Science），就是帮助培养政府官员的，怎么制定政策，就是做智库，公共政策研究在我们学校一直都是很强的，也有一些相关的研究中心，我们学校同样有东亚研究中心，还有东南亚研究中心等。我们学校文科的研究中心很多，非常重视文科的。刚才我说了，我们与内地相关机构建立了中国高级法官培训班，培养了很多高级法官。

许长青：您说是香港的法官还是中国内地的高级法官？

吕　坚：中国内地的。每年都有法官学院或者法官学院校长，高级法官学院校长过来交流。英国最高法院的副主席最近刚来这里交流，香港律政司司长袁国强也是我校校友。我们学校非常重视与内地高校的合作，我们的特色也是跟内地的合作。还有一些特殊的法律，比如说知识产权法、商务法这些特殊领域，又跟我们学校的高科技是连在一块的。现在刑事诉讼，金额大的都是涉及高科技的案例，所以我们在这方面是比较强的，加大这方面的研究力度，也是为了更好地服务社会。

许长青：就这一块，贵校可以和广州的一些法院加强更多的合作。国家知识产权法院有三家，分别在北京、上海、广州；最近又成立一个国家互联网法院，杭州市第一家，然后是北京、上海、广州。这一领域可能有很多合作的空间。

吕　坚：对，欢迎他们与我们交流。我每次有空也去给他们上一些课，就讲知识产权和创新,他们也挺高兴。

大湾区内要素流动的障碍

许长青: 粤港澳大湾区包括香港、澳门和广东9个城市,是一个国家、两种制度、三个关税区,其实它在全球的四大湾区里面,是最复杂的一个区。要建好大湾区,这里面关键的是要有更多的要素流动,包括人才流动、资金流动、信息流动、物流等。这里我想关注一下人才流动问题。我想问一下校长,在实际的学术交流中,香港这边的大学人才流动到大湾区其他城市,或者其他大湾区内大学的人才流动到香港城市大学,或者香港其他的大学,这里面还存在哪些障碍?

吕 坚: 这个问题,现在从硬件来讲,已经没有多大障碍了,因为高铁开通后40分钟到广州,15分钟就到深圳,所以这个没问题的。然后港珠澳大桥,把珠海、澳门、香港又连在一块了,也很快。然后这边深圳东边马上要开一个新的关口,是去惠州那边的,可以又加快半小时到一个小时。关口就在深圳,深圳的区域是长条的,以前都在这儿,然后你得穿过深圳才能过去,现在从香港这边直接过去深圳大鹏区,再过去就是惠州。以后有一条快线30分钟直接就到惠州,所以就说从硬件来讲是没有问题了。第二个问题就是人员流动,人员流动我们已经跟特区政府建议了,香港人流动到内地都没有问题,我们想去多少次都可以,但现在有一个障碍就来了,内地人一个礼拜只能过来一次,我们就跟特区政府说你这政策有点问题,阻碍了高科技人员的交流,所以我相信在不久的将来会有一个政策,为高科技人才签发一个证,可以像商务人士一样自由进出。

许长青: 流动的问题,这可能是比较看得见的东西,在社会阶层的流动中,还存在一些隐形的障碍,比如文化价值观念,在社会福利政策、购房、医疗、教育等方面有没有一些比较突出的问题?

吕 坚: 教育问题,比如说小孩读书我觉得两边都没有问题了。但是大学有问题吗?我刚才说了大学还是太少,但是上到小学中学的话,香港没有问题,香港因为学龄儿童减少,所以好多中学小学都要关门。还是希望人来,从这个资源角度来看,是没有问题的。现在每天都有很多深圳的小孩跑过来上学,所以教育这方面中小学是没有问题的,大学我刚才已经讨论过了,所以我想也不用再重复。其他包括价值观念、住房、医疗等方面也存在一些障碍,还需要不断加强沟通与完善。

对粤港澳高校联盟的建议

许长青: 最后一个问题是关于高校联盟的,打造粤港澳高校联盟,提升大湾区高等教育整体竞争力,在这一方面您有什么好的政策建议?

吕 坚: 我比较直接地讲,粤港澳高校联盟是一个很好的平台,我的建议是少开会多做实事就很好,因为我们经常开一大堆联盟会议,庆祝一下,领导照相,然后就没有跟进。所以我们学校基本上跟20多所大学都有联合培养模式,举一个例子,跟中科大高等研究中心在苏州的一个项目我们已经培养了三百多博士生,还有一百个硕士研究生。我们跟华南理工也有合作,在大湾区里跟华南理工有协议,与中山大学本来有协议,后来中断了,希望加强更多的交流与联系。在联合培养方面,我们与中国 C9(九校联盟,C9 League)除北大、清华外的高校都有联合培养博士,北大、清华为什么没有?主要是因为我们现在还没有说服足够多的城大学生到北大、清华去,他们要求双向。大湾区建设背景下,我们城大还有一定的培养博士生的余量,可以加大这方面实质性的合作。

许长青: 也就是说,港城大的研究生教育规模还可以进一步扩大以满足大湾区的人才需求?

吕　坚: 对,可以扩大规模。大湾区内的政府部门可以按照香港政府给香港这些大学同样经费进行定向培养。就是说政府出钱,或者你帮学生出奖学金就行了。其实这个也是很划算的,比建一所大学、建研究生院便宜很多。培养的人才在大湾区内流动、就业,这对大湾区是很好的一件事。现在深圳市的政策非常好,所以好多人都直接到深圳去工作。像我们学校的毕业生,很多都按照深圳市孔雀计划 C 类进行引进的,深圳市政府一次性给 160 万元的补贴,然后如果你要去宝安区工作,宝安区再给你双倍的补贴,就是 320 万元。你想这是什么概念?只要地方政府接收的政策好,都会自动流到那边去。既然中央政府给不了大湾区这些高校那么多博士生名额,而我们这边又有余量,因此,大湾区有很多有需求的地方就可以把资源放到香港这边来,做定向培养,我们现在跟北京市就有博士后培养,出站后回北京市服务。

许长青: 好的,非常感谢吕副校长!

第 5 章
澳门高校访谈录

中国科学院院士咨询课题"高等教育、区域创新与经济增长:粤港澳大湾区建设中大学的角色与作用研究"课题组在 2017 年 12 月 18 日至 2018 年 6 月 14 日期间先后访问了澳门大学、澳门理工学院、澳门科技大学等 3 所澳门高校,访谈了 3 位时任校长。

5.1 澳门大学

学校简介:澳门大学(Universidade de Macau/University of Macau)是澳门第一所现代大学,也是澳门唯一的公立综合性大学,为"一带一路"国际科学组织联盟创始成员、粤港澳高校联盟创始成员。该校前身为由香港和澳门的知名人士资助开办、于 1981 年 3 月 28 日成立的私立东亚大学。2009 年 12 月 20 日,澳门大学新校区在横琴岛开工建设。2013 年 11 月 5 日,投资逾百亿的澳门大学新校区正式启用。据 2019 年 9 月学校官网显示,澳门大学横琴新校区面积约 1 平方千米;设有 5 个学院、12 个书院,约 130 多个学位课程;现有学生 10 414 人,其中本科生 7 141 人,研究生 3 273 人。澳门大学致力培养具有多元和创新思维的人才,包括中葡双语人才,中国历史文化人才,数据科学人才,创新创业人才,物理、化学及生物科学人才,以及具全球视野的人才。此外,澳门大学还着重高端人才的培养,已全面推出"澳大濠江人才计划",以促进研究生教育的可持续发展和国际间的学术合作。

访谈对象:赵伟校长。

赵伟,1953 年出生于陕西西安,美籍华人学者,澳门大学第八任校长。1977 年毕业于陕西师范大学物理系,并分别于 1983 和 1986 年在美国马萨诸塞大学获得计算机与信息科学的硕士和博士学位。也获有葡萄牙阿威罗大学、葡萄牙里斯本理工大学、新里斯本大学、米尼奥大学等 12 所知名大学颁授荣誉博士学位。曾执教于陕西师范大学、阿默斯特大学、澳大利亚阿德莱德大学和美国德克萨斯农工大学。曾担任美国伦斯勒理工学院理学院院长、美国国家科学基金会电脑与网路系统分部主任及美国德克萨斯农工大学主管科研工作的资深协理副校长。2008 年 11 月至 2018 年 1 月任澳门大学校长。

访谈地点： 澳门大学横琴校区行政楼会议室。
参与人员： 许长青、范昕、章冲、金梦、牛可佳。
访谈时间： 2017 年 12 月 28 日。

访谈内容：

<h3 style="text-align:center">介绍澳门大学新校园</h3>

许长青： 感谢赵校长百忙之中接受我们的访谈邀请！

赵　伟： 好的。我们先来看一个关于澳门大学的宣传片（访谈中与赵校长一起观看视频）……看完以后，我们会发现澳门大学的发展与祖国内地的发展息息相关并得到了国家的大力支持。2009 年全国人大通过了一个法案，把位于横琴的一片土地用于澳门大学横琴新校园建设，而且建成以后由澳门政府实施管辖，2009 年 12 月 20 日，时任国家主席胡锦涛前来奠基，并且题词"爱国爱澳，博学笃行"。昨天我与我的一些同事在讲，我们澳门大学有一些东西是全世界独一无二的，我们是把胡锦涛主席题词"爱国爱澳，博学笃行"写进校歌的，同时胡主席也提出要把澳门大学建设成世界一流大学的目标，所以由国家主席奠基、国家主席题词、国家主席定位的大学大概在祖国内地也不多。新校区和老校区相比，你可以看出来，老校区就只相当于我们现在的足球场那么大，可见我们的老校区是那么的小。我们新校区刚才你们也看到了，是一个风景优美、庄严朴素且拥有多元文化的大学校园。

许长青： 这个新校区的面积是原来老校区的二十倍，是吧？

赵　伟： 对，二十倍。我们老校园是 0.05 平方公里。随着澳门大学的不断进步，我们也不断受到中央领导同志的关怀和支持，包括广东省领导，省委书记汪洋离开广东去了中央，十八大以后有一次他回到广东，有那么两三个礼拜的时间，利用这个空隙专门还接见了我们。我们的新校区落成的时候汪洋作为副总理亲自来到澳门大学。刘延东副总理在中南海接见我们。习近平主席三年前访问澳门大学。十九大以前中央电视台有个系列片叫"不忘初心"，就出现了澳门大学的镜头，当时我们就觉得自豪，习近平主席访问视察的地方多着呢，怎么就这么凸显澳门大学。据我们从搜集到的资料进行研究，习近平主席在公开场合谈到文化自信首先是在澳门大学，就是在这个地方举行的座谈会上。座谈会其实是谈中华文化和民族自信，这不是演习，而是真正地与书院的学生进行交谈。习近平主席与学生直接对话，视频中你们也看到学生举手发言，十分踊跃。有了这么大的支持，我们澳门大学一直在探索要打造成一个什么样的大学。你们也常常听到有的大学称要成为斯坦福、要成为哈佛，其实美国人都不这样想，美国人认为一所大学应该独一无二，不可以是复制品。澳门大学应该是扎根中国澳门的独一无二的高水平大学。

许长青： 对，澳门大学就是要成为自己的大学。那么在大湾区建设背景下，大学如何服务湾区发展？

赵　伟：我们澳门大学一直在想能不能走出一条自己的道路来，和别人的不一样。下面我所讲的是我们自己的一些思路，不见得对，但是至少我们在尝试。首先，办大学就是要为本世纪培养年轻人，这是我们第一个中短期的目标，不讲三百年以后，至少我们现在就要做这个事情。在座的各位同学（指课题组参与访谈的学生），可能都是00后吧？至少也应该都是99、98后吧。这样的话，我就是你们爷爷奶奶辈的人了。你们一跟爷爷奶奶说话，他们就会说你们身在福中不知福，我们小时候没有吃的，没有喝的，没有手机，电也都没有，自来水没有，洗澡水也没有，你们现在福气非常好。一般公众，特别是我们这些上了年纪的就会有这种理念。讲这个的目的就是说我们所培养的人才应该懂得历史，立足现实，着眼未来。我们谈到这个大湾区，大湾区里边就有香港、澳门。纵观香港、澳门的年轻人，究竟有没有问题？问题的根源究竟在哪里？我们今天在媒体见到的以及他们亲身经历过的都是21世纪发生过的事情，这些事情包括经济危机、恐怖袭击、颜色革命、雾霾、污染、通货膨胀、房价飞涨，再到数字经济、互联网经济等。互联网这东西听起来都好像是很利好的消息，其实对于年轻人来说，这个互联网经济是非常残酷的，它是赢者通吃。如内地我们所看到的共享单车，这你就看得很清楚，好多事情都不再是一两个年轻人拍拍脑袋就可以决定的。改革开放刚开始的时候，你们大概也看过电视剧，我们这些知青回到城里卖个大锅烙煎饼就可以发家致富了，但这个时代好像已经过去了。社会现实有正面的一面，但是负面的一面我们不能遮掩，否则我们在对年轻人实施教育的时候就会不对症。这个现实倒逼我们的高等教育应该要做什么呢？这是需要我们去仔细思考的。包括我们中山大学在内，顺便说一下，我也是中山大学四分之一的校友了，我1981年曾经在中山大学学过两个学期的英文，然后我就出国留学了。

学生培养：通识教育、专业教育、社群教育

许长青：是的，中山大学有教育部出国人员培训基地。

赵　伟：对，当时叫广州英文培训中心，与UCLA（加州大学洛杉矶分校）联合办的。在过去的三十年中，中国高等教育不断扩张，建新校园、进大学排名、推广全人教育、努力创新创业，甚至MOOC教学，用基于AI技术的机器人来代替教授上课。实话实说我之所以把这些列出来，就是想问问这些东西好不好？我觉得都挺好，也满足了社会的需求等。但是办大学不是我们坐到这说我们要培养就怎么培养，学生毕竟是我们的用户。他来自于一个什么样的环境？他的内心深处有怎么样的焦虑不安？你要把它搞明白。我们不能让老百姓高期望高失望，大学迷失，年轻人焦虑。如果教育再有其他因素干预的话，就不免会产生各式各样的社会问题。但这个世界上好像从来就会这样，我想这也是他们的爷爷奶奶从来就给他们讲的。日子总归是难过的，钱再多也有难处，钱多有钱多的难处，钱少有钱少的难处，没饭吃有没饭吃的难处，有饭吃了还有困难。著名的物理学家霍金曾说过："无论生活看似多么艰难，总有你能成功胜任的事情。"这句话很有哲理，特别是它后半句话，他说"总有你能成功胜任的事情"。我的解读是，你不见得在所有方面都能成功，但你在某些方面是可以成功的，而

且他实际上是在鼓励年轻人要去做自己能成功的事情。因为在这样一个复杂、多变、高压的社会环境下，其实你只有做你能够胜任的事情才有可能在社会立足，否则就会灰头土脸更加狼狈。

这样问题就来了，我们的学生知不知道自己能够胜任什么样的事情？我们应该如何来解决这个问题？因为我们的传统教育常常是知识灌输式的教育，学公共行政管理我就给你讲一大堆东西，学计算机的也给你讲一大堆东西。澳门大学经过反思之后，在某种程度上来说，我们就毅然决然地"降低"了我们的培养目标。按理来说培养学生就是培养学生成才，我在国内一些场合也说过。但问题是谁不是人才？你能给我说明白谁不是人才吗？我就说广州开出租车的人，他乐于开车，他喜欢开车，他车开得好，他家里人也高兴，乘客也高兴，你说他不是人才？首先学生要了解自己，具体来说就是如同霍金所说的，了解自己。大学教育要让学生了解两个问题。一是这个学生将来想做什么，也就是他的抱负是什么；二是他能做什么。抱负归抱负，若说将来要成为马云，就是马云也是折腾了几十年以后才成为今天的马云，当年的马云也是狼狈不堪的。大学生一出校门，第一份工作要做什么才能在社会上立得住脚？那就跟你的能力有关，跟你的个人才干和外部资源有关，所以我想我们的大学是不是首先要帮助学生认识这两个问题？这两个问题解决好了，学生就可以良性地与社会互动，从而他也高兴，别人也高兴，社会也可以和谐地向前发展。这个道理不用多讲，因为从哲理上看，"人贵有自知之明"，是大家都知道的道理。但有时候我们不管学生知不知道，也不管我们自己知不知道，就硬把学生按一个模式去培养，让学生丝毫没有个性化，这反倒可能使学生压力更大。如果我们有这样一个铺垫或思想之后，我们就要打造一个新的教育模式，是比较独特的教育模式。

在座的各位，包括两位同学，都是上过大学或者正在上大学的，上大学首先来说要有个专业，比如行政管理，这就要有专业教育。但这还不够，还需要通识教育。过去我们叫公共课，也就是说你光有专业知识不行，还要有一些比较宽泛的通用知识。你学行政管理，也需要懂点历史，懂点哲学，懂点法律等，甚至是懂点科技。这两大领域的课程需要在课堂内完成。澳门大学的本科教育，一般来说专业教育有60多个学分，通识教育也有60多个学分，总共是130多个学分，然后才可以获得学士学位。课堂外我们也组织过很多活动，叫本科生科研实习，我想我们今天来的两个同学参与调研就属于这一块的内容。我们把另一块叫社群教育，也就是社会教育与群众教育，说白了就是让同学自己教育自己，就是通过一系列的课外活动，组织课外活动来达到这个目的。为了培养合格的人才，我们澳大所定义的大学教育不再仅仅是前面两块，而是四块。作为一个有机的整体，我们培养学生不但要看课堂内，还要看课堂外。具体的实施方案可能与其他大学不一样。有的校长会说澳大这四个东西我们都有。每个大学都有四块，但是澳门大学可能是全世界唯一一所大学要求四个方面全部达标才可以获得学士学位的学校，也就说，你在课堂上学习专业教育和通识课程全部得A，但你拒绝参加任何学生活动，对不起，方帽子戴不了。

许长青： 那这个社群教育也有学分的吗？

赵　伟：我们没有学分，但是我们有一个考核标准，因为你有学分的话，学生就会简单地追求一个学分。说实话，科研和实习，很多学校或多或少都会有，基本上都是成熟的，只是我们做了更加强制性的规定。但是澳大社群教育是新的。那这就需要资源，我们给社群教育配备了专门的人力资源，我们也要求全校所有老师每个星期要平均贡献一个小时在社群教育上，直白地告诉老师过去一周工作四十个小时，你要做科研、写论文、教书、出去开会，但是现在我要求你把这些工作压缩到39小时，腾出一个小时来参与到学生的课外活动中去。我们给老师的规定也很有弹性，我们是以三年为一个考核阶段，就是一年50个小时，三年150个小时，教师升级、晋升评核的时候，他每三年就要交这么一张表出来，说我这150个小时干了些什么。比如他可以说我跟学生吃了70顿午饭，OK；找学生聊聊数学，也可以；他可以说我辅导学生辩论队，也行；我带学生去中山大学考察，那是很好的了，OK。反正基本工作量150小时到了，效果有了，我就放行。

许长青：这社群教育算工作量吧？

赵　伟：是的，算工作量。是硬规定，必要条件，如果你达不到这个要求，好了，教授也评不到了。但我是给他们三年做一个时间单位，有些老师要做科学实验，正在搞个突破，两年半把自己关起来，关在实验室里，没黑没白的，不吃不喝地干，这个我们鼓励，我们支持，但你总要有半年时间放出来，来做这个事情。在时间安排上，我们在星期三全校停课，当天不安排专业教育和通识教育课，那整个教室和老师都腾出来了，这样可以搞一些活动。由于现在年轻人不像我们，在我们那个时候，一个礼拜要工作六天，现在他们礼拜六、礼拜天都有自己的安排，所以我们的时间还得给他们腾出来。

澳门是一个资本主义高度发达地区。在学术体系上，按理来说我们应该突出商科。但是我们认为一个大学，特别是在澳门这个环境里，我们更要重视基础，所以我们果断地提出中、英、葡、数学、物理、生物、历史是我们的基础学科，学校资源要相对倾斜。也就是说师生比等各方面比较宽松，使这些学科能够快速成长，迅速地进入一流。比如我们的中文，中文系就已经做得不错；我们的葡文系应该是除葡萄牙和巴西之外最好的葡文系；历史系现在也非常不错。另外，我们鼓励跨学科，如果你参观澳大校园，你看不到有工学院、理学院。过去澳大地方小没有，现在澳大这么大，还是没有工学院、理学院。这是为什么呢？我们就是希望把理工打通，所以我们把理工结合起来办了个学院，叫科技学院，包括数学、物理、计算机、电子工程。我们还办了个健康科学学院，我们更侧重于人的健康，以这个为中心来做。同时我们在这两大领域还各配有一个国家重点实验室，即微电子国家重点实验室和中药国家重点实验室。

澳门大学校园设计理念：多元文化、和谐共荣

赵　伟：在校园设计方面，刚才你们看到了，这个校园非常独特、非常优美。学校是华南理工大学何镜堂院士设计的。何院士设计过150个校园，我们当时给他说我们需要的不是第151，我们需要一个不一样的。现在我给大家介绍一下校园不一样的

地方在哪里。当你进入校园，你会感到非常地舒服。校园本身是多元文化的，我们要感谢何镜堂院士，他用了大量的建筑手法，特别是用了大量的连廊，把不同文化的楼宇连接起来，使得你既感觉舒服和谐，又体现文化多元。这样学生在这里所得到的熏陶就是多元文化可以和谐共荣，而不是排斥。我们的楼有一个特点，我们都没有台阶。这是我们的图书馆（访谈中展示图片），你不觉得这图书馆有点怪吗？这个地方也没有大台阶。为什么呢？其深层次的意蕴在于，我们希望我们的同学不要简单地对贵族、对权威顶礼膜拜，我们希望我们的同学以一个平常人的心态来攻读先辈的文献，要批判地继承。我们主张去贵族化，常常越是有钱人家的台阶越高大，为什么台阶要高大呢？其实就是让来访的客人对家里的贵族表示崇敬。当然也有防洪作用。你看故宫垫的那么高，你看在清宫戏里面，大臣大早上起来，一路小跑，气喘吁吁地跑上那个大殿，他跑过了大殿两腿都发酸了，见了皇帝就跪下，跪着舒服。我们希望我们的学生，我们21世纪的学生，不要再有这种心理。还有学校设计强调学术至上，你们可以看到这两栋楼，你们知道你们现在坐在哪栋楼里边吗？校长办公室是右边这栋楼。左边有屋顶的是我们的科技学院。很显然，科技学院要比行政办公楼宏大，不是说我们没有钱，这点钱我们是有的，但我们有意无意地希望有一个反差，来突显其中的差异。我们所有的学术楼都是有屋顶的，但行政楼没有屋顶，这也是有意做了个区别。也许行政楼应该更大，底下铺上很大的台阶，我想您在其他地方都见到过，但我们没有这样设计。

许长青： 是的，确实有特色。

澳门大学的书院制

赵　伟： 学校设计非常强调健康环保，所以我可以这么说，在澳大当学生很幸福。我们这儿，从宿舍到教室，最远步行距离20分钟。所以在我们校园不会有大巴在校园里穿梭，学生上学靠步行，即使起床较晚，赶时间，一路小跑，也不会迟到。

最后给你们讲一下我们的书院制度。这个就是我们社群教育的载体。每一个澳大的学生归属两个院：他在学术上归属学院，也就是说课堂内教育部分和研习部分归学院管理。它有学分要求，哪些必修、哪些选修等，这个与其他大学都一样。社群教育部分归书院来做，书院参考海外一些最好的大学，如哈佛、牛津而设立。几百个学生生活在一起，以体验式的方法来培养学生认识自我。首先，这个书院要求学生要混合，就是说，它不是按专业分，而是随机把学生分配到十个书院。在书院，学法律的同学可以见到学工程的；学工程的可以见到学文学的。

许长青： 那学生报考澳门大学的时候，是否与剑桥大学一样必须选择书院？

赵　伟： 现在我们还没有，只是先报考，然后我们分配书院给他，仿照耶鲁大学的模式。因为人以群分，物以类聚，你一旦允许他报考的话，他就有个倾向性。比如说，内地学生喜欢跟内地学生在一起，理科学生喜欢跟理科学生在一起，女学生喜欢跟女学生在一起。我们现在是要通过书院来解决学生认识自己的问题。解决学生认识自己不是成天坐在那里闭门休养。需要与别人互动。比如说，学理工的，要和学法律的同学交流，然后就会发现学法律的同学能说，我说的不如人家好，是吧？学法律的与学理工的交流，他就明白了我说得比你好，但是我动手能力没有你强。通过这种方式和别人进行互动，才能认识自己。我们给书院配有经费，以体育运动为例，学校有校队，书院也有这种体育运动等。同时学生也可以通过申请经费来举办各种活动，比如暑假他们可以出去考察一下广东东北部的农村生活，周末去外面做一些慈善工作等。在做这些活动的时候，我们要求学生通过活动来认识自己。我们组织这种活动，一般也有考核指标的要求，但主要通过学生各种自发的行为要求。在活动前他要写计划，说明举办活动的原因和目的。活动结束后，他还得写报告给院长，说明效果如何。反反复复通过这样的活动来达到培养的目标。书院有各种各样的活动，如体育、艺术表演等。澳大现在是除了医学院之外，其他学科基本齐全，是一所综合性大学，每个学院和书院紧密结合，共同完成育人任务。

澳门大学的优秀师资

许长青： 健康学院它没有医学类的一些专业？

赵　伟： 我们的健康学院目标很清楚，是研究疾病诊治，我们不是培养诊治的医生，我们侧重研究几种澳门地区多发的常见病，包括癌症、病毒传染、老年痴呆等疾病。我们就针对这几种病来做科研。某种程度上讲，这是医学院的一个研究部而不是医学院的教学部。我们现在的中文系也很不错，有一些来自内地的著名教授。历史系也有一批很不错的教授，都是内地请来的，都是内地知名的历史学家。我们的中药研究是做得很好的，比如我们现在的中药研究室主任曾经是屠呦呦的学生，他跟屠呦呦念硕士，毕业以后又做了屠呦呦的教研室主任，有这么一段高水平研究的经历。我们感到比较骄傲的是，我们有一个芯片实验室，每年在一个世界上最好的芯片会议上展示成果并发表高水平论文。从这个会议上来看，澳大在2017年在这一领域已经超过港科大。我们的大数据、物联网也开展得不错。

在教学上，我们实施四位一体教学。通过四位一体的教学，学生的整体素质都提高了。澳大学生现在找工作比较快，就业比较好。我们的学生是每年6月毕业，一般到11月，五个月以后，百分之百的同学都就业了。如果我们苛刻一点，就看他在毕业的时候有没有工作。在没有实施四位一体教学的时候，只有40%的毕业生能即时就业，也就是说60%的学生要花四五个月才能慢慢找到工作。有了四位一体的教学模式，到2015年我们就看到，66%的同学毕业后就马上有工作了，这是一个很大的进步，说明社会对我们的接受程度更快更好。

各位可能会问你搞了这么多东西，会不会影响你们的科研？答案是没有。你们看我们从2008年启动改革。当时2008年只有100多篇SCI论文，到今年已有1 400篇。这个变化一般是要经历一个过程的：浸会大学花了二十年，而澳门大学只用了大概七年时间，就从100篇走到了1 000篇。港科大从1993年开学时也只有一百篇左右论文，到2004年是1 000篇左右，它花了十年。所以总体来说，我们进步的速度远远超过了很多大学，科研没有被牺牲。总体来说，我们正在探索一个新的教育模式，目的是培养学生认识自我。香港、澳门的年轻人喜欢自由，我们认为这是对的，但是我会直接告诉他们，你要自由首先要自知，有了自知才能自强、才能自信，方能自由。

许长青： 非常感谢校长的介绍，让我们有机会深入学习、了解澳门大学。

赵　伟： 我们也是在学习，在尝试一种新的模式。

大学的角色：人才培养、文化传承、地区名片

许长青： 我们刚才听了您的报告，发现澳门大学的教学定位非常清晰，而且取得了很好的成果，您也是澳门大学面向全球招聘的第一位校长，为澳门大学做出了很大的贡献。我们这次访谈的主题是"高等教育与区域创新经济增长"，关注的问题是大学在湾区建设中的角色与作用。我们的问题是，校长对我们这个课题的研究有哪些见解或思路？

赵　伟： "大学在某一个地区建设发展中的角色和作用"这个选题非常好。我们从历史长河来看，大学的职能究竟是什么？首先我们要培养人，这是大学的本分，这是无可置疑的。但如果我们只培养一般的建设者，那我觉得大专就可以了。如果我们只需要高级技工，那就不需要大学了。特别是我刚才讲的，什么科研、书院，这些都不需要。这个地方需要一个维修电脑的，就把你培养成一个维修电脑的；那个地方需要一个管理校园的，就给你培养一个管理校园的。所以说，如果只需要培养技术工人的话，其实大学根本就不需要，至少好大学根本就不需要。我跟你们中山大学罗校长很熟，他长期从事引力波领域的研究。那如果问，他这个引力波研究与大湾区建设有什么关系，起什么作用？我想罗校长的研究肯定没有错。这说明，如果我们对大学培养人才的职能只停留在技术工人的训练上的话，引力波大概不需要搞。培养护士可能更实际一点。所以大学不仅培养人才，而且要培养高层次专业人才。一个好大学不仅对学生个人发展有利，而且对城市、对地区发展有利。我认为大学是一个地区的名片。事实上，你一想到硅谷，马上就会想到斯坦福、加州大学伯克利分校。因为这些大学都是硅谷的名片。所以大学作为一种智库，日积月累，就是一个地区的名片。举一个例子，我们女士戴的戒指和项链，可能是没有用的。你说你这个项链有什么用啊？真要是打起仗来或救急的话，我拿条项链给你，你放我一条命，这个是小概率事件。但在社会上戴上这个项链确实能够显示某些佩带者的地位，当然这个例子不一定恰当，但具有相似的东西。一个地区大学的好坏是直接衡量这个地区地位高低的标志之一。改革开放之前，我们的国力很弱，我们的大学就也很弱，不是说我们的老师不努力，是我们整个国家的国力弱。那现在不一样了，我们的北大清华，我们的一大批"985"高校，现在的"双一流"高校，从各种指标来看，一直朝前跑，国际排名不断攀升，全世界都刮目相看。因此我说大学就是一个品牌，就是地区发达的标志。大学还有一个职能，我觉得大家平常不太谈的，它就是大学是文化传承的载体。中山大学是孙中山先生创办的，但国民党政府被推翻了，中山大学今天还在。两百年、三百年以后，我想中山大学还在。所以大学几乎是这个社会的不动点，蕴含了丰富的社会文化。从这三个视角来看，大学的职能就不是简单的来培养技术工人，要培养技工太容易了。

社会上的人经常觉得你们大学老师太舒服了，一个礼拜上几天课，还有寒暑假，工资还高，简直想不通啊！凭什么？对不起，因为我们就有这么厚重的责任，我们要积累文化、传承文化、创造文化。所以我觉得要从大格局来看，在发展粤港澳大湾区的时候，要从这三个职能同时去审视大学，凸显大学的职能。对课题研究的意义来说，就是我们要从大格局、大视野来审视大学的角色与职能。

许长青：非常同意您的这个观点！中山大学罗俊校长也有相同的观点。如果我们中山大学培养的学生是操作工人的话，那我们这个大学根本就没必要，就只要搞一些训练基本技能的场所就可以了。大学有它一套独特的作用！

赵　伟：大学应该是地区一个品牌，应该是培养人才的基地，同时是文化传承的基地。那么把这三个合起来，大学是什么？大学是出思想的地方，大学是出原创性思想的地方。如果我们大湾区的若干所大学把这个搞好了，那么大学对大湾区建设的作用就有了。

澳门大学的独特角色：葡语教育

许长青：非常感谢校长精彩的观点。粤港澳大湾区这样一种设想早在2005年就提出来了，到现在应该有十多年了，但真正上升为国家战略则是近年的事。大湾区上升为国家战略后，对于包括广州、深圳、珠海、澳门、香港等地在内的高校来说确实面临一个难得的历史机遇。请问一下，澳门大学在粤港澳大湾区的建设中可能扮演一个什么样独特的角色和有什么作用？

赵　伟：我觉得我们澳门大学首先是服务于澳门。那么我们在参与这个大湾区的建设中，也是从服务于澳门这个角色出发来和其他兄弟院校联合、协作。同时也利用澳门的一些优势来协作，比如说我们的葡语教育，这个是我们的独特优势。我们的一些优势学科是可以和其他大学的一些学科互补的，所以这方面我觉得澳大应该努力做好。现在的大湾区是一个一区两制的地方，这是一个极大的挑战，所以我觉得学术界可能需要首先探索怎么充分利用这个一区两制的优势，克服两种不同制度之间的壁垒。否则，尽管大家有很好的愿望，但实际效益可能会有问题。

大湾区融合发展的阻碍与建议

许长青：对的。粤港澳大湾区既有巨大的机遇又面临巨大的挑战，融合发展还需要克服一些困难。

赵　伟：我觉得澳大新校园的项目对大湾区建设本身就应该是一个启发。因为澳大的项目本身说明"一国两制"是活的不是死的。也就是说，很多东西在不影响"一国两制"的原则下，其实有很大的操作空间。如果大家说坚持澳门就是澳门，内地就是内地，那么我们今天所看到的澳大这一切就肯定都不存在了。所以在利用"一国两制"的优势方面，其实澳大已经先行先试，而且已经成功，所以我觉得这方面应该做更多的探讨。

许长青：对的。其实澳门大学是利用"一国两制"原则的一个很好典范，在以后可能还起一些复制性作用。

赵　伟：是的。有一些想法我认为是非常陈旧而且不合时宜的。我就给你们讲具体的吧。美国计算机协会今年可以在澳门设立分会，这是合法的，我现在就是美国计算机协会会员，我们经常参会。但是中国计算机协会就好像就不可以在澳门成立个分会，而且不光是计算机协会，我相信绝大部分内地协会都不可以，也包括你们的公共管理学科等。我们也不知道是什么原因，美国来可以，中国内地来不可以？澳门很欢迎中国计算机协会啊。当我们谈大湾区建设的时候，如果我们不改变观念，如果我们还停留在可能 20 世纪 80 年代的思维上，那障碍可就多了。

大学平衡基础研究与创业导向

许长青：高等教育和区域经济关系密切，大学的作用确实是很大的，它是促进经济增长内生变量。国际学术上高等教育发生过两次转型：一次是从教学型向研究型转型，另一次是研究型向创业型转型。现在各国政府都特别强调大学创新对经济增长的贡献。粤港澳大湾区建设的目标之一就是要将大湾区打造成全球教育与科技高地。广东现在正在加快建设广深科技创新走廊，香港建立深港创新区，澳门在这一方面有没有什么计划？作为澳门地区最好的大学——澳门大学在科技创新平台及成果转化、技术转移等公共服务平台建设上有哪些新的做法，以服务于澳门、服务于大湾区？

赵　伟：大学由教学向科研转型，由科研向创业转型，这是很多人的观点，其实我不完全同意这种说法。我在一些公开场合也讲过：你到斯坦福去，斯坦福有多少教师有创业的意图？斯坦福肯定是全世界创业最好的大学吧，但估计最多 25% 愿意创业，那剩下的 75% 的师生怎么办？大学服务区域创新与经济发展，但并不一定要直接创办企业。澳大培养目标就是负责任的自己，能创业，当然好，不能创业，跟着别人做也行。我觉得大学回归到认识学生本人是最重要的，不能逼着学生去创业，逼着做是没有效果的。有一次在深圳大学校长论坛上，我是直接说我是不同意以创业为导向来办大学，我不是在培养技术工人，我也不是在培养企业家，大学还是大学。我觉得中大罗俊校长特别有战略眼光，在中山大学做引力波研究。我觉得罗俊校长很有胆识，这不是引力波的问题，而是定位了大学。

大学就是要搞科学研究，探索未知，培养具备科学思维能力的人。其实，很多人都问澳门是否需要搞科学研究？澳门虽说是一个独立经济体，但是只有 30 平方千米土地，60 多万人口。这样一个弹丸之地，很难满足现代高新产业对劳动力的质量和数量，对市场规模、对资金投入，对产业链支持等各方面的极高要求。也就是说，我们也许应该承认在澳门发展有规模的高新产业可能是不现实的。那么，如果不是为了发展高新产业，澳门还需要搞科学研究吗？其实，有时候有这样一种误解，认为从事科学研究的唯一目的就是为了产生物质成果，物质成果可以产业化，可以卖钱，可以发财。的确，世界上有非常多的科研成果产业转化的成功案例，特别是在我自己所在的信息技术领域。但是科研的目的首先不应该是为了成果产业化，而是为了培养具备科学思维能力的人。一个社会群体需要多元化的思维。澳门作为一个资本主义高度发达的博彩城市，不乏许多具备商业思维能力的人士。但是，澳门也需要一定数量的具备科学思维、文化思维和其他能力的人士，才能保障社会群体在思维方面的多元性、整体性和稳定性。在这个意义上，澳门再小，为了其社会的稳定和发展，开展科学研究就是当然和必要的。

我们如果把科学研究和体育运动做个类比，也许就能把这个道理说的更明白一些。首先从事科学研究和体育运动都是人类的本性。这是因为人有追求极致的天性。姚明希望投篮投到百发百中，百分之九十九都不行。搞科学研究也是一样。我们从事科学研究时，也总希望在已有已知的结果上，做得更好，知道得更多。所以从事科学研究和体育运动，尽管都需要大量的投入，但是首要目的都不是为了物质利益，而是为了培养和锻炼人"追求极致"这样一种基本素质。这是每一个社会群体进步发展的必要。因此，科学研究已经成为了21世纪教育的最重要部分之一，是培养创新型人才的基本路径，是激励学生，将其潜在本能激发出来的必要手段。既然澳门需要自己的教育，培养自己的孩子，培养他们的科学思维能力，那么，在澳门开展科学研究就一定是必不可缺的。所以，澳大要像一流的兄弟院校一样，搭建重大科研平台，开展重大科研项目。我们会朝着这一目标努力。

澳门大学的智库建设

许长青：是的，大学具有基础研究的优势。正如您前面所说，文化传承是大学的重要职能之一，大学智库也是文化引领的重要表现机构。世界一流大学往往也有一流的智库，比如说斯坦福大学、麻省理工学院、哥伦比亚大学等。粤港澳大湾区建设尤其需要思想引领，需要文化软实力的提升。澳门大学在传承中华文化、引领大湾区发展方面有哪些新的发展举措？

赵　伟：首先，我们每个学院它自己就是智库，是每个专业方面的智库。然后我们也专门成立了一个粤港澳研究中心，它是一个跨学科的智库。这里面囊括了政治、历史、教育的力量。无论是哪种形式的智库，学院的也好，跨学科的研究中心也罢，最关键的是要出一些原创性的思想。我觉得我们现在改革开放这么多年，我们的科学技术和工程技术已经非常发达，但我们原创性的东西还是缺乏。这个需要大学来鼓励，来帮助老师们去做这样一个积累。假如我们把别人说过的东西倒过来念，把外国的引进来，然后就号称我是这方面的专家，就不是原创性的，也是不需要我们的教授们做的。但现在很不幸的是，有一种不健康的风气，比如说我们计算机专业，你们到网上查查，有一阵子讲云计算，突然之间，就会出现很多云计算专家。人人都在讲云计算，人人都是云计算专家，好像一辈子都研究了云计算。云计算现在不太讲了，开始讲人工智能，同样的一个人也就变成人工智能专家了。但这种随意的转变，是不可思议的，在学术上是非常不严肃的。如果大学只热心于跟风原创性思想是出不来的。

对推动大湾区高校实质性合作的建议

许长青：高等教育是推进社会流动和阶层流动的重要途径，粤港澳大湾区建设需要促进各种要求的高效流动。但现在粤港澳大湾区的人才跨境流动还存在一些制约因素。请问大湾区建设中人才流动制约因素有哪些？又如何破解？

赵　伟：首先我感觉这个问题没有那么悲观，据我观察，三地人才流动已经存在，且有较大的开放力度。澳门大学和内地、香港的人才交流还是比较多的，澳门大学和香港的大学，与中山大学都有较多的合作。这些流动不亚于美国州立大学教师之间的流动，流动已经存在了。但学术，是全球的，比如写一篇论文，必须是全世界这方面最好的，才能发表。这些流动也不是我们校长所主导的，是教授们自发在做。我觉得我们需要进一步鼓励，当然如果有资源注入的话，那流动可能更快。大湾区是一种松散联盟，对于这样一个松散的结构，说实话，我们这些高校校长也找不到着力点。我现在唯一见到的有效的协作，就是我提倡的，大湾区大学图书馆互通有无做得不错。我们需要一个顶层设计，大湾区到底该如何协调，如何发展。可现在就缺少这样一个顶层设计，就是想发力，也没有着力点，同时需要落实一些实施细节。

许长青：最后一个问题是关于粤港澳高校联盟的。澳门大学作为创始会员单位，您出席了成立大会。高校联盟对于提高湾区高等教育的竞争力具有重要意义。联盟成立一年来，取得了很多成绩，但也存在一些问题。在大湾区建设背景下，您对联盟的发展有何好的政策建议？

赵　伟：是的。我觉得粤港澳高校联盟关键的一点是要推进合作从形式走向实质，实质性合作需要有资源助力。就这么简单，否则天天开会，每次开会我们都会同意合作，但后续就没有了。同时我们从事科学研究工作，科研工作是必须花费资源的，要设备、要仪器、要材料等。总之我觉得就两个建议：一个是资源性的合作，要有资源注入，如果没有资源注入，很难走得太远；二是从战略高度，加强沟通协调，服务湾区发展。

许长青：好的，非常感谢校长。

5.2　澳门理工学院

学校简介：澳门理工学院（Macao Polytechnic Institute）成立于1991年9月16日，是一所公立、综合性、多学科、应用型的高等教育机构，其前身为私立东亚大学理工学院。学院以"普专兼擅，中西融通"为校训，以"教学与科研并重"为方针，以"小而美、小而精、出精品"为方向，以"扎根澳门，背靠祖国，面向世界，争创一流"为理念，以"教学标准国际化、科研工作规范化、校园设施电子化、行政工作法治化"为治校标准。总部位于澳门新口岸高美士街。2014年2月13日澳门理工学院以"Confidence（充满信心）"的评级通过英国高等教育质量保障局（Quality Assurance Agency for Higher Education，简称QAA）的院校评鉴。这是澳门首家通过国际认可的院校评鉴的高等学府。在课程评鉴上，已先后在不同学术领域通过我国教育部高等教育教学评估中心、葡萄牙高等教育评估和认可局、英国高等教育质量保障局、英国工程委员会、英国工程技术学会、新西兰大学学术质量评鉴局，以及香港学术及专业资历评审局等权威组织的课程评鉴及专业认证。同时，学院也是澳门首家荣获"国家级教学成果奖"、全国唯一两度获得"亚太教育质量奖"的高等院校，优秀的教育素质备受国际认可。

访谈对象：李向玉院长。

李向玉，1953年出生于北京，1971年进入北京外国语学院（现北京外国语大学）英语系学习，1975年被选送到澳门学习葡萄牙语，1978年任北京外国语学院葡萄牙语老师，1984—1993年担任有关中葡澳门谈判工作的葡萄牙语翻译，1994—1996年任澳门教育暨青年司司长顾问，1996—1997年任澳门理工学院下属的语言翻译学校副校长，1997—1999年6月担任澳门理工学院副院长，1999年6月—2018年8月担任澳门理工学院院长。

访谈地点：澳门理工学院行政楼会议室。
参与人员：许长青、古文力、金梦、李瑞华、周书翰。
访谈时间：2018年4月17日。

访谈内容：

对课题的整体看法与建议

许长青：非常感谢院长给我们交流的机会。今天我们是第二次来澳门，第一次去了澳门大学。本次课题调研规模比较大，主要任务是就粤港澳大湾区建设中大学的支撑作用问题与湾区内知名大学的校长、专家深入访谈，了解大学在大湾区建设中发挥何种作用，遇到什么样的障碍以及克服障碍可能的对策。我们的想法是通过十几位大学校长或专家的访谈，再做深入的质性研究，然后整理成高端访谈录。这是我们对课题的简单介绍。作为澳门的全国政协委员以及澳门著名大学澳门理工学院的"掌门人"，我们从相关报道中对您有了比较多的了解。所以见到您很亲切，您原来在北京工作，后来到澳门理工的？

李向玉：是的。我是1975年到澳门的。我1975年从北京外国语学院英语系毕业，就到澳门学习葡萄牙语，1978年返回北外教书，6年后就来澳门工作了。

许长青：那您一路走来很有成就啊。好的，那我们进入讨论的主题。第一个问题，粤港澳大湾区即将进入如火如荼的全面建设之中，这给澳门带来了机遇，也给澳门理工学院带来了机遇。我们的课题是"高等教育、区域创新与经济增长：粤港澳大湾区建设中大学的角色与作用研究"，首先请您谈谈对本课题的整体看法与研究建议。

李向玉：好的。我觉得这个课题研究很重要，非常有必要。国家进入到一个新时代，粤港澳大湾区建设是我们国家高水平开放、高质量发展的一个新征程。这给我们教育，特别是高等教育提出了一个崭新的问题，我们该怎么办？其实对于粤港澳区域合作与发展，我们一直都在研究，在国家没有规划"粤港澳大湾区"建设之前，我已经在思考这个问题了，在今年开两会之前我对这个问题的思考和想法基本形成。我认为港澳高校应该务实创新，主动融入国家发展蓝图。这是当时提交给两会的资料（访谈中李校长给课题组传阅），你们可以参考参考。回过头来说，我认为这个课题研究非常有必要，至于建议，我觉得首先应该对大湾区三地进行广泛调研，寻找一手材料，通过调研把实际问题找到。咱们刚刚不是讲了务实吗？这个调研不是走个形式，蜻蜓点水，走马观花，而是真正抓住问题的实质东西。那应该抓什么实质性东西？你们来自广东，对广东高等教育很熟悉。香港、澳门虽然从地理位置上说属于岭南地区，但是毕竟由于两个地区在回归之前，曾分别被英国、葡萄牙管治多年，由此在很多方面和内地不一样。就谈教育，好多情况似是而非了。前任外交部副部长、中英谈判的负责人之一姜恩柱曾讲过："香港是一本难读懂的书。"确实回归了这么多年，香港已经二十年，澳门也将近十九年，但是香港那边依然发生了一系列的事情。甚至还有这么一种提法，叫"香港主权回归了，但文化价值理念还没有回归"，这就值得我们思考。澳门，当然比香港的形势要好得多，和内地的交流合作顺畅得多，但是也存在不少问题。

回过头来看我们的高等教育。在这样的大背景下，凸显了我们这个课题研究的重要性。就大学本身的职能来说，我们都知道，大学具有育人、科研、社会服务、引领文化、国际交流等五大职能。总之，我觉得高等教育应该不仅是社会舞台，更应该是引领社会，特别是港澳地区融入祖国发展过程中发挥重要的引领作用。假如我们把高等教育忽视了，那就忽视了它的根本。"港人治港""澳人治澳"，但如果大学丢失了，那它的根基就不稳了。澳门也好，香港也罢，特区政府的官员都来自大学，基层公务员队伍也是大学培养的。因此我们首先应摸清大学的底细，无论是管理体制，还是大学的基本建制、学科、专业等。就是说香港高校到底有什么专业，有什么学科，大学的组成是落实到学科里面去的。澳门高校有什么学科，有什么专业，一定要摸清这个底细。它有哪些学科，它培养的是哪些人，它的基本活动是什么，这些都是我们要了解的。我在两地待的时间比较长，我提议从学科作为切入点去研究它，不要被表象所掩盖，要由表及里，深入了解它的本质。比如说它的学科建设怎么样？它的专业设置如何？之前我也做过这方面的研究。举个例子，比如说在澳门的高等教育中，开设葡萄牙语专业也好，计算机专业也好，或者是文创这个专业，一定不能只是为了迎合市场，设空壳，摆花架子。所以我们一定要深入了解，一定要了解某个专业有多少学生，有多少教师。回过头来说，这几年澳门特区政府要发展葡萄牙语，打造中国葡语中心，亚太葡语平台，这个是澳门特区政府要走的一条路。但是，葡语这块，目前最大的教师队伍就在澳门理工学院。

澳门高等教育，包括香港高等教育，都具有市场导向性和逐利性。大学的基本职能是为了人才的培养，学科建设是关键。但是香港政府的教育报告不大谈学科建设，澳门更没有谈学科建设。不谈学科建设，就设置专业，这就空了。为什么呢？这个专业赚钱，大家都想开，那个专业时髦，大家都想上，但是师资力量配置跟不上。比如澳门旅游业赚钱，博彩业赚钱，一下子大家都开旅游专业、博彩专业，但是都不谈学科建设。现在国家实施"双一流"大学建设，"双一流"在根本上就是要抓学科建设。粤港澳大湾区更应该有学科专业布局，这样才能有更好的发展。多年以来，香港提出打造国际教育枢纽，澳门提出经济适度多元，但一直没有提及高等教育内涵及外延的建设，只是说打造亚太葡语中心，但是真正的学科布局，基本没有下多少功夫。所以你们这个研究我就建议要了解大学的学科，港澳高校设置了多少学科，内地设置了哪些学科，哪些学科设置比较好。学科和专业设置要服从国家教育发展战略大局，中国要从一个教育大国变成教育强国，核心还是学科建设。上海、北京、广州等大城市都在谋求高等教育的变强变大，要抓的也是学科布局。学科建设涉及教师队伍、教材建设、课程设置、科学研究、实验设备等，内容非常广泛。而这些恰恰是港澳的弱势，你们这个课题研究就要看看这些高校的学科整体布局状况如何，是否适应大湾区人才培养的需求。

澳门理工学院一直关注特色发展。特色是什么？特色一定体现在学科建设上，一定要有几个有实力的专业。澳门回归后，我们就围绕着澳门经济，发展澳门理工学院。澳门经济主要是博彩，那我们就围绕博彩来建立这个专业，开办了博彩教学研究中心，做得有声有色，学院的领导者也一直主持博彩专业的工作。澳门理工学院一直把博彩作为我们的优势学科去打造，专业建设的投入很多，最多的时候有一百多人，现在六十人。葡语也是澳门最有特色的专业，几个大学均有设置。澳门理工学院葡语专业的师资力量强大，教师队伍最大的时候，仅葡国人就有三十多人。中国高教学会原会长周远清曾经考察了澳门的高等教育，发现各大学办商科的比较多。最近澳门科技大学开设中医药，澳门大学这两年也开设了中医药。澳门理工学院没有跟着去办中医药，我们按我们的思路走。澳门高等教育中工科是很弱的，甚至可以说基本没有。因为澳门本身就没有什么工业，主要就是博彩，博彩带出金融、旅游。所以名义上说澳门有十所高校，但是它们的学科基本雷同。因此打造特色专业，优化学科布局也是澳门高等教育适应大湾区发展的一大任务。

再从管理的视角审视一下澳门高等教育。澳门现在已经纳入国家"十三五"规划了。澳门地区已经制定了第一个五年规划，所以教育有所着落。规划中讲到了教育怎么融入内地发展。这些年粤港澳三地合作不是不多，但往往是会晤多、话语多，礼节、客套、繁缛，务实推进乏力，整合机制缺失，这是很大的问题。我认为还可以补充，一国两制三关区，实际上根本上还是三种法律体系。这个法律体系很重要，大家在广州谈得很好，或者是在会晤机制上，这个会开得很好，但一回去，就棘手了，因为法律体系不一样。你一动，因为违法，没法进行，也就裹足不前了。香港尚未纳入国家"十三五"规划，澳门比香港走得靠前，主要目的就是要融入大湾区，融入祖国发展。澳门这两年步伐迈得比香港大了一点。因此三地高等教育融合发展还是有很多制约因素的。我再强调一下，当今世界，经济全球化，高等教育本身应该是打破国（境）界的，这是趋势，也是潮流。欧盟高等教育发展打破国界，那么多国家都可以做到，但是在我们粤港澳大湾区，合作还存在一些障碍，值得反思，相信以后会更好。

澳门理工学院的角色定位与作用

许长青：是的，现在合作形式上比较多，实质性合作比较少，尤其是教育领域。

刚才我们已经听到了澳门高等教育的一些问题，大学的同质性比较大。事实上不同的大学，包括研究型大学、教学型大学、应用型大学，它们的角色分类不一样。请问澳门高校的角色和作用有没有分工？政府有没有一些考量，比如香港，高校角色分工较为明显。澳门高校在澳门经济发展中有没有什么角色定位？尤其是澳门理工学院，在大湾区的背景下，如何打造特色专业，服务湾区经济发展？

李向玉： 如果你们观察一下澳门特区政府，在大学管理方面，它有高等教育辅助办公室。这是在回归前就已经存在的一个教育管理系统，政府基本对高等教育采取放任的态度，让它跟着市场走，所以她叫辅助。澳门现在实行的高等教育法是澳葡1991年制定的高等教育法，澳门回归19年来一直说要制定新的高等教育法，直到2017年8月7日，特区政府才通过了新高等教育法。一年以后实行，也就是2018年8月7日开始实行。这才把澳门高等教育制度现代化提上议事日程了，才真正地要追赶世界高等教育潮流，包括也考虑到了怎么和祖国的高等教育联动发展。到目前为止的整体状况还是跟着市场走。澳葡政府标榜尊重高校自主，学术自由，这就导致了各个大学自己决定走什么路，自己设置什么专业。有市场调节，这倒不全都是坏事，因为市场具有竞争性，你要生存就要竞争。每一所大学都要生存，竞争资源，竞争生源，竞争社会的支持。大学就不能不考虑它的竞争力在哪里，而大学的竞争力主要取决于每所学校的领导班子，尤其是校长，他的眼光，他的办学理念，他的战略，等等。

回过来说澳门理工学院。回归前澳门理工学院就是一个三年制大专制院校，一个主要为当时澳葡政府管制澳门而培养基本人才的学校，比如其公共课程设置是为了培养学生进政府当公务员，护理学校是为了培养护理人员，艺术学校是为一般的文化、管理和技术服务。因此理工学院主要为社会及澳葡政府培养人才。1999年我接手的时候，我就问自己，我要把澳门理工学院带向何方？那个时候我就告诉自己，澳门理工学院在我手里要比葡国人管理得更好。当时我也在想如何让大学为澳门服务，我必须要面对其他学校的竞争，例如澳门大学，其规模就比澳门理工学院大，"枪"比我多，钱比我多。然后我们制定了一个发展战略，我们不走高大上，而是走特色化之路。澳门大学不久前就宣布它要走世界级研究型大学之路，而我们就围绕澳门本地经济特色办学。当时还有另外一个信念是：越是民族的，越是国际的，越是地方的，也就越是有特色的。我们围绕澳门什么特色呢？在经济上我们必须为澳门经济服务，目前澳门的经济主要还是博彩，所以澳门理工学院就建了最强大的博彩教学研究中心。这个中心一开始叫培训中心，之后升级为教学研究中心。澳门特色还有旅游，还有葡语，因此我们主要围绕这三大块发展。

许长青： 澳门理工学院由6个学校组成，这6所学校与学院的关系是怎样的？是相对独立还是集权管理？

李向玉： 回归前就是有6所学校，理工学院是一个大学院，学院照搬了葡萄牙教育体制，葡萄牙每个大城市都有一个大学，一个学院，这两个学校，打个不恰当的比喻，就相当于国内的清华和北大。如里斯本有里斯本大学、里斯本理工学院，波尔图也有一所大学，一所理工学院。澳门回归前，葡萄牙也是用这个思路管理澳门高校。

1991年分别建立澳门大学以及澳门理工学院,澳门科技大学是伴随着回归建立的。在澳门理工和澳门大学之前,追溯到1981年,澳门出现了第一所大学——东亚大学。东亚大学是一些香港人来到澳门在氹仔那边建立的,然后东亚大学被当时的澳葡政府收购,一分为三。最主要的一块,就是留在原址发展起来的澳门大学;第二部分是澳门理工学院,即原东亚大学理工学院,后来理工学院又合并了几所职业学校,成为现在的理工学院;第三部分成为了澳门公开大学,也就是现在的澳门城市大学。因此澳门大学、理工学院及城市大学是源自一家的。这就是现代澳门高等教育简史。澳门历史上最早的大学其实是1594年建立的圣保禄学院。1565年,欧洲天主教耶稣会传教士在澳门创办了中国历史上的第一所西式小学——圣保禄公学。1594年升格为大学,并以圣保禄学院(俗称"三巴寺")之名正式注册成立。圣保禄学院不仅是中国的土地上出现的第一所西式大学、教会大学,而且是整个远东地区创办最早的西式大学。圣保禄学院的办学体制以葡萄牙历史上的第一所大学——科英布拉大学当时的章程为参照,并因地制宜地进行了修改。其课程设置既包括神学、拉丁文、哲学、文学、历史、地理、法律、艺术、音乐、人文学、语言学、逻辑学等在今天被视为人文学科与社会科学的科目,也包括数学、天文、物理、化学、医学等自然科学方面的内容。其教学形式、考试方法、论文答辩、学位授予等制度均仿照欧洲大陆的大学制度而设立。学院还拥有一个藏书4 000多册的图书馆以及印刷厂、诊所、药房、天文观象台等办学设施。总之,就当时的历史条件而言,这所学校在各个方面都可谓达到了大学的标准。圣保禄学院开办了168年,乾隆二十七年(1762)关闭。从此以后澳门就没有大学,直到1981年东亚大学建立,澳门才有了现代的大学。澳门理工学院的6所学校是由理工学院统一领导的。

澳门理工学院的学科建设

许长青:刚才院长对澳门理工学院的定位、特色都给我们做了介绍,可以说是定位准确,特色鲜明。那么澳门理工学院准备如何在学科建设方面进行提升以更好地服务大湾区的建设与发展?

李向玉:我在1999年9月1日正式成为澳门理工学院院长,今年8月31日即将卸任,正好当了19年的院长。在这之前我做了两年副院长,而在这两年之前我还当过翻译学校的副校长。在管理过程中我很注意人才培养,这是学科中的关键建设,还有领导班子的培养。回到你的问题,未来因为要融入大湾区建设中,澳门理工学院怎样脱颖而出?我还是喜欢用"竞争"这个词。因为没有竞争,人是会懒惰的。逆水行舟,不进则退,所以我喜欢竞争。如何和别人竞争?在亚太地区,我们不应该只起一般性作用,而是要起"一流甚至引领"的作用,绝不甘于中游。首先是提升葡语竞争优势。葡萄牙政府总统和总理等高级官员来中国访问时来到澳门,都会到访澳门理工学院,就是因为我们有葡语专业,和葡萄牙有战略合作关系。所以在葡语教学领域,我们不仅要进一步夯实优势学科的基础,同时还要把它发扬光大,为国家做贡献。大学要有自觉性、前瞻性,就是要考虑国家所需和澳门所长。澳门所长除了博彩,就是葡语。而在中国 30 多所开设葡语的学校中，澳门理工学院的师资是最强大的。我们的学科带头人都培养好了，有一批全中国最优秀的葡语教学人才集中在澳门理工学院。这么多年从事高等教育工作，我认为我们不能轻易把优势学科让出去，必须要进一步提升。在引进外地教师的时候，大学领导权一定不能丢，一旦丢了就很危险，很难拿回来，培养什么人就不确定了。所以我一直在强调，我们的确要进行国际合作，的确要引进葡萄牙的优秀人才，但是我们学院的领导权一定要掌握在爱国爱澳的华人手里，这是我这么多年的体会。某个大学一个重要的学科被别人拿走了，他不见得会配合地区发展，更谈不上和国家发展接轨，所以理工学院未来的发展我有清晰的思路。我们正在建一栋 16 层高的大楼，里面主要是为了理工学院的优势学科发展。不光是葡萄牙语，还有工科。理工学院新工科发展的方向主要是计算机领域。如今是一个信息技术、大数据、云计算、人工智能的时代，也是大湾区未来领先科技发展的重要领域。我们理工学院要持续保持葡萄牙语在中国澳门、中国内地的领先地位。我们已经设立了机械翻译实验室，就是人工智能、神经网络翻译技术，在这方面我们已经走到了领先位置。中葡翻译机器问世的时候，2016 年 11 月葡萄牙总理专门来揭幕，我们教育部部长、特区政府主要官员、广东省政府官员都来了。这个机器翻译实验室是澳门理工学院、广东外语外贸大学及中译语通公司共同合作的结果，该公司负责我国外交翻译，拥有最强大的研发队伍。在小语种这方面，内地有技术但缺精通外语的人力，所以理工学院要积极顺应国家发展战略，加强合作，布局中葡翻译。在这方面，我们已经在速度、质量等方面超越了谷歌。还有一个成果也是在计算机领域的，虽然在欧洲名气很大，G7 开会时选择了这个产品，还有意大利博洛尼亚市也采用了这个产品，但在内地的影响不是很大。这说明我们在校企合作、成果转化这方面做的还不够。大湾区时代，澳门理工学院将进一步拓展产教融合，密切与内地企业、高校的合作。

平衡人才培养，科学研究与社会服务

许长青： 大学的角色与作用一般分为三类：人才培养、科学研究、社会服务。澳门理工学院好像主要还是集中在教学和服务这两大方面。那么在科研这一领域学院有什么新的计划？教学与科研之间的关系如何协调？

李向玉： 这三个职能在开始的时候肯定是有一定的冲突，因为资源是有限的，不管是个人还是学校，但是从长远来看，三者是没有冲突的。我个人认为，一个教育工作者胸怀有多广，格局就有多大；他对教育的认识越深，他就越不会把这三种职能对立起来。作为研究高深学问的地方，就算是职业院校，教师也必须做科研，如果一个教师不知道市场需求，他的教学就像是没头的苍蝇到处乱飞。所以理工学院博彩专业开办后，我们建立了最大的情报中心，凡是有赌场的地方，理工学院的人就要去那，所以我们可以胜任各地的赌场。我们当时和美国大西洋凯波社区学院合作，他们的校长来我们这里讲课。当时美国博彩教学之父开办了博彩管理课程，我们动员了一批教师去上这门课程。除了和美国合作，我们还和中山大学合作开设博士后研究。如果只是满足于培训，而不做研究，其实就是闭门造车、井底之蛙。有些教师说我们搞不成

研究，我认为这只是因为他没有广博的胸怀，对教育的理解不深刻。我们的教师不能只满足于仅仅做培训，做培训的话，技工学校或培训基地就够了。所以理工学院提倡"教学为主、培训为辅"，大学的运作中，教学占大多数，但是我们必须做研究。如果不依靠研究，教学只是低水平重复。教师只有进行科学研究，才有前沿的知识传授给学生。教学和科研相辅相成，做科研的同时大学不仅进行了社会服务，还可以得到社会大量的美誉和支持。比如博彩业，我们现在3 000多名本科生，共享了300多项来自博彩业等企业的奖学金。书本上那点知识肯定是不能满足社会需求的，必须要进行科研。

许长青：我们知道澳门理工学院的博彩研究中心和"一国两制"研究中心都是有名的研究机构，而且这两个机构与中山大学的合作交流也比较多。

李向玉：理工学院目前仍然不是研究型大学，所以我们的定位是一所公立的地方性、应用型，以教学为主、培训为辅，教学、科研并重的大学，下一步的目标是研究型大学。我们的本科生保持3 000人左右，硕士生目前是500人左右，下一步研究生将发展到1 000人乃至2 000人。那时候我们就可能是一所真正的研究型大学了。

澳门理工学院的科技成果转化

许长青：是的。下一个问题是区域创新和经济增长的问题。大家都知道斯坦福大学的成果产业化促成了硅谷的发展。那么理工学院在大湾区的背景下，特别是广东省提出广深港澳创新走廊，要把大湾区打造成全球创新高地，在这样一个背景下，澳门理工学院在促进成果转化、支撑澳门经济发展方面有什么新的计划？

李向玉：是的，这个问题问得很好。我们一直在拷问自己，理工学院要不要办企业？要不要办公司来把学术成果产业化？前面说了G7也在用我们的产品，那个产品成本低，科技含量高，产业化以后会很有市场，但我们一直没有自己的公司。我们有一所艺术学校，他们有一个文化创意产业研究中心，总是想把产品产业化，但是一碰法律就踏步不前。

许长青：大学成果转化不一定要创立公司，也可以通过技术转让、吸引风险投资等方式进行转化。转让不方便这个现象是不是和澳门整体的创业氛围有关？

李向玉：没错。我知道澳门大学、澳门科技大学也想走这条路，尤其是澳门大学成立了一个基金会，有几十亿澳门币，本来他们希望利用这几十个亿去做更多事情，走校企结合也好，自己创办公司也好，像北大清华的中关村等都很成功。可是澳门在这个领域里一直突破不了，澳门的法律很严格，教学就是教学，科研就是科研，法律制定滞后，没有跟上时代。葡萄牙的法律已经修订了，要改造大学来追赶英语国家，而澳门还是殖民时代的法律，理工学院现有的章程还规定着"校长向总督负责"，虽然新的章程即将于今年（2018）公布，回归的时候也已经说明了"总督"应被理解成特区行政长官，但是白纸黑字其实还写着"向总督负责"。澳门的公立大学目前都是葡国的体制，澳门大学也在苦苦挣扎，澳门科技大学是私立大学，情况稍好一些，但是也被这一套照搬葡萄牙的高等教育体制束缚着。澳门大学本来想去珠海发展，创出一块新天地,结果去年特区政府审计署通过不了。所以我们的科研成果不仅不能产业化,而且和中国香港、中国内地的合作也很困难。昨天我们还在讨论一个问题,就是人才流动的问题——包括学生流动和教师流动,尤其是教师这一块。"一国两制"、三种关税区、三套法律,碰到哪块都不行,这需要国家、特区政府来协调解决。我举个例子,我们从中山大学借聘老师、博士后,需要特首批准,手续简直比批准国宝熊猫入境还难,到现在我们也没引进几个。内地经常催促我们,可能赶不上进站日期,我们不是不想赶,是真的没有一年半载办不下来。澳门的教育行政管理制度改革势在必行。

澳门与内地师生交流的阻碍

许长青: 人才有序流动这个问题也是我们课题组非常关注的,教授之间的交流都有很大的限制,学生交流怎样呢?

李向玉: 学生还好,这主要取决于学校的财力,如果足够支撑的话就还好。但是老师交流真的很困难,个别三五天的访问还可以,更长时间的就受到居留权的限制。也不能工作,也就是不能上课,万一被别人举报,警察或者旅游局就来找你了。

许长青: 这感觉是计划经济的意识太强了,缺乏现代市场经济的思想意识,澳门的社会经济制度受葡萄牙的影响真是太大了。

李向玉: 是的。葡萄牙法制比较完备,但就是有点落后了。

许长青: 但是澳门新的高等教育法在2018年就要执行,前面您提到的,这个会对澳门高等教育体制有改善吗?

李向玉: 会有所改善。首先它把这个实习给列进去了,以前政府给我们限制了一个条件,内地的学生就读澳门理工学院的比例不能超过15%,这些学生只能学习,更不能留下工作,连实习都不允,实习都违法,你一离开理工学院的校园,到某个部门或某个企业就业,就违法了。将来的新高等教育法可以实习了。

许长青: 可以实习了,但是还不能工作?

李向玉: 对,还不能工作,因为工作不工作,不是他的权力,是特区政府讨论的。今年讨论的,十年八年二十年一直在讨论,就是讨论能不能把外来的优秀大学生留在我们这里工作,但一直就讨论不下来,这是澳门最棘手的。香港和新加坡,早有这样的政策,吸引外来学生。

人才培养:练内功,借外力,发展自己

许长青: 对,这是一个很大的问题。还有一个问题就是为适应大湾区社会经济发展,澳门理工学院对大学生的培养有没有一些新的举措以加速培养服务大湾区发展的高层次人才?

李向玉: 有的。我们理工学院提出了一个口号"练内功,借外力,发展自己",就是这个思路。练内功是什么呢,就是理工学院内部教学标准国际化,行政工作法制化,设施电子化,科研工作规范化,这就是练内功。然后是队伍建设,教师队伍管理,

高等教育、区域创新与经济增长：
粤港澳大湾区建设中大学的角色与作用高端访谈

软件硬件各方面加快建设步伐。现在我们的人才培养上升到了一个更高的层次，我们不仅通过了 ISO 这个国际标准，而且通过了英国国家学术评审局的评审，达到了国际人才培养标准。我们是主动请英国高等教育质量保障局（QAA）来给我们做评估的。当时我们向 QAA 提出来，他们都大吃一惊，说世界上还没有一所学校主动找 QAA 做评估。QAA 来评估，我们通过了。我刚刚说这叫练内功，那借外力呢？澳门理工学院建立了一个以三种语言为基础的对外合作网络。三种语言是什么呢？就是华语、葡萄牙语、英语。以三种语言为基础的对外世界合作网络已经搭成了。因为澳门理工学院是个小学院，人力物力精力财力都有限，那我们选择一些世界高水平大学，和我们学科建设连接起来。就是说我们理工学院有什么学科，我就找到这个学科的最高水平在哪，葡萄牙语肯定在里斯本大学，在科英布拉大学，那我们的葡萄牙语就和这两所大学合作。我们计算机专业，当时最高水平的专业在哪呢，在中国我们选择了北京航空航天大学，在美国我们选择了加州大学伯克利分校，在英国选择了伦敦大学，所以澳门理工学院的计算机专业就和这三所学校合作。为提升澳门理工学院的博彩专业水平，我们把学院二十来个专业带头人全派去了美国，让他们去调研，寻找最先进水平的大学进行合作。一开始去找人家，人家谁认你，但是都被我们给"攻"下来了。澳门理工学院虽小，但这里拥有和伯克利的联合实验室，也有和伦敦大学的联合实验室。我们和欧盟、葡萄牙高校有机器翻译联合实验室，和北京航空航天大学也有联合实验室。有的是聘他们的著名教授担任理工学院的名誉教授，或者校外评审专家。所以澳门理工学院这些专业的发展突飞猛进。另外我们开展了广泛的联合办学，提升培养质量。澳门理工学院的葡语，就和葡萄牙里斯本大学、莱利亚理工学院进行了"1+1+1+1"的联合培养模式。这是什么概念呢，就是我们学校葡语专业的学生第一年在澳门理工学院学习，第二年去葡萄牙学习，第三年去北京语言大学学习，第四年又回到澳门理工学院学习。对于葡萄牙的学生，第一年在他们葡萄牙自己的学校学习，第二年去北京语言大学学汉语，第三年到澳门理工学院，第四年回葡萄牙学习。这也是"1+1+1+1"模式，还有"2+2"模式，这是和美国大学的合作办学。西东大学（Seton Hall University）办得很好，我们派出了好几个很优秀的学生，澳门理工学院读两年，第三年可以转到西东大学，第四年回来。学校和澳大利亚昆士兰大学（The University of Queensland）建立了合作培养机制，有的是读完澳门理工学院的学士，直接到那读硕士去了。这些年澳门理工学院在国际上就走出了多条合作办学之路，目的就是提升学生综合素质，开拓国际视野。澳门理工学院现在出了一批优秀的学生，其中有一位学生，原来在北京考上了某所高校，因为户口问题，他不能入学，结果来到澳门理工学院学习，读电子商贸专业，然后在澳门理工学院读完电子商贸，就去美国的卡耐基梅隆大学，毕业之后被摩根斯坦利公司（Morgan Stanley）录用了。这孩子一心报国，在 Morgan Stanley 进入中枢组部管理工作，有了一定的收入后他还是回到北京。他现在在北京创业，凤凰卫视对他进行了采访。现在他已经办了一个几十人的计算机公司，从事金融科技。就是通过这种国际化之路，大大提升了学生的综合素质。我们在葡萄牙有一个汉语中心。1999 年我去葡萄牙建了第一个中国语言文化中心，我们带给葡萄牙中国语言文化,那时候还没有孔子学院,澳门理工学院就在葡萄牙建了两个中心,有一个后来被关了,但是剩下的这个办得非常红火,到现在成了澳门理工学院在葡萄牙的一个基地。理工学院现在经常有上百个学生在那所学校,也成为"1+1+1+1"学生培养的基地。

除了与国外高校的合作,澳门理工学院与大湾区高校也展开了合作。10多年前我们就与中山大学有着多个领域的合作,如中山大学历史系、港澳珠三角研究中心,我们都有合作。十年前,我们就有合作了。博彩的研究、港澳问题研究、包括博彩的研究、港澳问题研究、经济等领域均有合作。另外理工学院与广东外语外贸大学的合作也比较多,帮助其葡萄牙语的师资培训。澳门理工学院还为广外图书馆提供了大量的葡语专业书籍,通过澳门理工学院让葡萄牙最古老的大学科英布拉大学与广外合办硕士,培养研究生。我们和其他内地省(区、市)也有合作。澳门理工学院在新疆有一个英语中心,与此同时,在新疆也建了一个基地。新疆的基地是英语基地,因为新疆现在要成为西北开发的主要地区,特区政府支持国家西部大开发,澳门理工学院响应国家和特区政府号召,就在新疆开设了一个电子设备先进的英语教师培训中心。澳门理工学院一直派教师,也请外教进行教学。10年了这个项目一直进行着。当然这个项目也给澳门理工学院带来了好处:一是我们从新疆招到了优秀学生,二是锻炼了我们的教师,三是为澳门理工学院与英美国家高校的合作提供了更大平台。

许长青: 在与内地高校的合作中,有没有发现人才流动中的一些制约因素?

李向玉: 有的。例如法律条列,我们澳门派到新疆的老师不许超过六个月,一出六个月就违法了。所以老师教一段时间就要飞回来,然后再回去。就为了符合法律的规定,这个合作也不容易。还有澳门的教师享受的是准公务员待遇,校长是完全按公务员制度管理。假如你们要在珠海采访我或教育部有时候通知我说:我们都来珠海了,李院长你过来开个会,那我只能说我去不了。为什么?我要至少提前一个星期申请文字批准,否则我去一小时都违法。当然这是澳门教育体制的制约因素,也折射出合作的难度。

澳门理工的智库建设

许长青: 另一个问题是大学智库建设问题。大学作为政府部门一个重要的思想库,对国家公共政策的制定会产生重要影响。澳门理工学院有没有计划把"一国两制"研究中心或者博彩研究中心作为一个大型智库来发展,像斯坦福大学的胡佛研究所一样发挥更大的作用?

李向玉: 澳门理工学院得到了特区政府在智库建设方面的重视与支持。特区政府关于博彩业的发展都会咨询澳门理工学院研究机构的意见。中央政府也很重视我们,有时中联办会让我们提供研究报告,听取我们的意见。但是我想强调的是,现在我们还做得远远不够。一是我们的站位还不够高,胸怀、格局不够大,所以影响还不够大。二是澳门理工学院研究力量比较分散,力量不够强大。我刚才说了澳门理工学院有6所学校,七八个研究中心,接下来计划整合力量,建立新的智库机构。当然这只是我个人的建议，能否实现，还得看今后的发展。因为像我们这样一所学院，主要还是教学，学校的级别也不够高。目前"一国两制"研究中心和博彩研究中心，都是学院的直属机构，是特区政府委托我们办的，我们学校是公立学校，是政府拨款的，所以需要为澳门特区政府服务。计划要打造中葡国家平台，更好地发挥研究智库的作用。

对粤港澳高校实质合作的建议

许长青：最后一个问题是关于粤港澳高校联盟的。澳门理工学院作为粤港澳高校联盟的成员之一，校长对联盟运作一年的感觉如何？有什么改进的建议？粤港澳大湾区框架下联盟的运作有何新思路？请给我们分享一下。

李向玉：我觉得联盟要有实际的行动，需要持续推进。由于三地高校受制于当地的政策及它本身有服务于当地的实际工作，我觉得需要一些跨三地的协调，需要有推进的实际行动。因为每次开会，我觉得大家都很重视，但是谈了之后，就散了，没有了后续结果。实际合作除了一些学生交流之外，可能还是不多，还有很多的实际工作去做。如果从国家层面，或者从三地政府联合组织一个教育协调委员会，那可能会更好。就像一所大学，如果校长不积极，对教育不用功，你就动员不起来。我再说一些具体的。第一，联盟可以搞一些辩论赛，辩论主题围绕着"一国两制"，围绕国情，大学生也会参加，老师也会参加。第二，联盟也可以按学科来进行一些比赛，比如说英语演讲赛、体育竞赛、电脑编程赛等，这样的话，既促进了学科发展，又促进了交流，促进了理解。全澳门的英语大赛是理工学院承办的，从回归时办起，已经办了17届了。葡语也是我们举办的学科比赛。比较新鲜的机械翻译大赛是在网上进行，每年吸引了大批学子前来比赛。去年是87支队伍参赛，全中国的、葡萄牙的、巴西的都来参赛；今年是117支队伍参赛，都到理工学院来，这已经成为全球性的比赛。我们奖金也比较高，大奖都是十几万澳门币。比赛之后，我们请他们这100多支队伍派代表来澳门理工学院交流，来澳门游览。然后就这个机会大家开个葡语教学研讨会，学术上也有收获，也促进了交流与理解。

许长青：好的。非常感谢李校长。

5.3 澳门科技大学

学校简介：澳门科技大学（Macau University of Science and Technology，MUST），于2000年建校，是澳门本地规模最大的综合型大学，也是海峡两岸暨港澳50强大学，为国际大学协会、亚太大学联合会、粤港澳空间科学与技术联盟、粤港澳海洋科技创新联盟、粤港澳大湾区物流与供应链创新联盟、粤港澳高校联盟、粤港澳大湾区知识产权法律联盟、海峡两岸暨港澳防灾减灾即永续发展大学联盟及亚洲法律学会成员高校，也是海峡两岸暨港澳最年轻的21强大学。大学致力为社会培养各类高素质人才，推行教研并重政策，注重办学特色，追求卓越，使学术发展不断踏上新台阶。大学坐落澳门氹仔岛，校园占地面积约21万平方米，环境优美，交通便利，是学子求学及从事研究的理想之地。澳门科技大学拥有博士、硕士、学士三级学位授予权，经教育部批准面向内地招生，设有10个学院，授课语言以英语为主，部分课程以中、葡、西语授课，2019年在校生逾万人，其中博士及硕士生3 377人，本科生7 915人。大学设有两个国家重点实验室：中药质量研究国家重点实验室及月球与行星科学国家重点实验室；还设有澳门首个诺贝尔奖得主主持的实验室"生物物理与中医药实验室"，四个教育部人文社科重点研究伙伴基地及联合实验室。大学鼓励教研人员发表高质量的研究成果，近年来在国际 SCI/SSCI 的 Q1 第一区间学术期刊发表的高质量研究论文不断增加，获国内外发明专利授权则数倍增加。2019年英国 THE 全球大学排名，澳门科技大学位居前三百强（排名第274位），2019年上海软科内地及港澳台大学排名，澳门大学位居第20位。

访谈对象：庞川副校长。

庞川，澳门特别行政区第六届立法会议员，澳门科技大学副校长、研究生院院长、酒店与旅游学院院长，分管大学研究生教学管理。庞川教授分别于1993年、1999年、2003年在复旦大学获得理学学士、管理学硕士和管理学博士学位，并于2003年8月正式加入澳门科技大学工作至今。任职期间，曾前往哈佛大学深造及到加州大学伯克利分校、东密歇根大学做访问学者，具有丰富而深厚的教学、研究、行政和管理经验，见证了澳门科技大学的整个发展历程，为澳门科技大学研究生教育和商学院等发展做出显著贡献。

访谈地点：澳门科技大学行政楼会议室。
参与人员：许长青、古文力、黄玉梅、金梦、牛可佳、李瑞华。
访谈时间：2018年6月14日。

访谈内容：

澳门科技大学的人才培养、科学研究、平台智库与社区服务

许长青：非常感谢校长在百忙之中抽出午休的时间接受我们的访谈。我先介绍一下我们这个课题的基本情况。本课题是中山大学校长罗俊院士承担的一个中科院学部咨询课题。在粤港澳大湾区发展上升为国家战略的大背景下，我们将围绕大学在湾区发展中的角色与作用这样一个主题，与湾区知名大学的校长、院士、专家进行访谈，了解大湾区在发展过程中各种要素资源积累过程可能遇到的一些障碍，寻求解决问题的可能对策。到目前为止，我们课题组已经访谈了十四所大学，接下来课题组还将对国际其他湾区的知名大学的专家进行访谈。澳门科技大学是我们非常想访谈的高校，因为澳门科技大学发展很快，在内地的影响也日益扩大，而且发展模式与湾区其他高校不一样，具有民办院校的代表性。澳科大从2000年开始建立，到现在学士、硕士、博士培养一体化，人才培养层次都齐全了，确实不容易。因为学校给我们安排的时间比较紧，那我们就主要问题讨论一下。首先我想请校长给我们介绍一下澳门科技大学的发展历史以及取得的主要成就。

庞　川：好的，也感谢各位对澳门科技大学的关注。我们澳科大2000年成立，就是回归之后，我们成立了一所综合性私立大学。目前是整个澳门的两所规模最大的大学之一，一个是公立的澳门大学，一个是私立的澳门科技大学。从学生人数来说澳门科技大学是澳门最大的。成立伊始，澳门科大得到了教育部和澳门特区政府的大力支持。例如我们这块地得到了科技政策的支持；得到了教育部的大力支持，能够在内地招生；北大帮助我们建立起了法学院的学科体系；清华帮我们建IT学院；南京中医药大学帮助我们建中医药学院；商学院得到了复旦大学与南京大学的支持。澳科大办学真正体现了立足澳门、背靠祖国、面向世界的办学理念。正因为这样的办学理念，学校各方面得到了迅速发展。我们采取的是一个教研并重的办学定位，因为我们是私立大学。经过18年的发展，虽然取得了一些成绩，但是我们很难做到像中山大学这样做一个纯粹的研究型大学，或者是更偏重研究的一所大学。

在教育领域，澳科大一直很重视教学。我们一直用一个国际化的理念来培养我们的学生，希望他们在兼具中西文化中得到熏陶并从事世界性事业。在教学方面，我们坚持用英文教学，比如说我们的商学院、酒店旅游学院、IT学院等。很多学院用英文教学，采用英文教科书。在科研领域，从2005年开始，我们第二个五年计划开始起步，那么到第三个五年，即2011年之后，我们开始逐步有所收获。前几年我们每年都是要有两位数增长，过去三年我们的SCI、SSCI论文增长了五倍。我们在 *Nature*、*Science* 等这样的一些顶级期刊发表的论文也不少。在科技这一部分，我们有两个重点，一个是国家重点实验室——中医药质量国家重点实验室；另一个是中科院的重点实验室——月球与行星科学国家重点实验室。我们参与了嫦娥一号、二号、三号数据分析，论文也发表了。在人文社科领域，我们跟其他几个学校有一些合作伙伴基地，教育部陈宝生部长4月16号亲自来澳门科大揭牌，与复旦大学合作建立传播学人文社科重点基地，与中国海洋大学进行海洋发展研究合作、与中南财经政法大学进行知识产权重点基地的合作。我们希望能够在文史理科等领域，能有这样国家级的科研平台。以这个平台为基础，去聚集更多的资源，同时也推动国际领域的合作。在社会服务这方面，以及在文化传承这方面，我们大学也做了很多的工作。在社会服务方面，澳科大建立有各种研究所，均是特区政府所看重的智库。每年特区政府都会委托我们做很多的研究项目。当然这也是因为我们学校会更多地参与到特区政府的社会运作中去，包括本人也是特首去年委任的立法会议员。作为一所澳门本地高校，我们也希望为澳门社会的发展、社区发展、国家发展做一些事情。

建议突破粤港澳高校合作的体制性阻碍

许长青：非常全面的介绍。大学和澳门本地的互动发展非常重要。在粤港澳大湾区背景下，澳门科技大学服务大湾区发展和国家战略是一个崭新的角色定位，也是大学的社会责任。这个问题您怎么看？

庞　川：我们对大湾区这一块非常重视。其实在大湾区这个概念提出来之前，在《内地与澳门CEPA服务贸易协议》的框架下，我们已经做了很多事情，比如说我们在珠海成立了珠海研究院，通过珠海研究院我们的教师申请了国家自然科学基金项目。还有与各个地方政府的产学研合作，如珠海、江门、佛山、东莞、深圳、中山等，我们都有产业，都有产学研合作项目。这些合作有的是实质性项目合作，甚至可以双方合作成立具体的公司。目前澳门科大有270多项国际专利，这些国际专利有部分是与珠三角的城市和企业在合作。另外2012年在广东省政府的推动下，我们在中山买了一块地，希望在那边也建立一个科技大学。我们也寄希望于未来的大湾区在政策上有所突破，因为目前与内地的合作都是按《中外合作办学条例》进行的，港澳台的大学都属于境外大学。

许长青：很多专家也反映了这样一个问题，粤港澳大湾区高等教育合作办学是不是应该看作是中外合作办学？要不要修改相关法律规定，增加粤港澳大湾区合作办学的细节？这都是值得讨论的问题。

庞　川：我记得去年（2017）7月份，在中山市有一个广东省政府主办的粤港澳大湾区论坛，当时的记者采访我，我就讲到了这个问题。我们在教育方面，特别是高等教育方面的合作，要打破政策壁垒，当时记者很兴奋，他说大家都是从经济角度去谈，只有你谈到教育的合作。这个访谈引起了反响，据说有13万多次的点击率，这表明这个话题很受关注。澳门科技大学地处澳门，实际受到包括自然资源在内的多种限制，所以一定需要通过区域合作来拓展办学空间。我们在过去已经有了一些合作基础，但是也碰到了很多制度性障碍，我们对未来抱有很多的期待，就是在大湾区的发展规划能够在某种程度上帮我们突破这些障碍，我们也会在今后的实践中主动摸索出更多的突破制度障碍的范本。

许长青：是的。粤港澳三地合作也并不是一件近年来出现的事情，我们已经做了很多年了。但在合作中依然存在相当多的困难和障碍，从而导致合作的形式化、非规范化。顺着这个话题，您能否谈谈在办学实践中碰到哪些具体的制度性障碍？

庞　川：我举个很简单的例子，我在立法会都讲过，对三地高等教育合作很重要的。比如说访问学者，我们请内地学者来澳科大做访问学者，这个本是一件简单的事情，但在我们这里就很困难。我以前每年暑假到美国去做访问学者，这个很简单，美国高校给我一个访问的签证，然后我到那边去，我购买保险等都比较便利。问题是现在我从内地高校请一个学者来澳科大做访问学者，但没有这个签证。就是说要么你是学生签证，要么你是工作签证，要么你是旅游签证，就没有一个访问学者的学术访问签证。所以我们经常提出这个问题来，其实内地高校也有很多学者需要到香港、澳门来做研究和交流的。

许长青：是的，国内高校教师都有出国出境访学的需求，至少是半年以上吧。但在国际留学基金系统里面，不包括香港、澳门高校。

庞　川：所以我们说这么好的资源，如果我们能进行合作，合作做科研等该多好，但是没有。没有这样一个制度安排。我讲这个例子就是表明大湾区人员要相通，信息要相通，物流要相通，资金要相通等，但确实还存在很多制度障碍。澳门大学一位法学院的教授曾指出，很多障碍是我们人为制定的，自己给自己框死了。其实访问学者这样一个签证并不难。一些制度性的问题既涉及到内地，因为它的签证是内地发的，又涉及到澳门，因为澳门会说你到澳门来的合法逗留时间问题，以什么身份来逗留的问题，所以制度创新是关键。

许长青：大湾区的本质要求是促进湾区融合发展，包括教育、科技、文化、经济的融合发展，因此需要建立一个开放型的人才市场，也要建立一个更加科学的人才培养体系。澳门科技大学创新型人才培养方面有哪些独特经验？

庞　川：实际上我们更多的是希望通过体验式学习等这样的一些方式以及国际伙伴学习，让学生能够更自主地去发挥个人的创造力以及团队创造力。我们有时候经常会发现我们的学生，在不经意之间会展现出他们很多的闪光点。早在 2007 年的时候，我们知道有一个国际企业管理挑战赛（Global Management Challenge，GMC），它是一个模拟管理的比赛，但我们都不知道有个同学去参赛了，就在澳门拿到冠军，然后代表澳门去世界参加比赛，最后在世界拿了冠军。后来记者打电话给我们说："你们科大的学生，他们的自主能力及创造能力非常强。"因为我以前在内地的学校工作，我在复旦大学待了十年，那个时候如果有这种代表学校出去比赛的，学校会组织集训什么的，对吧？但是我们的学生没有。后来我发现我们的学生有这样一个特质，慢慢地也就形成了这样一种文化，那就是让学生自主发挥的独立文化，我们不需要给学生太多的约束和引导。只是有时候给他们搭平台，提供一些资源让他们去发挥。这个可能跟澳门一些社团的性质有关系，我们的学生会就可能很难复制到内地去，我们的学生会是独立的社团法人，它是在特区政府注册的一个社团法人，他们有很大的自主能力。

许长青：那学校是怎么去指导学生会的，学校也不能约束它吗？

庞　川：对。理论上讲，我们是两个组织。首先我们会通过一种情感的纽带来引导学生。不管怎么样，这个社团叫澳门科技大学学生会，成员是在校学生，所以学校是要加强引导的。其次我们的学生事务处会对他们进行一些资源上的支持，比如说一些经费，一些校内资源的应用，等等。我想通过这样的一些让学生自主的方式，会更多地激发学生的创造性。最后我们更多的就是鼓励学生不断学习，体验式地进行学习和研究，不断提升能力。因为私立大学需要直接面向市场，所以我们的学科，特别是本科学科，绝大多数是偏向于应用的，我们没有基础学科，如数学、物理、化学等，这样的一个特征决定了学生可能更多地需与实践结合起来。对于学生的培养，我们还鼓励跨学院之间学生的合作，我们也可以发现学生通过跨学院之间的合作，学生得到了很多收获。

澳门科技大学作为私立高校的决策机制

许长青：在大湾区背景下，澳门科技大学的定位主要是科技型理工科大学还是文理工综合型大学？

庞　川：澳门科技大学定位是综合性大学。澳科大共有九个学院，包括 IT 学院、中医药学院、健康科学学院、法学院、商学院、酒店旅游学院、人文艺术学院、国际学院、药学院等。学校的私立性质可能决定了它具有办学体制和机制上的优势。与澳门其他大学比较，我们的办学模式灵活很多。澳门的公立大学，如澳大、理工学院，他们有很多繁文缛节的程序，我们这边的决策机制就比较简单。对于一些重大事项，如果说我们判断是可以的，我们能自己做决定。就是校长办公会先讨论，然后校务委员会讨论，如果是学术的东西，我们拿到其他相关机构去讨论，讨论完了之后我们就去做了，不需要太多的行政流程。

澳门科技大学的重大科研平台与智库

许长青：刚才您说澳门科技大学可能有很多的重大科研平台，在大湾区建设背景下，澳门科技大学如何通过重大科研平台来服务大湾区发展，服务国家战略？

庞　川：目前我们的专利服务大湾区更多的是中医药国家重点实验室的平台，另外我们有深空的月球行星实验室，它跟我们的IT、系统工程是紧密相连的，所以科研方面的成果很多都是专利方面的，包括IT专利、系统工程专利等。在我们的系统工程研究所，有三个世界高引科学家全职在这里做。这些东西都可以与我们整个大湾区建设结合起来。另一个我们服务大湾区的空间就是大湾区旅游业人才的培养。澳科大和中山大学旅游学院合作得非常好。我知道你们旅游这一块做得很好，但中山大学更多地倾向于科学研究与区域旅游规划，我们这边更多地可能是直接与市场对接的人才培养。我们在澳门旅游人才培养方面具有独特优势，我们学校周边有澳门最好的酒店，所以在人才培养方面我们可以去做很多事情，共同服务于大湾区旅游业发展。再比如说我们的人文艺术学院，它具有一体化的人才培养体系，艺术设计本硕博学生培养均有。在整个大湾区内，我们和香港理工具有较强的优势，但香港理工是研究型的，我们是一个实践实务型的，所以这一领域也有可以服务大湾区的很多事情可做。澳门科大的商学院，在金融领域汇聚了一大批人才资源。澳门科大的专业设置的特点就是面向市场、面向社会需求、面向大湾区发展，因此完全可以较容易地去与大湾区的需求对接起来。

澳门科大也重视人文社会科学研究，重视大学智库建设。我们有三个教育部人文社科重点研究基地的合作伙伴基地。第一个是澳门传播研究中心，是与复旦大学传播学教育部基地合作的。他们会从不同的视角，比如城市形象传播的角度去做一些研究，对于大湾区整个城市形象的建立等也会做一些重大课题。第二个是知识产权研究中心。跨越国界的知识产权一直是我们所关注的领域，特别美国人现在也经常攻击我们的知识产权，还有在贸易保护主义、单边主义抬头的背景下，这个更值得关注。澳科大与中南财经政法大学合作建立知识产权研究中心，把合作领域及研究领域延伸到大湾区里面去。第三个就是水资源与海洋治理研究平台。水域、海洋是大湾区重要资源，大湾区因海而生，向海而兴，那么怎么把海研究好、管理好？这是澳科大重点打造的平台之一。大湾区的海域连在一起，但它分成三个不同的管辖水域，广东有自己的管辖水域，澳门有85平方千米的水域，香港大概有1 600平方千米的水域。我们在水域当中怎么去合作开发、保护？我们希望把这个作为一个民间智库，去给政府提供更多的政策建议。

建议形成大湾区独特的文化影响力

许长青：粤港澳大湾区的目标之一是打造全球科技创新中心。科技创新高地的建立需要大湾区内大学、科研院所的共同努力，需要大学创新联盟的整合力。如何使大学联盟真正发挥作用，全面提升湾区高等教育国际竞争力，您有什么政策建议？

庞　川：是的，这一块我觉得很重要。其实我去年（2017）6月参加马化腾邀请的在香港举办的粤港澳大湾区论坛活动，我当时提出来我们粤港澳大湾区跟其他的世界湾区比较，包括旧金山湾区、纽约湾区、东京湾区等，我们的很多指标不比他们差，甚至更好。但是我们在三个方面还不够：一是创造新知识的能力不够，即科技创新能力不够；二是我们把新知识转化成生产力的能力不够，尤其是香港高校的转化能力不够；三是我们的文化影响力不够，即湾区文化软实力不够。这是粤港澳大湾区三地的大学最应该着力去做的事情。那么如何才能通过合作去创造更多的科技创新成果并产业化，提高区域软实力？我想更多的是给大学教授们一个更自由的合作环境。比如我刚才说的内地学者无法来澳门来做访问学者，你怎么去鼓励他们能够有密切的合作？还有一个是资金的流动与使用问题。澳科大为什么在珠海设立一个珠海研究院，其中有一个原因是利用这个平台代码去向国家自然科学基金申请基金，做更多的科研。过去澳门科技大学在澳门是不能申请代码的，现在有了，今年可以的。问题是我买了科研设备到澳门来用，要过关，而这个过关就特别麻烦。着眼未来，在科研资金使用方面，在管理方面，应该给三地教师更多的便利。因此打造粤港澳大湾区科技创新中心，我也希望通过高校联盟打造更多的国家级平台，能够让这个平台成为一个开放的平台，能够让三地的甚至来自世界各地的科学家可以集中去合作，去不断突破。除了科技创新之外，我更加希望我们大湾区的高校通过高校联盟，加强合作，优势互补，把文化影响力，即世界级的文化影响力，凸显出来。东京湾区有它的文化影响力，旧金山湾区有它的科技影响力和创新文化影响力，纽约湾区有它的金融创新影响力，那么粤港澳大湾区的文化影响力在哪里？一个文化符号在哪里？这亟待共同打造！

许长青：的确粤港澳大湾区文化软实力远远不够，而事实上这非常关键。好的，访谈就到这里。非常感谢！

第 6 章

美国高校（企业）访谈录①

中国科学院院士咨询课题"高等教育、区域创新与经济增长：粤港澳大湾区建设中大学的角色与作用研究"课题组在 2018 年 10 月 13 日至 2019 年 1 月 22 日期间先后访问了美国旧金山湾区的斯坦福大学、加州大学伯克利分校、谷歌公司，纽约湾区的哈佛大学、哥伦比亚大学、纽约州立大学奥尔巴尼分校，波士顿湾区的马萨诸塞大学波士顿分校、波士顿学院，还有芝加哥大学、威斯康星大学麦迪逊分校等 10 所高校（企业），访谈了 11 位专家、教授、工程师等，共 12 人次。

6.1 斯坦福大学

学校简介：斯坦福大学（Stanford University）是位于美国加利福尼亚州的一所私立研究型大学。1891 年由时任加州参议员及州长的铁路大亨利兰·斯坦福和他的妻子简·莱思罗普·斯坦福创办。学术方面，斯坦福大学与旧金山北湾的加州大学伯克利分校共同构成了美国西部学术中心。斯坦福大学培养了很多著名人士，其校友涵盖 30 名富豪企业家及 17 名宇航员，亦为美国培养最多国会成员的院校之一。截至 2018 年 10 月，斯坦福大学的校友、教授及研究人员中，共有 83 名诺贝尔奖得主（其中 17 位仍在校内）、8 位菲尔兹奖得主以及 27 位图灵奖得主。该校工程学院、教育学院、商学院在美国排名数一数二，其他学科也非常优秀。本次接受访谈的单位是斯坦福大学教育学院。

访谈对象：米歇尔·斯蒂文斯教授（Prof. Mitchell L. Stevens）。

米歇尔·L. 斯蒂文斯，美国西北大学社会学博士，现任斯坦福大学教育研究院教授，从事教育社会学、高等教育学研究。博士论文题目为 *Kingdom and Coalition*: *Hierarchy and Autonomy in the Home Education Movement*。主要教授"社会学导论""教

---

① 加州大学、谷歌公司、马萨诸塞大学波士顿分校、芝加哥大学的访谈录原文是中文，其余大学的访谈录原文是英文，在将英文翻译为中文的过程中，我们尽量还原英文原意，但难免存在疏漏，敬请读者谅解与指正。

育社会学""比较教育""高等教育与社会""高等教育领导力研讨班""案例研究基础""质性研究方法""质性研究方法高级研讨班""教育研究中的质性方法""实证研究的原则""高等教育研究研讨班"等课程。曾在 Annual Review of Sociology, Sociology of Education, Evaluation & Research in Education 等杂志发表多篇论文。代表著作包括 Seeing the World: How Universities Make Knowledge in a Global Era, Creating a Class: College Admissions and the Education of Elites, Kingdom of Children: Culture and Controversy in the Homeschooling Movement, Remaking College: The Changing Ecology of Higher Education 等。近期开展的研究项目包括 Seeding a Bay Area Human Capital Lab at Stanford University, Project on the Future of Work and Learning in Northern California 等。

访谈地点：斯坦福大学教育学院斯蒂文斯教授办公室。

参与人员：许长青。

访谈时间：2018 年 10 月 13 日。

访谈内容：

国际湾区：起源不同，借鉴学习时需平衡好模仿与创新

许长青：斯蒂文斯教授，您好！我们研究的课题是"高等教育、区域创新与经济增长：粤港澳大湾区建设中大学的角色与作用研究"。建设粤港澳大湾区是中国国家战略，目标是打造一个与旧金山湾区、纽约湾区、东京湾区、波士顿湾区等相媲美的世界一流湾区。我们看这个粤港澳大湾区地图（访谈中展示地图），这是香港，这是澳门，这是广州，这是深圳。中山大学位于广州，深圳是中国高科技企业密集的地方，产业转型非常成功，科技创新能力突出。您如何看待这个大湾区课题的研究？

斯蒂文斯：首先我要说的是，在湾区发展与高等教育关系问题研究上，现在已经有了相当成熟的研究。这里我要介绍四本著作：一是《区域比较优势：硅谷和 128 号公路的文化与竞争》[1]；二是《研究型大学与公共利益：不确定性未来的发现》[2]；三是《创造市场大学：学术科学如何成为经济增长的引擎》[3]；四是《智慧之城：冷战科学与寻找下一个硅谷》[4]。同时也建议看看这些书所引用的文献。这其中有一位非常重要的女性作者，她就是萨斯基亚·萨森（Saskia Sassen），她是哥伦比亚大学社会学系教授，主要从事全球化和全球城市研究，著有《全球城市》（The Global City），是"全

---

[1] SAXENIAN A. Regional advantage: culture and competition in Silicon Valley and Route 128 [M]. Cambridge, MA: Harvard University Press, 1994.

[2] OWEN-SMITH J. Research universities and the public good: discovery for an uncertain future [M]. San Francisco, CA: Stanford Business Books, 2018.

[3] BERMAN E P. Creating the market university: how academic science became an economic engine [M]. Princeton, NJ: Princeton University Press, 2012.

[4] O'MARA M P. Cities of knowledge: cold war science and the search for the next Silicon Valley [M]. Princeton, NJ: Princeton University Press, 2005.

球城市"概念的提出者。因此关于大学和区域经济增长之间关系的文献很多，课题研究不需要从零开始。如果你对旧金山湾区感兴趣的话，那么这对你来说将是特别有价值的。其次，美国的城市系统，包括湾区，从来没有规划过。它们有一个汇聚的过程，进而形成这个"壮观"的区域。湾区的形成有两个原因，一次是冷战，联邦政府在研发上投入了大量资金，资源集聚在旧金山区域；另一个是加州高等教育总体规划，进行了巨大的资金投入。所以，湾区是一个复杂的系统，从来没有计划，只是有来自联邦政府和州政府的大量资金投入来进行武器和弹药的研发，但最初的目的是为了应对冷战，而不是改善这个区域。世界各地有很多人来加州取经，他们想知道我们是如何做到这一点的，但实际上没人规划过这个区域的发展。

许长青：您的意思是旧金山湾区的形成和发展不是由政府详细地规划出来的而是市场自发推动形成的？是市场行为而不是政府行为？

斯蒂文斯：旧金山湾区的形成是很多不同参与者的行为，如大学、大公司及政府部门，但这不是一个有计划努力的结果。你看这个地区的交通多糟糕，我们的交通基础设施其实很差，这就是不计划的结果。所以硅谷是一个区域经济奇迹，但这是一个地区性的经济奇迹，在一个特定的时间地点资源聚集在一起了。起初在二战期间是为了打仗，需要大量的军事科学研究。我不清楚粤港澳大湾区可以从"硅谷"中学到什么东西并把它运用到你们的区域研究中。在我看来，从某种意义上说，更好的区域建设模式可能是赫尔辛基、斯德哥尔摩。我最近还在想其他有规划的区域建设的典型案例，例如加拿大的蒙特利尔、多伦多。一些地方正试图利用他们拥有的资产，然后重新部署这些资产以适应不断变化的全球经济。因此我想要提出的一个建议是中国现在有能力创造历史，创造历史可能比尝试复制一些可能无法复制的东西更好。

大学的角色：锚和枢纽组织（Anchor and Hub Organization）

许长青：湾区发展也好，智慧城市也罢，都离不开科技创新的推动。您认为大学，特别是研究型大学在湾区经济发展中扮演的角色是什么？

斯蒂文斯：上面提到的欧文·斯密斯（Owen-Smith）在该领域做了大量的工作，非常简洁地阐明了大学在经济增长中的作用。他强调大学的两个角色：锚和枢纽。他所说的锚，就像船的锚，是指大学作为一个特定的、固定的地方，将来自世界各地的人和思想联系到这里，就像我们今天在这里进行的访谈活动一样，你从中国的中山大学来到斯坦福大学与我谈话，在斯坦福校园里还会发生其他的对话与交流。枢纽，就像机场，是指很多不同路线的交叉处。大学作为枢纽，连接着不同的专业知识、专业人才。我觉得枢纽的隐喻可能对你们建设粤港澳大湾区高等教育枢纽特别有启发、有作用。大学特别擅长把某区域发生的经济和文化活动联系在一起，大学实质提供了一个网络连接系统，发挥着枢纽的作用。所以很多人都喜欢来旧金山湾区，喜欢来斯坦福大学交流学习。这些人包括政府官员、企业领导人、学术专家、风险资本家等。因此大学是一个不同类型的人相处互动的地方。

斯坦福模式：加快健全大学科技成果转化机制

许长青：当我在给学生讲授教育经济学课程的时候，我经常会用斯坦福大学—硅谷的例子。硅谷的高科技产业是非常发达的，是成功的典范。但当我漫步在这个区域时，我没有看到任何绵延不断的建筑物以及工厂，我不知道这些工厂在哪而它又是如何运作的？

斯蒂文斯：是的，这是一个非常有趣的问题，你可能看不到，因为它们不在这儿。它们在中国，在其他国家和地区，对吧？正如安娜利·萨克森尼亚（AnnaLee Saxenian）在其著作中提到的"制造过程已经在全球范围内分散开来，我们并不需要做很多"。这里不再是一个工业区，南加州的工业制造业比这里要多得多。你没有看到工厂，因为这没有。

许长青：所以这里是个资源聚集地，高科技成果的聚集地，从事的是上游产业链工作，特别是斯坦福大学以其科技转化而闻名世界。我很想知道的是斯坦福大学的教授和学生们是怎样进行科技转化工作，或者创立创新型公司的？教授、公司、大学和学校部门之间如何进行成果转化后的利益分配？有没有什么机制？

斯蒂文斯：我不想过度简化某些事情，但它又与此有关。事实上学术研究人员有动力发表研究论文，但他们没有动力进行成果转化，所以政府或大学必须创造一些激励机制促进学者们做此类工作。因此，斯坦福模式常被复制，这种模式就是行业附属机构计划（Industry Affiliates Program），也就是一种使公司向大学捐款以及补贴研究的机制和模式。这种模式非常重要，因为学者们不想只是做合同顾问，他们想做研究，所以你必须有这些合同的条款。这种模式促进了"资金—思想—人力资本"的双向流动，但在流动中大学保留了自治权和独立性。斯坦福大学还建立有技术转移办公室，有整套组织机构和法律制度保障可以帮助教授们处理与产业界的关系，从而较好地实现产学联系。世界各地的大学都在借鉴斯坦福大学的这种技术转移模式。

教师评价：斯坦福大学以世界一流的研究成果作为评价教师的首要指标

许长青：但是资源是有限的，教授们的时间也是非常有限的。我不知道斯坦福大学的教授们是如何运用自己的时间的？而中国的教授们总是有很多事情要做而抽不出时间。

斯蒂文斯：在斯坦福大学，或美国的研究型大学，我一年中九个月的时间每周需工作四天，我有20%~25%的时间可以自己支配。如果有雇主想雇用我做某事或做咨询顾问，那么这就可以实现。因此，大学必须创建一个体制，让教师有时间做这些事情并且有这样做的愿望。同时我们这里的教学任务非常适中，我们基本上已经被允许参与产业界的事务。

许长青：那么这样的话，斯坦福大学是如何评估教师绩效的？因为不同的学科，教师有不同的任务。

斯蒂文斯：在斯坦福大学，教学是不需评估或奖励的，因为我们都在做教学工作。我们受聘成为研究人员，我们的任命、晋升和任期都是基于学术研究成果，而不是基于我们的教学工作。所以在斯坦福大学工作的教师必须先成为顶级研究人员，然后才能在意其他的东西。研究型大学创造了这一空间，他们为教师提供了做一流科学研究所需的时间。当然教学与科研是互动的，科研也促进了教学水平发展。

许长青：当不同学科的教师在职务晋升时，他们是用相同的升级标准还是有不同的标准呢？例如教育和工程这两个专业。

斯蒂文斯：同行评议，我知道在中国也实行同行评议制度。我没有被工程师评价，我受到全国各地教育和社会学方面高级学者的评议。评议我的人不是工程师、医生或艺术史学家。评议我的人了解我的学术研究并相对独立地向大学报告我的工作成绩。我们也有一个课程评估系统，但由于教学存在许多的不确定性，这个教学评价体系没有非常明确的指标，只是一个模糊的评价体系。因为美国的教学价值是模糊的，所以教师的目标是从学生那里获得良好的评价，大学基本上基于教师的受欢迎程度奖励教师。但这并不能真正衡量学生学到了多少东西，这就是我们学校的评价标准。斯坦福目前的教学评估系统实际上是学生评价和其他形式的结合。但我认为人们并不仅仅是因为我们是优秀的教师而来到斯坦福大学，他们来到这里是因为我们是世界级的研究人员，只是我们碰巧做了一些教学工作，卓越的教学能力并不是斯坦福著名的原因。

合作与交流：提升粤港澳大湾区高等教育国际竞争力

许长青：相比旧金山湾区的硅谷，粤港澳大湾区还有很多劣势，比如高等教育竞争力是一个值得关注的地方。您认为在大湾区如何打造世界一流大学？

斯蒂文斯：对此我有两个问题：一是中国是想培养本土人才，还是从国外研究型大学引进来自世界各地的人才？二是中国是想创建一个中文学术世界，还是想创建一个英语学术世界？我想表达的意思是国际高等教育的未来在某种程度上取决于中国如何回答这些问题，因为与中国相比，目前世界上还没有一个国家能有更多的能力培育更多的大学，对吧？所以这些决定真的得由你们自己做。如果中国领导层决定从世界上现有的优秀大学中引进人才，那就意味着需要创造条件，让人才希望来到中国、希望在中国生活，并相信他们的事业在中国获得成功。世界上最有成就的学者希望在某种文化和法律环境下的生活，这就是中国目前需考虑的重要问题。如果中国决定从世界各地引进人才，那么中国的官方学术语言需要改变，因为现在英语是主要的学术语言。但我不知道这个问题是否有正确的答案。20世纪初，德国创造了当时世界上最为知名的大学体系，德语是主导的语言。美国乃至全世界在20世纪下半叶试图效仿它。之后美国在高等教育体系中实现了它的全球统治地位，但美国只是部分地模仿德国，只从德国人那里得到一些想法，然后基本上自己创建了自己的系统，斯坦福是该系统的核心部分。所以现在你的问题是你想要从现有的体制中借鉴多少，还是你想用新规则开启一个新篇章。有些国家基本上还是模仿，我也看到中国正在模仿中坚持创新。目前来看，如果中国想要培养更多的世界级学者，如何做到这一点？可能还得尽可能与香港加强学术交流与合作。香港有国际化的学术活动吸引世界级学者，但是内地城市像北京、上海、广州目前都还做不到。

推动人才在大湾区中的流动：正向的流动性是关键

许长青： 人才对于大湾区的建设非常重要，人才的社会流动性是经济增长的核心，您赞同吗？

斯蒂文斯： 这里有一个重要的区别，湾区引进了大量人才，但是没有培养自己的人才。硅谷从美国各地引进人才。这意味着斯坦福大学的绝大多数学生不仅来自加利福尼亚州，而且来自美国全国各地、全世界。因此，社会流动性对经济增长的作用要看这个社会流动对谁而言。我们创设了旧金山湾区，吸引来自各地的人前来此地。但在加利福尼亚州的社会流动性是停滞的，没有人愿意离开这里，我们的交通正在完善，我们的公立学校也还行。我的意思是，在加州，社会流动性很强，因为来自世界各地的雄心勃勃的人都来到这里。但这与加州本地人口的流动性截然不同，也就是说，斯坦福大学并不仅仅向加利福尼亚的州民开放，它为来自世界各地的人们服务。但是对于在加利福尼亚本土出生的人，对于那些出生在加利福尼亚州的工薪阶层或者穷人来说，社会流动性已经停滞不前。确切地说是这样子，在美国有很多贫穷的人，他们无法给儿童提供教育，上不起公立学校，大学对于很多美国人来说花费非常高。现在与19世纪40年代、50年代、60年代不同，旧金山湾区吸引了来自世界各地的人们，不仅仅是当地人。

许长青： 是的，您的观点很有启发。湾区的人才流动已经不是从一个国家获取的问题了，而是一种国际性的人才流动，是各国之间的人才博弈。

斯蒂文斯： 至少美国的情况是这样子的。这在一定程度上影响了我们的政治发展，在美国沿海地区的很多富裕城市聚集着最多的受过良好教育的人才。美国目前的人口流动局面是很多穷人会从各州流动到纽约、波士顿、芝加哥、旧金山、洛杉矶、西雅图和迈阿密等这些地方，然后因为还有许多地方的社会流动性很弱，这对美国的政治产生了很大影响，产生了很多社会问题。

许长青： 请问斯坦福大学的学生中有多少比例的本地学生？

斯蒂文斯： 这个应该可以在官网上查到，我不太清楚具体情况，但本地学生肯定是少数。

许长青： 是的，美国确实吸引了来自世界各地的学生和人才。但当下的特朗普政府采取的人才政策我不知道会不会影响到其他国家的人才来美国？对此您有什么看法？

斯蒂文斯： 你这个问题问得非常好，这是一个非常重要的问题。显然特朗普政府对大学并不友好，我的意思是政府的政策让大学吸引人才变得更困难。特朗普政府的排他性移民政策使得大学很难找到他们想要的人才，这是美国政治中一个重要的关注点。

许长青： 好的，非常感谢您，真的受益匪浅。

6.2 加州大学

学校简介： 加利福尼亚大学（University of California，UC，简称"加州大学"）是

拥有 10 所公立大学并对世界发展影响深远的巨型大学系统，其分校包括加州大学伯克利分校（UC Berkeley）、加州大学洛杉矶分校（UCLA）、加州大学圣迭哥分校（UCSD）等。如今，加州大学拥有 10 个校园、5 个医疗中心、3 个国家实验室，共有 280 000 多名学生和 227 000 多名教职员工，是世界最大的大学联邦体，其旗下大学在各项学术指标和排名中均名列前茅。这些校区互为独立又紧密联系，各自作为独立的大学而存在，共同组成了享誉全美乃至全世界的加州大学。本次接受访谈单位为加州大学校长办公室。

访谈对象：常桐善主任。

常桐善，本科毕业于陕西师范大学外语系并在陕西师范大学教育系获得教育心理学硕士学位，在美国西弗吉尼亚大学获得高等教育管理硕士、计算机科学硕士、教育领导艺术博士学位。目前为加州大学校长办公室院校研究与学术规划主任，从事院校研究工作，负责加州大学招生政策、大学生就读经验、学业完成情况等方面的评估研究工作。兼任加州大学学术委员会顾问、伯克利分校高等教育研究中心研究员、浙江大学求是讲座教授职务。曾参加中国教育部本科教育评估以及"长江学者"评审等工作。常桐善多次回国参加各类研讨会，交流自己的研究成果和宝贵的实践经验。曾担任海外华人院校研究学会主席，加州院校研究学会财务长。在《高等教育研究》《清华大学教育研究》等期刊发表 30 多篇研究论文，介绍和阐述世界一流大学的办学理念、院校研究、招生政策、评价方法以及学生学习成果评估等相关内容。在访谈时，常博士再三强调，访谈内容仅仅代表自己的观点。

访谈地点：加州奥克兰市加州大学行政总部。

参与人员：许长青。

访谈时间：2018 年 10 月 10 日。

访谈内容：

收集大样本数据，检验高等教育与区域经济增长之间的关系

许长青：感谢常教授接受我们的访谈。访谈的主题是"高等教育、区域创新与经济增长：粤港澳大湾区建设中大学的角色与作用研究"。对这个课题研究，您有怎样的观点和思路？

常桐善：我觉得这个课题可以吸收类似的一些研究成果，这方面的研究也可能比较多。典型的案例就是旧金山与区域高等教育发展之间的关系。硅谷的发展已经是很清楚了，如果没有伯克利、没有斯坦福，可能就没有硅谷，至少可能会推迟好多年吧。硅谷几十年才走到这一步，高等教育发挥了突出作用。对于做好这个课题我可以提出几点建议，首先是你现在正在做的，那就是加强访谈的深入研究。同时一定要有数据来支撑，包括很多方面，比如高校的人才培养，硅谷这个地方高校比较密集；还有创新文化氛围的营造，大学可能不仅仅是培养人才，它更多的是营造了这么一个文化氛围，这个是非常重要。文化氛围包括了很多维度，怎么能够确定这些维度，可以做一

些实证方面的研究，可能会更有利。其次，除了访谈以外，课题可能还得通过一些渠道来收集数据，支撑你访谈获得的信息。加州大学的道格拉斯（John Douglas）在这一方面做了一些比较前沿的研究，如果能与他进行交流，可能会获得更多的启发。总之能够获得一手数据的支撑，我觉得对研究来说非常重要，会更有说服力。

许长青： 对，非常感谢，我也正在和道格拉斯教授取得联系，争取获得更多的一手资料。从整个研究来看，广州、深圳、香港的数据可能会比较多一点，但是美国这边的数据收集起来困难一点。我们可能会更多地整理粤港澳的数据，美国这边的数据能够搜集到更多那就更好了。

常桐善： 对，这边你可以查一查。大学对旧金山湾区经济发展主要体现在人才培养方面，因为湾区最主要的产业就是与计算机相关的领域，湾区的高科技新技术产业都与计算机有关，斯坦福大学、加州大学伯克利分校，还有其他的一些大学培养出来的人才大部分在这个周围工作，那么这是最直接的数据。当然反过来说，硅谷的发展对整个湾区高等教育的发展也起到了一个非常大的促进作用。如旧金山州立大学（San Francisco State University）是位于圣何塞的州立大学，它和伯克利、斯坦福不是一个层面的，但旧金山州立大学的计算机专业非常好，而这正是硅谷支撑它的发展。所以你也可以做一些这方面的数据分析。学校的官网上可能会公布一些相关的数据，比如大学的毕业生有多少到硅谷的什么公司工作了，类似的这些数据，也是非常重要的。另一个数据就是在这些大学的教授数量，还有这些教授在大学教学的同时和硅谷的公司有什么样的关系。当然这个数据不仅仅局限于计算机领域，还可以聚焦于商科，就是说商学院，像伯克利的商学院，教师不一定是教授，但都是企业创新创业导师（instructor）。这一点可能与国内的教授不一样，国内的工商管理学院有很多大牛都是教授，但却不是导师。这些导师与企业的联系频繁，关系密切。

许长青： 这个是不是与国内的双导师制有点类似？

常桐善： 不完全相似，这些教师可以不当教授，因为当了教授必须要写论文，哪怕是助理教授也都必须写论文，但这些导师都不需要写论文。这些导师也是兼职的，因为大学有规定，如果你不是教授的话，那在大学之外工作不能超过百分之多少的时间，比如说大学里面60%的时间，公司里面40%的时间。我觉得这个研究很意义。

许长青： 对，非常感谢常教授的建议，其实我也有类似的想法。在数据方面会有多种准备，如访谈数据、统计数据、调研数据等。用这些数据支撑我们的政策研究和其他国际湾区的比较研究。

常桐善： 我不知道你的访谈有没有包括一些大公司或政府部门的访谈，比如说硅谷的一些公司。如果只是在大学访谈，这仅仅是一方面的数据，那么企业或政府部门有什么想法，有什么需求，这个可能也很重要。在硅谷的中国人很多，这次时间比较紧，你要是下次来，我们可以拟订一个具体计划，我给你介绍一下硅谷的大公司。

大学为湾区营造创新环境

许长青：好，非常感谢。接下来的问题是大学角色，尤其是研究型大学的角色。其实我们都很清楚，大学的角色包括多方面，包括人才培养、科学研究、技术服务、文化传承、国际交流是吧？刚才您特别提到创新氛围的营造，比如说一个地区的经济发展，它可能不一定是大学对经济增长起了多大的直接作用，可能不一定表现为技术的直接支持，可能更多的是一种创新文化的营造。那么我想了解一下硅谷的创新环境到底如何，能不能介绍一下？

常桐善：对，硅谷就是因为有一个良好的创新文化环境。为什么说是一个环境呢？这种创新的文化环境包括多方面的，它是一个系统的配套工程。举个很简单的例子，比如说大学毕业生想来硅谷工作，硅谷或者大公司给我一个很好的职位，那么我可以到这边来工作。但如果你这个区域没有好的大学，没有好的教育体系，这些人的下一代怎么办？孩子的未来怎么办？是吧？这个问题是他们考虑的关键。因为毕业生到什么地方去，在什么地方工作影响的是后代，如果这个问题解决了，也就解决了他的很多后顾之忧。硅谷这个地方，大学较多，既有公立的顶尖大学加州大学伯克利分校，学费又低，也有私立顶尖大学斯坦福大学，但学费很贵。硅谷周围还有加州大学圣克鲁兹（Santa Cruz）分校、加州大学戴维斯（Davis）分校、旧金山大学（The University of San Francisco）、旧金山州立大学。这些大学都在硅谷周边，可以满足多样性的需求。当然其他的大学和斯坦福、伯克利相比，差距很大，但是它们也是不错的。这样的话整个湾区就营造了一个很好的教育环境、教育氛围，我觉得这个很重要。从另一方面来说，大学需要培养人才，需要招到足够好的学生，需要考虑到学生毕业后的出路，湾区的大学和硅谷也形成一种良性互动的关系，学生也有机会了解最前沿的科学技术发展，这样的创新氛围无形之中就形成了。

湾区不仅是地理区域还是文化区域

许长青：我最近也看了一些硅谷发展的研究报告，说大学的作用不仅是表现在技术支持上，更重要的是营造一种深层次的创新发展动力，大学在区域经济发展中的作用主要表现为培养、吸引和维持人才。而区域的发展关键在于能够把人才吸引过来、聚集起来，与区域创新互动，吸引人才，留住人才。我也看到一些美国大学技术创新的专利申请，其实硅谷这边大学本身的专利申请量并不是很多，但高新技术发展倒很好，而美国中部地区的一些大学专利申请量倒是很多的，但那里的高科技企业发展并不理想。这里面的深层次原因可能就是您所说的创新文化。硅谷这个地方能够吸引人才、维持人才，表现出人才流入和人才流失的净收益，这对粤港澳大湾区建设有何启发？

常桐善：对的。知识也好，创新也好，二者要形成一个系统网络。大学和大学之间，大学和企业之间，企业和各种资金以及企业、大学和政府之间经形成了这样一个良性的多变互动网络，区域就有了强劲的凝聚力。当技术发展得越好，大学也随之发展得越好,大学发展得越好,企业越从中受益。这个网络对粤港澳大湾区来说非常重要。湾区不仅仅是从地理上形成的这么一个大湾区,而且是一个更重要的文化区。当然地理位置也是一个必要条件,它靠近海岸,具有区位优势。凭借这个区位优势,加上文化软环境,它就能跨过海洋、跨过太平洋,连接到另外一个大陆、另外一些国家。美国特朗普总统实施中美贸易战争,但加州却要加强和中国的合作。加州也好,华盛顿州也好,他们都希望加强与中国的贸易合作。因为环太平洋区域(Pacific Rim)都具有这样的创新文化,大学在区域创新文化中发挥了重要作用。

大学发挥着知识生产、人才培养、科学研究、技术转移与服务社会的重要作用

许长青: 假如我们把大学的角色和作用划分层级的话,您觉得大学的核心作用是什么?大学的外围作用又是什么?

常桐善: 从大学内部来说,大学的主要作用就是产生知识,这样它就能不断地给这个区域的发展补充知识的营养,这个非常重要。知识的创造当然包括很多的讲座以及和公司合作培训,也包括大学培养的学生,他们把在学校学到的这些知识直接带到公司去了。同样,教师也通过刚才所说的兼职等其他非正式渠道把这些知识源源不断地带到公司去了,不断为公司补充新的营养。这些都是从内部来说的,就是知识的一种传递,所以这个我觉得是非常重要的。从政策的角度来说,政府要制定一个很好的政策,能够鼓励学校和公司,包括专利转让、政策扶持。

许长青: 也就是说人才培养可能是最重要的,知识传授、创造与人才培养是大学的本职工作,这些应该是大学的核心职能,是吧?

常桐善: 对的。另外就是科学研究以及成果的转化了。大学教师都在做研究,那么教师做出来的研究与产业的距离有多近,它是否能够很快转化成产品,或者能够有专利,这就是社会服务了。加州大学平均每天有五项专利产生。这些专利怎么能够实现产业化?利用加州大学专利在硅谷成立的公司已经很多了。同时以加州大学专利来成立的新公司每天都在硅谷不断地涌现,通过这些公司不断地实现产业化。从政策上来说,大学有专门的部门来处理这个事情。像加州大学校长办公室就有一个专门对接协调机构。

许长青: 对的,这个我研究过,应该叫技术转移办公室(Transfer Technology Office)。

常桐善: 对。这样就很好,在硅谷要想开办新公司或者一些存在的公司想要将某项成果转化,大学的作用非常大。

许长青: 高等教育和区域创新、经济增长之间的关系是一个历史的范畴,只是威斯康星思想或20世纪四五十年代以后,关系才紧密起来,当下这种关系好像是十分密切了。这里我想了解一下,加州大学系统是如何推动旧金山湾区高科技产业发展,有没有一些具体的案例或重大规划?或者说加州大学这个系统是如何服务湾区社会发展的?

常桐善: 对,服务社会发展也是大学的职能。现在国内大学也朝这个方向发展。而美国的大学是非常重视这个方向的,因为它的三大任务中,服务是非常重要的,教

育可以认为是提供公共服务的机构。大学并没有具体地针对哪些区域，或者哪些城市去提供这些服务，它所提供的服务是全方位的。加州大学在整个州设立有大约5万个公共服务点（public service sites），每个服务点包括了非常多的项目，如卫生、医疗、中小学教育、自然资源保护、减少污染等。而所有的这些公共服务点都是根据当地社会经济发展状况以及当地居民的需求来开设的，对区域经济的发展也起到了重要作用。这些服务点均由学校提供经费，或者由学校的毕业生来做这些事。这是一个非常庞大的系统工程。

许长青： 这个确实是一个很好的举措，通过公共服务点可以辐射到各个社区。

常桐善： 过去国内好多人不能理解大学公共服务到底是什么，怎么实现。这就是一个可以解释的案例。对硅谷来说，大学更多的是可以提供一些技术服务。从关系上来说，当然这种服务是互利的，你们可以去了解一下更多的细节。

许长青： 这里有一个具体问题，加州大学系统的教授和学生自己亲自创办企业的人数是多还是少？

常桐善： 人数还是比较多的，但是具体到有多大的比例也没有一个准确数字。刚才我跟你说了，就是这里好多的初创（start-up）企业大部分是学生毕业以后做的。也有老师通过公共服务点提供了这些服务。

许长青： 加州大学（UC）是美国著名的公立研究型大学系统，总共有几个分校？

常桐善： 加州大学有10个分校，分别为伯克利（UCB）、洛杉矶（UCLA）、戴维斯（UCD）、圣巴巴拉（UCSB）、欧文（UCI）、河滨（UCR）、圣克鲁兹（UCSC）、圣迭戈（UCSD）、旧金山（UCSF）、莫塞德（UCM）。这些校区互为独立又紧密联系，各自作为独立的大学而存在，共同组成了享誉全美乃至全世界的加州大学系统。各个校区都有服务点提供服务，有一些是收费的，有一些是免费的。

高物价导致旧金山湾区人才外流

许长青： 下一个话题是想了解一下旧金山湾区的人才流动与社会分层问题，主要也是为了借鉴与比较。因为粤港澳大湾区存在两种不同制度、三个经济货币区、三个关税区，所以人才流动存在很多障碍。旧金山湾区是否也存在一些制度障碍或市场障碍？

常桐善： 旧金山湾区人才流动性比较大，但也存在一些制约因素。一个最大的制约因素是湾区物价太高了。因为物价太高，导致很多人走了，不再待在这里了。虽然硅谷听起来工资非常高，有一些公司像谷歌、苹果工资确实比较高，但并不是所有公司的工资都很高。目前整个湾区的人才呈现出外流的迹象，湾区物价太高就是其中一个原因。年轻人买不起房子，硅谷一带的房子，即使很破旧的房子都得100万美元以上，但你做访问学者所在的城市麦迪逊可能很便宜，花三四十万就可以买一个很好的住宅。这个实际上对人才的去留问题产生很大的影响。第二个人才外流（Brain Drain）问题并不是美国内部流动，而是流到海外去了，比如中国。中国现在大量地吸引人才，优惠的人才政策对硅谷产生了很大影响，要知道硅谷每天、每年有大量人才回到中国

许长青： 对，那这样的话美国的人才流动对中国产生了溢出效应了，对中国有利。

常桐善： 是的。这也为粤港澳大湾区建设提供经验。大湾区也有人才流动问题，万一粤港澳大湾区出现上述这种状况也是麻烦的。大湾区发展到一定阶段，也会出现物价贵了，人待不住了，所以都让外地吸引跑了。因为物价太贵，那么证明相对来说它的发展基本上已经到成熟期了，就会遇到类似的问题。因为再拓展比较困难了，相反地，如果其他地方的活力很大，那么好多人可能会走。另外一个问题是人才的去留与整个国家的政策关系很大，如美国特朗普上台以来，政府对移民以及绿卡等一系列人才政策进行了很多限制，甚至在中国兼职，政府都要查看，这个对人才流动的影响就很大。这对一个以高科技人才最为集中的湾区来说，是一个很大的社会问题。现在我们在旧金山湾区就可以看到富人恒富，穷人恒穷，街道上无家可归者很多。

许长青： 对，这个是我在麦迪逊没有看到的，尤其是旧金山、洛杉矶两大城市，流浪者真不是一般的多。

常桐善： 威斯康辛—麦迪逊没有，当然这个也有其他原因，像旧金山还有洛杉矶都比较自由，允许无家可归者进来，所以其他州的无家可归者都跑到这里来了。那么你所提到的社会分层问题，旧金山、洛杉矶所出现的这种社会问题已经对它的社会经济发展产生了很大的负面效应。因为旧金山是一个旅游城市，其他国家的人来到这里一看，这根本不是他们所想象的那回事，所以也就不来了。社会流动（social mobility）其实和大学有很大的关系。加州大学办学的一个重要任务就是要提升贫困人口的社会流动性。从历史来看，加州出现过淘金热，那么淘金完了以后就是发展高等教育了。加州大学一位教授曾写过一本书，他的理念就是人人平等，只要你努力了，你就可以改变你的社会地位，因此加州大学一直秉持这一理念。加州大学在招生及学习过程中培养了很多家庭困难的学生。通过加州大学系统，你能上伯克利，或周边的其他大学，你就有机会到硅谷去工作。有机会到硅谷去，当然社会流动性就提升了，整个社会也会发生一个很大的变化。因为学生有这个机会上好的大学，同时也就有机会到好公司去工作。这些贫困家庭的学生不仅来自加州，而且来自其他州，甚至其他国家。这些学生最终在硅谷取得了很好的发展，取得了很大的成功，这样的例子屡见不鲜。

许长青： 这就是高等教育公平推动了社会流动，整个加州大学系统提供一种公平的教育环境。

常桐善： 对的。从大学招生来说，它营造了这么一个通道（pipeline）。这个通道其实还延伸到学生进入大学的"入口"之前，大学通过硅谷的公共服务，有针对性地对中小学，特别是贫困地区的中小学提供服务，提供机会，让他们有机会来到加州大学上学。入学以后，加州大学再次要为这些学生提供机会，加州大学与硅谷文化接轨，学生毕业以后经过文化的熏陶，就可以进入这些大公司，学生实现了阶层流动。所以整个硅谷形成了这么一个具有很强凝聚力的区域创新文化。

智库建设有利于引领湾区发展

许长青： 第五个话题是关于大学智库（think tank）问题的。大学在整个社会的发展中具有引导、引领的作用。大学如何在思想文化、价值理念方面去引领社会发展、湾区发展？美国的一些很著名的大学，包括斯坦福大学、麻省理工学院，尤其是加州大学在这一领域是如何发展作用的？

常桐善：国内把这些东西叫智库，但其实说是智库也存在一些问题，国内的现在智库太多，泛滥了。美国诸如兰德这一类的公司、企业，还有大学都在做研究。我也在做研究，我的工作就是研究我们的加州大学本身是一个什么样子，其他大学是一个什么样子，我们处于一个什么样的环境，面临什么样的竞争对手，这些都是我们在做的一些事情。从美国大学的发展史来看，美国整个社会是比较务实的，实用主义比较强，大学也是受到实用主义哲学的影响。谈到大学引领整个社会发展，这毫无疑问。当代高等教育实力可以说在一定程度上代表了一个国家的实力，大学要不行，培养不出人才，这个国家肯定就不行了。硅谷也是一样，如果没有这几所大学，它也是发展不起来的。硅谷最早的雏形就是由斯坦福大学物理系的一个教授在做，后来硅谷就在那个基础上发展起来。正因为斯坦福教授的理念，后来就发展壮大，发展到整个湾区。加州大学不仅引领的是加州的发展，在一定程度上也引领了美国的发展，对整个社会都有很大的影响。20世纪五六十年代，加州高等教育规划的出台对美国整个高等教育的发展产生了很大影响，在20世纪30年代到70年代末期，美国实现了高等教育从精英教育到大众化教育的转变，就是因为加州这三所大学——加州大学、加州州立大学和加州社区学院，也就是当时的加州高等教育总体规划发挥了很大作用。现在美国高等教育实现了普及化，整个国民素质得到大大提升。加州大学对美国政策影响非常之大。加州大学校长在奥巴马总统任期内出任国家安全部部长，世界上很多其他国家的领导人经常都到这来会见加州大学校长，这都足以说明他的影响非常之大。

加州大学的共享治理机制值得借鉴

许长青：对，加州大学系统对世界高等教育均产生了很大影响。请问加州大学系统运行机制如何？加州大学校长和各分校之间是什么关系？

常桐善：简单地说加州大学的运行是由总校校长办公室负责，校长就是整个学校系统的老板。州政府投资总校，然后再拨款给分校，他也是资源分配的总设计者。其实美国的公立大学系统有三个是比较著名的，包括加州大学系统、威斯康星大学系统、纽约州立大学系统。我们和他们的管理有点不一样，如你所在的威斯康星大学系统，威斯康星州成立有协调委员会（Coordinate Board），这个协调委员会由州长来协调董事会或者理事会，财政投资在州政府这一层面就拨给每一所分校了，每所分校的校长都是独立的法人代表。而加州大学就一个法人代表，伯克利、洛杉矶分校的校长都是不能直接去找州长的。分校有什么事，分校校长就必须要找总校校长。整体的加州大学的发展规划是由总校校长办公室来做的，当然比较细的具体事宜就由各分校去做了。需要说明的是，大学重大政策的颁布都是由大学董事会负责，而且加州大学的治理是由学术委员会和行政管理部门共同负责，是一种"共治"模式（shared governance）。

许长青：我所理解的威斯康星大学应该是由州政府的一个协调委员会来协调学校

事务，经费由州政府协调后直接拨款给各分校，每一所分校是相对独立，但还是一个系统。而加州大学系统由一个校长来协调，经费由加州大学拨付给每一所分校，但每一所大学也是相对独立的。

常桐善： 对。加州大学、加州州立大学、社区学院是三个系统，每个系统都有校长办公室，代表整个大学和州政府来谈判，要经费，而下拨到每个学校的具体经费，州里不管你，也不能管。

许长青： 这样的话，加州大学系统十所大学的校长有没有办学自主权？比如说在人才招聘、学生培养、经费使用等方面。

常桐善： 有的。大学经费是多元化的，比如说伯克利有毕业校友的捐赠，这是学校自己管理的。至于招聘，加州大学所有的政策都是一个政策，都是由总校学术委员会和校长办公室制定，包括招生、教师晋升、工作人员工资，它的标准都是一样的。但这里有个区间，比如说我们规定的教授工资是10万到30万美元，伯克利教授可能是25万美元，其他分校具有同样专业的教授，可能会因为背景不一样，或者区域不一样，工资可能是10万美元。这都是允许的，具体操作是分校操作，所有的政策由各分校学术委员会制定。这就形成了一种大学共治模式，学术委员会、校长共同治理大学，学术方面的政策全部都是由学术委员会来制定。因此校长办公室拥有很大的权力，我们这里设置的部门和各学校的设置是一样的，也有教务处、学生处、财务处、预算处、人事处、研究生处，就像一个跨国公司总部。

国际化办学，提高湾区高等教育的国际竞争力

许长青： 与东京、纽约、旧金山湾区比较，粤港澳大湾区高等教育竞争力可能还是不够，您认为如何提高大湾区高等教育国际竞争力？

常桐善： 聘请国际化人才，实施国际化办学，这很重要。现在中国实施"千人计划"，美国大学的工资很低，就十几、二十万美金的年薪，现在国内有给300万元人民币年薪的，将近四五十万美金，就可以吸引到美国优秀人才，人才是最重要的。大学没有教授肯定是没办法竞争的。再一个就是本科教育非常重要。如果一所大学招不到好的本科学生的话，这所大学就没办法做，你没办法成为最优秀的大学。美国顶尖大学，包括伯克利、斯坦福，对本科教育都是非常重视的，它要想尽一切办法招到好的本科生。因为研究生教育相对来说是老板的事情，教授要是有一个项目，招什么人那是教授的事了。但本科生教育就不一样，本科生没有具体的导师，但涉及整个学校的声誉问题。本科招了好学生，那么他毕业以后就可能留在学校读研究生或者去其他大学读研究生。像在加州大学能够读研究生的近30%，剩下的70%都是走入社会。30%的学生读研究生，这个比率在美国是比较高的。另外，还想说的就是大学的管理绩效太弱，不管是国际竞争力也好，还是内部的发展动力也好，如果大学管理出了问题，谈什么都是空的。中国大学的管理还是有很多问题，缺乏职业化和专业化的管理模式，制约大学的良性发展。

许长青： 中山大学要求达到80%以上。

常桐善： 对，你们大学要求比较高。尽管80%，那剩下的20%还是直接进入社会了，是吧？那么这些人对大学的影响，对大学的竞争力是非常重要的。为什么研究型大学这么重视本科教育，主要是通过本科教育来提升学校的竞争力。国内现在也很重视本科教育，但是实际上的重视程度和美国大学相比，可能还是不够。说实在的教师并没有表现出某种实质性的重视态度或者行为，因为我在国内也在带研究生。因为我在美国，他们在国内，他们说："老师，您在地球的另一头，我们和其他老师就在同一栋楼里面，但我们一个学期跟他们交流不了几次，反而和您还可以交流很多次。您的心离我们很近！"因为我这里通过微信、Zoom等手段上课，每周上一次课，但几乎每天都通过作业指导等形式与学生沟通交流。有些学校重视本科生喊得响，但是执行过程却有很大出入。但这个也不能全怪老师，咱们对教师的评价方式，对老师真正投入到教育方面有影响，在很多情况下产生负面影响。高等教育的国际化还包括研究成果、研究水平的国际化。以教育研究、高等教育研究为例，国内杂志发表的文章大多数是思辨型的，真正地解决一个什么样问题的研究少之又少。思辨型论文不是说没用，也有用，但是解决不了什么实际问题。社会或教育领域究竟现在遇到什么问题、我们需要怎么解决，需要做得很具体，论文就是要针对这些问题来提出解决途径。比如说高等教育研究的这些文章，往往是很空很大，没有具体的研究方法，这些都体现了高等教育竞争力。高等教育国际化还体现国际化的学术会议。现在国际学术交流的机会很多，但一定要重视实效。比如国内大学邀请了美国在高等教育评估领域的专家参会。他开完会后说："我不明白为什么邀请我来，我不知道这个会议为什么要开，没有讨论，没有互动。"这确实也反映了国内学术会议的问题，就是安排每个受邀请者做15分钟或20分钟的报告，没有深层次探讨这些问题。我们知道中国特色，但高等教育全球竞争越来越强，大学办学还必须要遵循一定的国际规范与模式。当然中国高等教育国际化水平确实越来越高，但可能还要更加提高。这一系列问题都可能会对粤港澳湾区高等教育发展产生影响。

许长青： 您讲的这些问题确实非常细致，细节决定成败。

常桐善： 一些东西确实是这样的。美国大学的教育也好，科研也好，社会服务也好，研究内容、管理等都非常细。美国行政人员和教师的比例基本上是4∶1。你到威斯康星也可以看一下，它至少也是3∶1。加州大学有12万多行政人员，教师不到3万人。为什么有这么多行政人员，那就是我刚才谈的这种细节性的工作都要行政来做。美国研究型大学基本上是3到4个行政人员，加1个老师，学生和行政人员的比例是3∶1。这个投入是很大的，但学术方面的事情做得很细。

许长青： 是的，非常感谢您的分享。

6.3 谷歌公司

公司简介： 谷歌公司（Google Inc.）由拉里·佩奇和谢尔盖·布林共同创立于1998年9月4日，是一家美国跨国技术公司，专门从事互联网相关服务和产品，包括在线广告技术、搜索引擎、云计算、软件和硬件。它与亚马逊、苹果和脸书一道被认为是美国四大科技公司。谷歌总部位于美国加州圣克拉拉县的山景城（Mountain View）。谷歌的创始人佩奇和布林曾是斯坦福大学的学生，他们在宿舍内共同开发了全新的在线搜索引擎，因此谷歌公司的创立与斯坦福大学有紧密关系。课题负责人于2018年10月参访了该公司总部，并访谈了该公司的工程师，旨在增加对高校与企业互动关系的了解。

访谈对象：陈晓鸣工程师。

陈晓鸣，中山大学信息科学学院2004级本科生。2008年毕业后到百度公司北京总部工作。2013年加入谷歌公司并在硅谷总部工作至今，现担任智能助理部门的资深工程师。

参与人员：许长青。

访谈地点：美国加利福尼亚州山景城（Mountain View）。

访谈时间：2018年10月12日。

访谈内容：

风险投资促进硅谷企业的创立与发展

许长青：我现在承担一个课题"高等教育、区域创新与经济增长：粤港澳大湾区建设中大学的角色与作用研究"。到目前为止我调研了中国香港、澳门、内地大学及美国的旧金山湾区的几所研究型大学，企业调研从谷歌公司开始。

陈晓鸣：硅谷这边应该是产学合作的典范，如果说案例的话，这边有很多的案例都是比较典型的。硅谷的成功离不开斯坦福大学以及加州很多著名的大学的支持。反过来的话，斯坦福大学等著名大学的成功往往也跟产业的紧密结合有很大关系。这里和美国东岸的区别还是比较大的。

许长青：晓鸣，能否简要介绍一下你在中大读书和留学的经历。

陈晓鸣：好的。我是04级中大学生，08届毕业生。我毕业之后首先去了北京，在百度公司工作了5年，然后跳槽到谷歌，在谷歌也大概是5年时间，在互联网行业大概有10年的经历了，见识了国内和国外的互联网公司是怎样运作的。

许长青：在百度工作过一段时间，那你就是本科毕业之后直接工作了，没有继续深造？

陈晓鸣：是的。我有很多朋友在中大多读两年硕士，也有不少同学已经过来了，我是直接去工作，然后再过来，因为有这样一个机会所以我就直接过来了。

许长青：谷歌是个私营企业吗？

陈晓鸣：是的。

许长青：能否简要介绍一下谷歌公司，它是怎么创立的？

陈晓鸣：这是一个比较有趣的话题。投资的话，美国的这些高新企业一般都会起源于风险投资。一些年轻人有一些疯狂的想法，如谷歌就说"整合全球信息，使人人皆可访问并从中收益"。当年的整个互联网内容相比于现在还是少很多的，但即使是这样，把这些数据全部索引下来，然后提供一个很方便的搜索引擎来给大家使用，这仍是一个很疯狂的想法。实现这个疯狂的想法，你就需要资金。资金的话，在美国就涌现了这样一类特别的投资人，他们不是投资一些成熟的行业来寻求稳定的增长。他们看到你有一个很疯狂的想法，就给你一些钱。可能有百分之九十以上的都会失败，但如果你成功了你就会给他们上百倍的收益。那么他们投资一百个这样的项目，那这些少数非常成功的项目就可以弥补所有失败的损失。风险投资行业的兴起促成了美国高科技行业的发展。其实高科技往往意味着高风险，很多的项目虽然很领先，但由于时机不对或者这样那样的原因大都会失败。但只要有一些成功的案例，就可以养活这个产业并不断继续下去。对于中国来说，它的影响也是非常深远的。我在国内互联网行业就有很深的体会。你看中国的第一批互联网企业，比如百度、新浪、腾讯，他们基本上都是用这种风险投资资本去建立最开始的原始资本积累的。而在那个时候你可以看到我们已经有一批懂技术的海归或者说一批能够放眼海外技术发展的人，比如马云、马化腾，开始捕捉到这样的机会。但是国内的资本界当时完全不知道风险投资是什么，他们完全不会去投资这么高风险的项目。而这些互联网行业，可以说当时整个中国的互联网行业都是靠美国或西方风险资本撑起来的。当他们完成了最初的资本积累，企业有了一定的规模之后，他们就会公开上市。我们也可以看到中国互联网公司往往就是选择了美国的纳斯达克和纽交所来上市，因为这边的资本市场更加熟悉这些高风险、高技术行业的增长空间和风险资金的权衡。

斯坦福等大学与硅谷企业的紧密联系

许长青： 就是说斯坦福大学的学生或老师是谷歌的最初的创始人吗？

陈晓鸣： 这个具体我不太记得，但的确谷歌有很多早期的想法就来源于这些大学的研究。他们的结合很紧密。比如谷歌的 AI（人工智能），虽然 AI 这几年很火，但是谷歌做 AI 已有十几年历史了。公司负责无人驾驶方向的领导曾是斯坦福大学人工智能实验室的主任塞巴斯蒂安·特龙（Sebastian Thrun）。这也是美国硅谷的一大特点，就是企业界和学术界的联合是很紧密的，包括人员的流动也都非常大。这个我们可以接下来慢慢展开讨论。

许长青： 你在硅谷工作了五年时间，你对谷歌公司的这种产学研合作有什么深刻的体会？

陈晓鸣： 这里有很多典型的案例能给我启发，特别是结合最近的 AI 浪潮，我们可以看到一方面一些早期只会在学术界里讨论的想法，比如深度学习、人工神经网络等，后来发现这些东西在业界有一个很大的应用场景，企业就会很努力地跟大学合作，甚至会去大学挖人，然后我们也看到很多大学的教授或者学界领军的人物加入到业界，比如获得图灵奖（Turing Award，计算机科学领域最高奖）的深度学习领域的三巨头，Geoffrey Hinton、Yann LeCun、Yoshue Bengio。Hinton 加入了谷歌，LeCun 加入了脸书（Facebook），Bengio 之前一直在学术界，现在也跟产业有很多合作。在 2016 年，

Bengio 与他人联合成立了 Element AI，这是一家位于蒙特利尔的人工智能孵化器，将人工智能研究转化为现实世界的商业应用。2017 年 5 月，Bengio 宣布他将加入总部位于蒙特利尔的法律科技初创公司 Botler AI，担任战略顾问。Bengio 目前担任 Recursion Pharmaceuticals 的科技顾问。

学术休假制度促进教授参与企业运作

许长青：加入到谷歌或脸书这样的公司，教授们并不都是兼职的吧？

陈晓鸣：大部分是兼职。美国大学有一个有趣的制度叫作学术休假制度，往往很多教授会在这个时间去企业做一些项目。典型的案例，如 Google Brain，当年就是斯坦福的 Andrew Ng 教授跟谷歌合作的项目。当他学术休假期结束之后，他对企业的了解也差不多了，然后他可以决定继续回学校教书或做研究，他也可以选择留在业界。

许长青：这个确实是好，可惜目前国内还没有这种学术休假制度。

陈晓鸣：这是一个很有意思的制度，值得中国大学借鉴。

"产—学"合作的正式与非正式形式

许长青：学术休假相当于给教师提供了一个条件，提供一个更加便利的、可以安心工作的环境去施展才华。那大学教授或者学生来企业合作，一般采取一种什么样的形式呢？比如说他有一个技术或者专利，那么这中间会不会有一个产权转让之类的问题？会通过怎么样的形式来规避知识产权风险？

陈晓鸣：对于学校的教授或者研究人员开发的研发成果，大学也都是拥有部分专利权的，他们可以选择用这些东西跟企业合作。比如说我这里有一个专利，企业感兴趣的话就可以向学校支付一笔钱来使用这个专利，这也是学校的收入。此外，可能更常见的门槛就是一种学术交流。因为学术界跟企业界往往追求的目标不一样。学术界的教授可能会说，我在很重要的刊物上发表一篇高质量的论文，这是我很看重的东西。而企业界会想，这个新的想法我能否应用到产品里面去创造利润。高新企业里有不少人，本来就有很好的教育背景，他们就会留意学术界新的发展，然后想应该怎么把它应用到产品上去。同时学术界的人也会去看行业中新的机会、界定自己研究的新问题。产业界与学术界存在这样的一个互动过程。

许长青：很感谢你的回答。也就是说，像这些合作一般都是非正式形式的吗？

陈晓鸣：两者（正式和非正式）都会有。

许长青：那你能不能介绍一下产学之间正式的合作形式，尤其是政府部门和大学与谷歌公司高层之间的战略性合作，这个有没有政府规划或者是协调？

陈晓鸣：美国是一个倡导私营经济的国家，政府部门在这些合作上面通常不会起一个很重要的作用，这是一个与国内相当不一样的地方。企业跟学校的正式或非正式合作就多得多。美国很多学校也是企业实体，虽然有些学校是非盈利的，但不妨碍它们的一些商业性合作，这也是学校的一个资金来源。

许长青：此时此刻，我们在这里与你交流，我们现在所在的地方是硅谷吗？

陈晓鸣：对，现在你所在的这个地方属于硅谷的范围。

许长青：在我的想象当中，硅谷应该是有一大片企业，高楼林立，绵延不断，但是好像我从旧金山到山景城，看不到什么企业啊。

陈晓鸣：这也是一个很有趣的现象，美国跟中国不一样，中国经济发达的地方往往都是一些密度高的大城市。这种都市圈文化在整个东亚都很常见，韩国、日本往往都是这个样子。但美国不一样，因为美国地方很大而且人口密度很小，除了像旧金山、芝加哥、纽约这样几个大城市之外，其他地方的人口密度都要比国内低得多。即使是一些经济很发达、有很多著名企业的地方也不意味着就是一个大都市，有很高的人口密度，硅谷就是这样一个很典型的例子。另一方面来看，虽然我们没有看到很多的高楼大厦，这家公司紧密地连着另一家公司，但如果你以交通的距离来看，其实并不算远。像硅谷里面的这些大公司，比如谷歌、脸书、亚马逊，往往都是在十分钟的车程内就可以到达，所以其实是很近的。还有就是美国的制造业工厂比较少，很多转移到了中国等人力成本较低、产业链比较完整的国家或地区，这里研发中心多一点，如亚马逊在西雅图，但这里也有挺大的研发中心。我们现在所在的地方就有谷歌、脸书、亚马逊，隔壁还有领英。这个企业与谷歌是紧密连接的，骑个车去也就是十分钟左右的时间，但其他公司像脸书、亚马逊就比较远一点，需要开车过去。

硅谷企业鼓励人才流动，创新创业氛围浓厚

许长青：明白了。我对硅谷有长期关注，因为这是教育经济学的重要研究领域。我也发现国外一些人把硅谷为什么会成功的原因概括为：一个是因为创新创业氛围非常浓厚，另一个是一流大学的人才支撑。所以我想问一下，硅谷创新创业氛围有没有什么典型案例，因为你在这里待了五年了，对这个有比较深刻的体会。你对硅谷的创新生态与氛围有什么感受？

陈晓鸣：高校所提供的氛围其实是美国，尤其是加州高新技术企业发展的一个很重要的先决条件。加州除了斯坦福和加州理工（California Institute of Technology，CIT）这些著名的私立学校之外，还有如加州大学伯克利分校等著名公立大学，在全美前十的公立大学中加州各分校占了一半，这些高校为加州提供了美国所有州中数量最多的高层次人才。如果没有这些人才，这里的高新企业也就无法建立起来。有了这些人才，即使总部不在硅谷，比如亚马逊，也会为了招人而在这里建立比较大的研发中心。此外，很多初创企业也会去吸纳这里的高校毕业生或者从这里的高新企业流出的人才，形成了一个良性循环。美国也会通过一些法律去促进这里的人员流动。企业间约定互相不挖人在国内可能很常见，但是在美国会被视为违法，就是说政府鼓励公司之间互相挖人。如果企业之间签了不挖人的协议，那么企业会面临高额的罚款，因为这阻碍了人才的正常流动。

许长青：你的意思是政府鼓励企业间相互挖人？

陈晓鸣：对，这是美国国会和议会的立法行为，它们认为这样有助于促进人才流动。还有一个就是公平性，如果说这些大企业之间不互相挖人，其实就相当于他们联

合在一起去限制人员薪酬成长。因为如果不能挖人那么人才的价值就不会放到市场里去评价,说你能不能值这么多钱。所以他们就会认为这样子是违法的。而且美国有特别惩罚制度,就是企业越大,违反这些法律的惩罚力度就越重,往往大家在新闻里能听到一罚就罚几亿甚至几十亿美金,让大企业不敢轻易违反。

许长青: 那也就是说,在硅谷人才的流动性是比较强的,人才的合理流动进而推动了经济发展。对于这样的流动性,政府有没有一些其他的政策,比如福利待遇等方面的一些鼓励措施?我昨天去了加州大学,那里的教授说现在硅谷很有危机感,因为房价太高,限制了人员流动。同时中国现在的发展速度很快,人才正加速向中国流动。对于这样的高物价、高房价及人才流失问题,政府部门有没有一些应对措施?

陈晓鸣: 硅谷的高房价是相对于美国其他地方来说的,就是说经常会看到硅谷的房价比美国其他州,尤其是经济不是很发达的州可能会高出两三倍。但是如果相对于国内的一线城市,比如说北上广深,这里的物价和房价不一定算贵。当然硅谷的高房价也会使得一部分人离开硅谷到其他地区发展。因为美国很大,往往有不少的机会。但它跟国内有一点相似的地方是,找地方容易但是找人才不容易。美国除了东西海岸有比较多的高水平学府培养出很好的毕业生之外,很多中部、南部州是很缺乏人才的。类似地,为什么北上广深经济发展得很快,这也跟中国的高等教育资源集中在这些大城市有很大的关系。以硅谷地区为例,这里年轻人年收入的中位数约为5.3万美元,为全美最高;但房价的中位数约为92万美元,也为全美最高。由于收入与房价不成正比,一些年轻人被迫逃离硅谷。硅谷比较尊重市场竞争,市场在资源配置中起到决定性作用。但政府也会采取适当的措施来吸引和留住人才,政府除了加强硅谷的基础设施建设外,主要是通过制定恰当的、有效的政策和法律来为硅谷人才营造良好的工作和生活环境,如制定和修改移民法、实施H-1B签证计划、实施外国留学生政策、颁布多部就业和劳动法规、执行比较宽松的商业秘密保护法、建立知识产权保护和专利制度等。

湾区建设中需要平衡好教授研究导向与企业实用导向之间的关系

许长青: 粤港澳大湾区的目标是要打造世界一流湾区,大学是湾区建设的新引擎。从企业角度来看,大学服务企业的最强职能是哪一块?

陈晓鸣: 我认为是毕业生。其实这是一个很有趣的课题,因为无论是国内还是国外大学都有一种现象,对大学的评价都更多的是从其研究能力上来看的。我经常听到一些大学教授说,我把学生教好了,对我的影响不会太大。但是如果我把研究做好了,我的职称和各种资源差别就会很大。而对于企业来说,其实从高校里面最想要获取的,也是最重要的资源就是人才资源。所以说教授和企业两者的关注点不一致。如何平衡好教学与科研,如何平衡好教授研究导向与企业实用导向之间的关系是一个很值得思考的问题。

高技术企业需要理论与实操兼备的复合型人才

许长青: 对于企业来说,特别是高新技术企业,对于大学毕业生,企业最需要的人才是哪一种类型？

陈晓鸣：既有扎实的基础知识和理论知识，又有良好的动手能力的复合型人才是最重要的。高校培养人才往往会更多从理论研究方面去做，这样的话会有不少毕业生的基本理论功底学得不错，但是要他们写程序或者是其他需要他们去动手的事情，他们就会比较弱。这个其实会影响一些好的想法的实现。另外，国内高校需要加强对学生创新能力和试错耐力的培养。不要仅限于书本上教的东西，而是要去想有哪些东西是我的课本上没有很好地提供的，甚至是产业领域没有人去做过的，要敢于自己去想，自己去调研，自己去做功课。这种能力是非常值得高校去重点培养的。这样的人才出来之后就不会只能够在企业里做一个螺丝钉，而是会成为一个创新的引擎，能够引领一些新方向的发展。

许长青：你这个观点和我的意见都很相似，你是我们中山大学的优秀毕业生，能够进入到这里工作确实是优秀毕业生。到目前为止，你觉得你成功的要素主要包括哪些？有什么感言可以分享一下？

陈晓鸣：在我的周边有很多成功人士，所以我也不敢说自己是一个成功的人。但是我能够走到现在这一步，中山大学给我的培养非常重要。这里我有两个非常典型的例子值得分享一下。一个是郭嵩山教授，他非常鼓励我们去参加一些学术竞赛活动，比如说 ACM/ICPC（计算机协会组织的国际大学生编程大赛）等这些程序竞赛活动。这就很好地填补了我们很多同学的理论知识扎实但是实践能力弱，特别是编程能力弱、算法能力差、解决问题能力弱的问题。我当时在中山大学加入了校队，代表中山大学参加了不少比赛，所获得的知识和经验为我以后进入企业的面试提供了很多帮助。另一个，我当时很有幸地被李文军教授所教，他在学院主管教学，他很重视学生的培养工作，这对我产生了很大影响。当时他教了我们的编译原理，我用他所教的知识在百度里面设计了三门编程语言。

许长青：哇，你太厉害了。

陈晓鸣：这表明重视教育教学的教授对毕业生素质和后来成长会起到非常重要的作用。

许长青：是的。非常感谢晓鸣！

6.4 哈佛大学

学校简介：哈佛大学（Harvard University）位于美国马萨诸塞州剑桥市，是一所享誉世界的私立研究型大学，是著名的常春藤盟校成员。THE2020 哈佛大学排名世界第 7。哈佛大学下设 13 个学院，分别为哈佛大学文理学院、商学院、设计学院、牙科医学院、神学院、教育学院、法学院、医学院、公共卫生学院、肯尼迪政府学院、工程与应用科学学院、研究生院及哈佛学院，另设有拉德克利夫高等研究学院，总共在 46 个本科专业、134 个研究生专业招生；其中本科生教育主体由哈佛学院承担。本次访谈单位是哈佛大学教育学院。

访谈对象：朱莉·鲁本教授（Prof. Julie Reuben）。

朱莉·鲁本教授是一位教育史学家，她的研究方向为美国思想、文化、教育制度、教育实践及其关系。她 1996 年出版的著作 Making of the Modern University，考察了 19 世纪末 20 世纪初美国高校变化的知识概念、学术标准、宗教和道德等之间的关系。她发表的论文涉及以下主题：学术自由的历史、平等权利行动、学生积极主义和公民教育的历史。她目前正在研究 20 世纪中期美国大学政治教育形式的演变。

访谈地点：哈佛大学教育学院鲁本教授办公室。

参与人员：许长青。

访谈时间：2018 年 10 月 29 日。

访谈内容：

大学的角色：人才培养、技术转移与雇主

许长青：我的课题是"高等教育、区域创新与经济增长：粤港澳大湾区建设中大学的角色与作用研究"。建设粤港澳大湾区是一个中国国家战略。请您谈谈大学在湾区经济增长中所发挥的作用。

鲁　本：的确，大学在它们所在国家和地区经济增长中扮演着重要角色。大学有时候没有明确地提出为经济增长做贡献，但有时又有明确的推动区域经济增长的政策。其中大学扮演的最重要的角色与技术转移有关，将科学与工程转化为技术，进而转化成生物、医药以及其他种类的物质产品。大学研究的某些方面似乎比其他方面更容易转化为经济发展的动力。然而，我认为一般情况下，即使大学不通过创造商业产品来做贡献，也会通过人才培养做贡献，培养更多接受过教育的人，为这个地区的发展做出贡献。所以即使大学没有直接对物质发展做出贡献，但他们培养了一批受过教育、知识渊博的人才，从更广泛的方面推动了区域经济发展。

许长青：在美国历史上，有许多赠地大学（Land-grant Colleges/Universities/Institutions），这些大学是如何在区域经济增长中发挥作用的？

鲁　本：是的，确实有许多赠地大学，它们扮演的角色各不相同，这取决于它们在哪里，谁管理它们。赠地大学最初的核心贡献是农业研究和农业技术教育，试图提高当地农产品的产量。但后来赠地大学的作用远远超过最初的作用，它们以广泛的方式为本州的经济发展做出了贡献，就像美国其他类型的大学一样。

许长青：我想知道美国有多少赠地大学，尤其是在波士顿地区。

鲁　本：1862 年颁布的《莫雷尔赠地法案》（Morrill Land-grant College Act）并没有指导各州如何分配土地，所以有些州创建了一所大学，有些州将土地赠予多个机构。所以，在波士顿，麻省理工学院获得了一些土地，最初哈佛大学获得了一些土地，就是农业站，但后来被拿走了，捐给了现在的马萨诸塞大学安姆斯特分校（University of Massachusetts Amherst）。但是波士顿的大多数大学都没有得到赠地的资金。

许长青：波士顿地区的大多数大学都是私立大学，是吗？

鲁　本：是的，有些赠地最初给了私立大学，但经过了一段时间，赠地主要给了公立大学。康奈尔大学除外，它主要是私立大学，但它得到了纽约州的赠地，所以有时候会有一些不寻常的安排，但是现在大部分的赠地大学都是公立大学。

许长青：世界著名的顶尖一流大学，哈佛大学、麻省理工学院在波士顿湾区经济中扮演什么样的角色？

鲁　本：首先，它们是大雇主，它们雇佣了很多人，这对经济有正向影响。他们跟各大行业有联系，波士顿区域，最突出的是制药、计算机等行业，麻省理工学院一直以来都与工业界有很强的联系。随着时间的推移、随着行业的变化，这些联系也发生了变化。麻省理工学院曾经与纺织行业、各种制造业有联系，但后来又开展军事研究，支持航空业发展，所以麻省理工学院和产业一直有联系。是麻省理工学院创造了产业，还是它是从现有的产业中建立起来？我觉得两者兼具。

"产—学"联系的形式

许长青：大学和产业之间的关系显然是非常密切，两者合力为区域经济发挥了重要作用。我想知道大学的教授和学生是如何参与到行业中去的？

鲁　本：这些教授从事研究，然后将其转化为商业运用，进而发展该地区的行业。有时学生也会做同样的事情，在他们接受教育后，他们创办了企业。有时大学会为特定行业做研究。行业只是利用大学提供的信息，大学并没有为此做任何事，只有那些意识到研究成果有用的人，才会想如何申请专利并利用它。学生学习到一些技能，然后开始创业。这些就是常见的技术转移方式。

许长青：在哈佛大学或麻省理工学院大概有多少教授或学生开设了公司？

鲁　本：可能数量相对较少，我不知道确切的数字，但有一些例子。

许长青：我看到在中国，教授们很忙，没有时间做产业化工作，他们必须完成教学、论文和研究等工作。为什么美国的教授有业余时间从事这些工作？

鲁　本：可能的原因是美国教授的时间不那么结构化，他们在如何利用时间方面有更多的自主权。我不确定中国教授的工作状况，因为我从来没有在中国当过教授。

许长青：你认为大学专业人士应该把大部分时间花在技术转让上吗？这对大学有好处吗？如何在学术研究和商业之间保持平衡？

鲁　本：我认为大多数创业的教授要么离开大学经营他们的生意，要么把生意交给别人经营。我不认为教授长期同时兼顾两者是可持续的，在短期内是可以，但长期是不行的。既做教授，又经营一家公司，这种情况比较少。他们要么离开高校，要么卖掉自己的公司，或者只在企业做咨询类的工作，诸如此类。有研究者已经研究了教授们"产—学"联系的各种形式，有些联系形式是可以学习借鉴的。但从推动经济增长角度看，有些做法的结果是不可预测的。所以你可以模仿，但模仿并不总是有效的。比如有些大学模仿美国的斯坦福大学创建一个研究园区，哈佛大学也创造了一个研究园区，但这对大学不一定有作用。由于产学联系的形式是动态发展的，某段时间适合某个区域的做法不一定适合其他时间其他区域，所以我觉得很难说出其中的诀窍。

许长青：为推进大学成果产业化，波士顿建立有科学园吗？

鲁　本：还没有像斯坦福大学那样建立科学园。麻省理工学院周围有很多企业，但这些是通过规划创建的研究园区。

许长青：与旧金山湾区、东京湾区相比，波士顿湾区的大学与产业的关系有什么特征？

鲁　本：它们会有所不同，它们在很多地方都不同。在美国，很难把市场行为和政府行为完全分开。它们是以市场为导向的，但有些市场是由政府需求创造的。如果没有美国政府，就不会有硅谷或者波士顿128号公路。是美国军费创造了这样一个市场，但同时，它不是由政府指导的。这是市场与规划的混合或互动。

许长青：刚才您说128号公路在波士顿附近，在这条路上是不是有很多高科技公司？

鲁　本：它们属于公司而不是大学。教授们也许是这些公司的董事会成员，也可能为一些公司开展研究，或者教师们的学生开设了这些公司，但这不是一种正式的安排。

许长青：好的。非常感谢！

6.5　哥伦比亚大学

学校简介：哥伦比亚大学（Columbia University in the City of New York）是一所位于美国纽约曼哈顿的世界著名私立研究型大学，大学认识到其地理位置的重要性，力求将其研究和教学与大都市的广阔资源联系起来。1754年，英格兰国王乔治二世颁布了《国王宪章》，哥伦比亚大学自此作为国王学院成立；1784年改名为哥伦比亚学院；1896年正式更名为哥伦比亚大学。它是纽约州历史最悠久的高等学府，全美排名第五。哥伦比亚大学属于常春藤盟校，是美国大学协会创始成员，也是世界上最重要的研究中心之一，为许多学术和专业领域的本科生和研究生提供了独特而卓越的学习环境。哥伦比亚大学由3个本科生学院和13个研究生学院构成，学校的文理学院、新闻学院、教育学院、国际公共事务学院、医学院、法学院、商学院和艺术学院在世界都名列前茅。根据THE2020世界大学排名，哥伦比亚大学位列全球第16名。

访谈对象：亨利·列文教授（Prof. Henry Levin）。

亨利·列文是美国哥伦比亚大学师范学院的经济学和教育学教授，教育私有化研究国家中心/教育成本与收益研究中心的主任。列文教授于1968—1999年期间供职于美国斯坦福大学，是该校高等教育学和经济学的荣誉退休教授。他是教育经济学家，已经出版了包括《成本效益分析》等十多本专著，发表了约300篇教育经济学以及相关学科的文章。他曾获得包括贡纳·梅耳德尔评估贡献奖（The Gunnar Myrdal Prize for Contributions to the Field of Evaluation）在内的许多奖项。

访谈地点：哥伦比亚大学教育学院亨利·列文教授办公室。

参与人员：许长青。

访谈时间：2018 年 10 月 22 日。

访谈内容：

新建大学计划：不同湾区政府参与程度存在差异

许长青：我目前负责一个重大研究课题"高等教育、区域创新与经济增长：粤港澳大湾区建设中大学的角色与作用研究"。国际上有三个著名的湾区，纽约湾区、东京湾区、旧金山湾区。现在中国政府正要建设粤港澳大湾区。粤港澳大湾区建设应该向纽约湾区、东京湾区和旧金山湾区获取更多的经验。两周前，我去了旧金山湾区，访问了斯坦福大学、加州大学伯克利分校等著名学府。今天来到这里拜访您，您能否从总体上谈谈这个课题的选题意义及研究思路？

列　文：每个湾区都有它的历史。旧金山湾区最初开始建设就是因为斯坦福大学有很多土地，并邀请企业来使用这些土地，企业和斯坦福大学的学院、毕业生一起工作。所以斯坦福就是这个州的高等教育的支撑。这也被称作科技园区或者高科技园区。但这是有周密计划地增强学生对技术的准备，提高学生对公司的贡献。而且其中一些公司甚至就是学院所有。旧金山和纽约很不同，我只能说纽约的市场性低很多。硅谷最开始就只是一所大学，斯坦福；之后，像加州大学伯克利分校这些大学都对此做出了贡献，但这并不是政府的计划安排。在纽约，政府的参与更多，比如说，康奈尔大学有个新的大学计划，新校区建在罗斯福岛上，而这个校区的建设真的是在政府促使下找地方和私人投资者合作建立的计划。粤港澳大湾区建设是一件有意义的事，这里有开放的市场，同时也有政府的强大推动。与其他湾区相比，这里有独特的地方，湾区的发展有制约因素，也有很多的机遇。你这个课题研究很有针对性，很有意义。

中美大学之间竞合的差异

许长青：湾区的发展需要大学的推动，而大学之间需要加强合作，请问如何加强湾区大学之间的合作？

列　文：旧金山湾区和纽约湾区的相似点就在于不同大学之间有所合作；而在中国，大学之间的合作就比较少。如果你在北大，你去问问清华，他们会说："哦，是我们邻居。"但他们不会把彼此视作"合作伙伴"。在美国建立有各种大学联盟，大学之间在项目上进行合作，我们的学生，我们的毕业生能够在纽约地区的很多大学里选课。这里没有太多的限制，如果学生在其他大学的教授那里发现了非常好的课程，他们可以去选那门课，并且不需要被迫必须在自己学校选，非常简单，这归功于大学之间有很多合作。斯坦福大学和加州大学伯克利分校也是一样。一般来说，学院之间都相处很好。还有加州大学旧金山分校，这里有很强的医学院。当然这里的大学也有竞争，但更多的是一种竞争合作关系。中国的一些大学很好，但大学之间的竞争可能更加明显。湾区的发展，不仅仅需要大学、企业和政府之间的合作，还需要大学之间的合作，教师与教师之间的合作，学生与学生之间的合作。例如，在我们的教育经济学培训中，学生必须学习经济学课程。我一直在和纽约大学的教授合作，他是计量经济学的著名教授。为了得到学习的机会，哥伦比亚大学的学生可以选修纽约大学的课程，不需要某种特别的安排。

许长青： 是的。大学之间的合作确实需要加强。现在不要说整个粤港澳大湾区，就是广东省内部可能也需要进一步加强合作。

列　文： 我在斯坦福大学做了31年的博士研究生导师，我也有很多来自中国的博士研究生，回国后去了北大、清华。我从北大里面看到了很多，我喜欢北京大学，同时我也喜欢清华大学。两所大学相隔20分钟车程，非常近，但是合作还是有待加强的。我提这个不是批评，而是特别强调。至于粤港澳大湾区，香港的大学之间竞争也很激烈。如香港有香港科技大学，这是一所相对较新的大学。它投入了很多资金来吸引教师，不仅仅是在香港，而且是吸引来自世界各地的优秀教师，很有活力。香港的大学遵照了英国大学传统，但在很多方面一直没有被激活。英国的大学并没有招聘那么多的人才，而是先发布一个职位空缺，然后等着看谁会申请这个职位；而香港科技大学总是在世界各地寻找人才。因为竞争和独立的大学传统，香港的大学之间开展合作有点困难。当我去香港中文大学访问的时候，这里举办了一个会议，但香港其他大学的教授几乎没来参加会议，尽管许多教师已在香港待了很多年，即使跟他们的研究领域相关，他们也不花时间在一起研讨，他们不经常碰面。如果我认识一个纽约大学的教授，知道他在做有趣的研究，我们会聚在一起讨论、分享论文。与他人合作交流对你的研究是非常重要的。因此粤港澳三地高校合作还需要进一步破解障碍。

许长青： 那粤港澳大湾区高校之间的合作困局该如何破解呢？

列　文： 可能还是要加大对大学的投入，不仅是政府的，还包括市场的。因为大学必须进行融资，成立一个委员会为大学制定预算，所以大学之间在资金上相互竞争，竞争优质生源、新的研究项目等。大学内部也有一些类似的竞争，通过竞争有的大学或学院获得了更多资金。也许大学之间竞争经费是好事，但当大学持续地竞争学生，导致不公平的竞争环境，这就不好了。很多大学的预算在很大程度上是由政府决定的，但也有些大学的资金不来源于政府，比如汕头大学有很多私有资金。所以我的理解是政府、企业建立产学联系进而有可能推进合作的产生。在美国有很多科技园，但他们中的大多数都做得不好，所以大企业不多，有许多小企业围绕在大学周围，这些小企业从风险投资家那里获得资金。波士顿128号公路有比较重要的企业，但他们没有硅谷那么有名。纽约之所以重要是因为它的规模，但纽约在新技术发展方面起步较晚，但除了少数像IBM这样的公司，IBM在30年前就已经是非常大的公司了。我认为推进湾区高等教育的合作，需要多元化的推动，尤其是多元化的投入。

建立新组织、新机制，促进"产学官"合作

许长青： 当今世界高等教育已经成为经济增长的新引擎，所以，您认为大学在粤港澳大湾区建设中应该扮演哪些重要的角色？

列　文： 我认为第一件事是大学之间必须创建一个共同目标，而不是大学之间目

标不一致或不相关。合作需要资源、需要共同努力,并且合作要有利于学校声誉和竞争力的提升。所以,首先必须有新的组织安排。美国的一些高等教育投资者认为:"我们不会投资某所大学,但我们要投资一个能让大学参与进来的新组织,新组织有董事会,董事会成员来自不同的大学。"因此必须形成一种促进大学合作的新的体制机制。中国有许多大学,但他们当中很多不愿意合作,所以要建立激励机制推动他们一起工作。在北大工作的教师需为获得终身职位或晋升而努力,他们本身没有动机与其他教师合作,他们获得终身职位或晋升的指标包括论文发表等多种指标。现在的问题是有太多的出版物、太多的期刊,学校更看重论文发表的质量,在哪个期刊发表的,而不只是有很长的发表列表。我的一个朋友,她是一个系统方面的教授,必须发表三篇论文才能申请副教授职位。她说她发表论文时非常谨慎,不在质量差的期刊发表,因为出版物的质量将受到评估。她正在仔细计划她要做什么、她要发表什么、她要在哪里发表,她非常非常优秀。所以这是一个很大的变化。美国的终身教职制度已经存在很长时间了,有50年了,所以教师们知道他们必须做什么以获得终身职位。如果激励制度改成这样,要求评估教师在政府、企业、公共组织、高校等的工作情况及其所做出的贡献,这将会促进"产学官"之间的合作。

许长青:现在推进产学合作、成果转化也是大学的一项重要作用,您对大学开办企业如何看待?

列　文:北京大学曾在一段时间里开设了100多家企业。闵维方教授曾在北京大学担任领导职务14年,他发现自己的许多工作精力需要用来处理北大开设的外部企业,这些企业多数都运营得不太好,它们让大学付出了成本,却没有为大学做出贡献。所以北大关闭了许多不盈利的企业,这引起了大学管理者和教师的极大关注。我认为推动大学成果转化需要建立一个新组织(新大学或新企业),可以让多所大学、政府、企业等合作。上海在这方面做得较好,政府给了大学很多土地资源,促进新校区的建立,形成足够的激励模式,促进"产学官"合作的顺利发展。我想在硅谷肯定有这样的组织(网络组织),集聚了大学、政府以及风险投资企业等关键行动者,粤港澳大湾区也是一样。

许长青:哥伦比亚大学在技术转移、服务地方政府和湾区发展方面有什么经验可以借鉴?

列　文:哥伦比亚大学的一些活动对湾区发展非常重要。在某些情况下,它们会开发或发现一些新的东西,当地的公司,甚至跨国公司为了获得这些新生事物的使用权而激烈竞争。你可以在网上搜索和验证,大学获得了多少版税与专利授权费,这就意味着大学通过技术转让与使用该技术的公司合作。纽约高校的技术转移历史我不太清楚,但我知道斯坦福大学技术转移的历史,这主要发生在20世纪50年代,而我60年代来到了斯坦福大学。我知道斯坦福的副校长做了什么,他是如何激励斯坦福的教师进行技术转移的。我想在纽约地区,企业没有这么依赖于大学。当然,每所大学都希望从自己的研究发现中获益,你可以在网上找到大学进行技术转移的详细信息,包括哥伦比亚大学获得的版税、专利授权费等。但是,即使是在硅谷,也没有一个整体组织，有机地将不同的大学、不同的企业以及其他组织联接在一起合作。因此，新组织既不是一个政府体制，也不是一个非政府体制，有时会有第三方加入，我认为这至少对美国的发展是非常重要的。我认为现在还没有组织能将特定的大学、企业很好地聚集在一起，有些组织只是围绕某个行业转，因此现在出现了很多行业协会。"产学官"合作还需注意一些敏感的东西。如哥伦比亚大学的教师最终应该只与一个企业合作吗？——答案可能并非如此。也就是说，企业不应该完全依靠哥伦比亚大学的技术开发。此外，是对教师的敏感性，我们每年都要写一份利益冲突表，这是许多规模较大的大学要求教员做的，规定教员不能私自转移技术并从中获得收入。我们每年必须详细填写利益冲突表格以提供信息证明我们没有违反利益冲突原则。如果政府给一所大学提供资金以进行开发，那么这个大学就该做出安排，将开发成果出售给工业界。如果政府参与其中，政府将对此表示允许。这是一个复杂而又富有争议的灰色地带。因为在某些情况下，行业不会直接找学校来寻求帮助，但会雇佣大学的研究人员，而他们在这项技术上工作过，企业可以通过雇佣研究生来实现这些利益，所以很复杂。

许长青： 很感谢您抽出时间来和我们交流，通过和您交流，我收获良多。

6.6 纽约州立大学奥尔巴尼分校（一）

学校简介： 纽约州立大学奥尔巴尼分校（University at Albany, State University of New York，简称UAlbang，SUNY）位于纽约州首府，是首都地区首屈一指的公立研究型大学，学校旨在促进每个学生个人的成功，它为17 000多名学生提供了充足机会。奥尔巴尼分校设有50多个本科专业，9个学校和学院，学生与教师的比率为18∶1。纽约州首府地区的就业率是纽约州北部最高的，并且是政府、技术、商业、医疗保健和教育等繁华行业的所在地。大学的地理位置为学生提供了无限的实习和公共服务机会，学生们将通过这些机会获得经验和测试技能，开启成功的职业生涯。

访谈对象： 亚伦·贝纳沃特教授（Prof. Aaron Benavot）。

亚伦·贝纳沃特，斯坦福大学社会学博士，现任纽约州立大学奥尔巴尼分校教育政策与领导系教授，曾在联合国教科文组织工作，是高等教育政策问题专家，曾多次来中国进行讲学。他的博士论文题目是：*Education and Economic Development in the Modern World*。他曾在 *European Journal of Education*，*International Review of Education*，*Journal of International Cooperation in Education* 等期刊发表论文多篇；他是 *Journal of Educational Studies*，*International Review of Education*，*Comparative Education Review*，*Sociology of Education* 等期刊的编委会成员；他也是多家学术期刊的审稿人，如 *Comparative Education Review*，*American Journal of Sociology*，*Social Forces*，*American Sociological Review*，*Educational Administration Quarterly*，*International Journal of Educational Development*，*Journal of Educational Studies*，*International Journal of Educational Studies* 等期刊。

访谈地点： 纽约州立大学奥尔巴尼分校教育学院教育政策与领导系办公室。

参与人员：许长青。

访谈时间：2018 年 11 月。

访谈内容：

中美大学办学自主权差异

许长青：非常感谢您接受我的访谈。我们现在正在进行的研究课题是"高等教育、区域创新与经济增长：粤港澳大湾区建设中大学的角色与作用研究"。我们已经对多所大学进行了调研与访谈，请您谈谈对这个课题的看法？

贝纳沃特：我对这个主题很感兴趣，尤其是关于创新。据我所知，中国各级政府通常具有较强的构建、协调、监督的能力并将所有事务纳入计划中。如中国的广深港高铁联通广州和香港，这是较大的基础设施建设项目，高度集中的决策具有较高的效率，对问题的高效解决具有重要意义。大学、高等教育也应该是这样。我的问题是，这种模式对高等教育、区域创新来说是否适用？如旧金山湾区的斯坦福大学、加州大学伯克利分校等高校的发展并不是有意识的政策导致。美国的高等教育体系权力非常分散，不同的高校有很多的自治权或办学自主权。尽管过去 20 年美国高等教育集权化程度有所提高，但美国高校的历史传统还是办学自主的。因此，教授之间会相互竞争，竞争优秀的研究生，竞争国家研究基金，做创新性项目，获得专利，努力成为更优秀的教授。斯坦福大学拥有数十亿美元的捐赠①，加州大学伯克利分校的资金来源也很多很充足。中国的大学很少获得大笔捐赠，因此非常依赖中国政府的财政投入。拥有办学自主权的高校更愿意承担风险，因为他们有相当多的资金，他们获得捐赠使他们可以冒险做一些不寻常的事情、做一些创新性的事情。我想广东高校的办学自主权还应该进一步扩大，如果这些高校拥有更多的办学自主权，它们才有更强的能力利用一些资金进行创新，承担风险也就相对容易。我认为创新都是冒险的，需要允许你的想法与他人不同，跳出特定的思维框架进行思考，这样新愿景、新战略、新方法和新技术才会不断涌现。中国的大学需要建立更加有效的激励机制促进学术研究人员愿意承担巨大风险，这是很重要的。旧金山湾区在创新方面非常成功，是因为它不是自上而

---

① 捐赠是向非盈利组织（如学院或大学）捐赠的金钱、财产或股票，旨在进行投资以增长本金，并为未来的投资或特定目的的支出提供额外的收入。"捐赠"也可以指非营利机构的可投资资产的总和，也称为"本金"，可以用于与捐赠者的意愿相一致的运营或计划。大多数捐赠旨在保持本金不变，同时将投资收益用于各种机构工作。大多数捐赠基金都有指导方针，规定每年可以支出多少投资收入。对于许多大学来说，这一数额大约是捐赠基金总资产价值的 5%。由于某些私立大学，例如哈佛大学或斯坦福大学，拥有数十亿美元的捐赠基金，因此这 5% 的金额可以等于一大笔钱。捐赠者有时会通过投资政策声明（ISP）限制大学如何使用捐赠。例如，捐赠者可以决定将捐赠收入的一部分用于基于绩效或需求的奖学金，以吸引优秀的学生，或者授予教授的职位，以吸引世界级的研究人员。除这些限制外，大学可以将分配的其余部分用作标准收入。有关是否应将其用于聘请教授、升级、维修设备，降低学费或资助更多奖学金的决定，由学校管理者决定。

下的制度安排的结果,而是自下而上的推动,它来源于创新的理念、创新的教师和创新的学生。

创造条件促进基层研究人员创新

贝纳沃特: 中国和美国大学之间的区别之一是美国的顶尖大学鼓励学生们表达自己的想法,即使学生的想法与教授的想法不同,学生也有机会反驳教授的观点。因为创新意味着,哪怕你只是一名初级研究员,你也可以有机会充分表达你的想法。但是我去上海时发现,初级研究人员几乎没有机会表达自己的观点。我去听一个上海有关政府部门推动上海成为一个学习型城市的讲座。上海有很多受过良好教育的人口,他们希望上海成为中国最好的学习型城市之一,成为一个终身学习的城市。我遇到了研究团队的负责人,该小组一直在调查上海居民终身学习的需求和能力。团队负责人做了一个演讲,听演讲的有方法论教学家、资深研究人员、初级研究人员等。到讨论环节时,只有高级研究员在提问,初级研究人员则保持沉默。因为在中国,如果你是初级研究员,你就应该坐在那里听,你必须尊重讲座主持人,你必须尊重教授。中国人总是期望创新来源于职称高的人员,来源于政府。总之需要有人告诉那些初级职称人员,他们应该做什么。

但是我告诉你,美国获得成功的秘诀恰恰在于:创新往往来自政府之外,包括来自初级研究人员。因此,在我看来,创新性研究的一个关键方面是为每个人提供机会,包括年轻的硕士研究生、博士生以及年轻研究人员,即使他们的意见可能与高级教授不同,也应该鼓励他们表达自己的意见。这是不容易的,因为文化的限制以及政策的约束。政府会告诉你如何在香港、澳门和广东省之间建设大湾区,而不是提供条件促进不同的机构进行更多的合作。举个例子,如果你想在大湾区建立一个研究人员联盟,研究人员来自不同的大学,不同的学科,政府该做的不是告诉你这个联盟要做什么,而是出台政策激励研究人员聚在一起讨论、提出想法、提出建议。政府提供的资金仅供合作研究项目使用,但政府不应该干预资金的分配。当涉及创新和原创性开发时,需要的是自下而上的方式,政府必须提供机会,鼓励政府之外的学者、民众进行创新。当然同时你们的创新又不能够完全独立于政府之外,政府拥有很多权力,资金也很丰富。但是政府必须要能够为大湾区的当地高校创造条件,让当地人敢于冒险和尝试。所以我认为创新必须来自政府之外,这意味着必须采取更长远的策略。

在硅谷,这种事情很早就发生了。惠普公司的两个创始人最开始是为美国国防部提供信息方面的服务,所以他们从国防部那里赚了很多钱。当我在斯坦福大学读研究生时,一些专业非常好,一些专业还过得去,也有些专业很不行。但是,斯坦福大学从外部基金中借了很多钱,斯坦福的管理也很聪明,他们说有资金了,我们得将资金分配到弱势专业,所以现在我们拥有最强大的学科体系,我们发展成了世界一流大学。在 20 或 25 年前,很多学院或系的发展还不是很好,但它们很好地利用了手上的资金,例如,我当时所在的社会学专业,它对美国社会学协会(American Sociological Association)的前任主席说,如果你来我大学,我会给你提供非常高的薪水和充足的研究资金,他们这样做吸引了很多非常有才华的人，很快提高了社会学专业的名气。但我所说的这些是需要时间的，中国不可能在五年内做到这一点，可能会需要几十年。所以必须要有足够的智慧，思考你们需要创造什么样的条件和氛围，允许试验和失败、鼓励创新和宽容失败、鼓励包括初级人员在内的更多的人参与创新活动。当然，改变并不容易。

大学在湾区建设中的角色：研究、教学与服务

许长青：大学在纽约、旧金山等湾区发展中扮演着非常重要的角色。所以我想请问，您觉得大学应该在大湾区的经济发展中扮演什么样的角色？

贝纳沃特：在美国大多数大学都强调三个不同的方面：研究、教学与服务。服务可能意味着许多不同的东西，但服务通常意味着大学为当地社区做了什么。当我还是一名年轻教授的时候，我想成为一名资深教授。我在申请长聘教授时，把材料交给相关同事，他们从以下每个方面进行评估：研究，发表了多少学术成果，发表在哪里，有什么影响；教学，做老师时候的表现；服务，社会服务也很重要。所以这不仅仅是有多少学术成果的问题，这还与教学和服务有关。服务主要是为了改善生活质量或推动社区、地区、国家的发展。现在中国很多大学在建设世界一流大学，过去想要成为"985""211"高校，现在又想要成为"双一流"大学。中国政府希望一些大学能在国际排名中名列前茅。但这种评估的主要标准与学术成果、诺贝尔奖、国际化之类的事情有关，而不是服务。因此，如果你想通过高等教育促进一个地区的发展，那么评价大学的标准之一应该是服务和公众参与。大学如何处理其与当地企业家和产业界人员的关系？问题其实已有解答。威斯康星思想凸显了大学服务的重要性。威斯康星做的是帮助农民，那些农民生产奶酪和牛奶，然后威斯康星大学提供更多的技术支持，帮助延长产业链。我们可以在密歇根等其他很多地方看到大学提供的这种服务。作为州公立大学的一部分，他们的承诺是为社区和国家提供服务，因为他们从国家获得了大量资金。粤港澳大湾区作为一种国家战略，大学就应该主动地融入湾区、服务湾区。大湾区的中国大学如何为社会提供服务，政府应该制定一种激励策略，使得大学不过分看重学术成果的发表，同时也为社会提供多种服务。

许长青：请您以纽约州立大学为例，解释大学如何为社会和纽约湾区服务？

贝纳沃特：好的，这是一个很好的问题。首先我们必须更多地了解这个地区的高等教育历史。不同的地区，其高等教育发展历史不同。在美国东北部，大多数的大学都很古老，它们可以追溯到17世纪至18世纪，如哈佛、耶鲁等大学，这些都是私立大学，不是公立的，他们的历史长达200~400年，非常悠久。而公立大学的历史则相对要短一些，公立大学只有150~170年左右，相对来说历史不是太悠久。私立大学的历史则可以追溯到两三百年以前。所以纽约先有私立大学再有公立大学。但是在威斯康星州，最先成立的是公立大学。威斯康星州的私立大学很少，大部分是公立大学。所以两个地区的历史是很不同的。在纽约州，哥伦比亚大学和纽约大学，这些都是私立大学。纽约州立大学是纽约州公立大学系统。该大学系统（SUNY系统）有64所大学和学院。我的同事莱恩（Lane）是研究SUNY系统的专家，关于SUNY是如何服务

地方的问题，你还可以访谈他。他可能会讲得更清楚。SUNY系统包括遍布全州不同地方的64所大学。它们不是全部分布在纽约湾附近，但它们都有联系，比如布法罗（水牛城，Buffalo）、石溪（Stony Brook），还有奥尔巴尼，它们都属于纽约州立大学系统。它们试图合作、试图一起工作，这也是一件非常有趣的事情。粤港澳大湾区应该考虑建立一个如何把大湾区内的大学联系起来的系统。纽约州不仅有私立大学，在全州还有一个很大的公立大学系统，非常独特。旧金山湾区可能和粤港澳大湾区比较相似，那里有斯坦福大学、加州大学伯克利分校，它们一直在竞争，也一直在合作，它们长期以来一直在相互合作。在加利福尼亚，它们也有一个非常好的系统，伯克利是一个公立大学系统，加利福尼亚州的大学系统由三大类型的大学组成，包括加州大学系统、加州州立大学和社区学院，有许多不同的机构。在马萨诸塞大学系统中，大学之间的合作多一些。有很多大学组成了一个团体，就像一个联合体。有些在马萨诸塞大学安姆斯特分校的学生，如果他们想在马萨诸塞大学系统中的另一所大学学习，他们可以获得入学许可。纽约州立大学系统服务纽约州地方发展的途径主要表现有三个：一是高校与政府的互动，高校会主动地与州政府合作，积极介入州政府的发展规划，寻找为地方经济服务的切入点；二是高校与企业的互动，主要表现为高校为企业提供科技、教育、咨询、信息服务，共同培育孵化器企业，培养稀缺人才等；三是高校与社区的互动，表现为当地居民免费开放图书馆、体育馆等设施，为其提供技术咨询、法律咨询、心理咨询，面向社区举办研讨会、举办文娱活动、开设多种实用课程等。

"产—学"联系

许长青： 你认为大学参与企业的建立、出售专利或进行专利转化是很重要的事情吗？

贝纳沃特： 这是个好问题。很多大学都对申请专利、出售专利感兴趣。不过这也是一个两难问题，因为大学应该是一个人们公开交换信息、想法与知识的地方，当你拥有专利、开办公司后会发生什么？突然间，这些信息变得成本高昂，因为专利拥有者不想泄露秘密信息。但大学应该是一个在教师、院系与学生之间有很多机会公开交流的地方，在这种情况下，你无法开放地谈论它，因为你拥有其专利权。这是一个两难境地，所以很多大学会说，如果你想成立公司，那我们保留专利，你需要在外面做企业。换句话说，如果你想成为一个企业家、一个商人，你就要建立自己的创业公司。你找到了资金，大学保留了专利。大学会继续为教授们保留职位，公司部分交给创业者做。

许长青： 纽约州立大学有自己独立的科技园吗？

贝纳沃特： 这是个好问题。现在我们大学隔壁有一个叫理工学院的地方，原来那是纽约州立大学奥尔巴尼分校的一部分，但后来与州政府，与一些主要的大学、软件公司、计算机公司，如施乐公司、IBM公司等合作，这促进了当地经济发展，同时它也筹集到大量的资金并建立了世界一流的神经技术研究机构。纽约州立大学的分校，彼此是独立的，整个来说没有独立的大学科技园，但与当地企业联系比较密切。

促进粤港澳大湾区人员社会流动：合作激励机制、教育参与社会、湾区身份认同

许长青：一些经济学家认为社会流动是经济增长的核心，融合发展是促进粤港澳大湾区发展的重要途径。粤港澳大湾区与纽约湾和旧金山湾有很大不同，尽管目前粤港澳在交通上已经顺畅，有高铁、有跨海大桥等，但人才的社会流动却还有许多障碍，请您谈谈关于这方面的建议。

贝纳沃特：一方面，中国政府可以加快发展基础设施，如高铁、港珠澳大桥等，改善互联网的接入状况，确保中国可以使用信息与通信技术。另一方面，构建一个促进合作的平台也非常重要，要能激励不同机构的研究人员开展合作。关于社会流动性的问题。在纽约和旧金山湾区贫富差距极其巨大，因为旧金山目前物价昂贵，所以人们需要赚更多的钱，他们也因此变得极其富有，但这只是少部分人。我们需要的经济发展，它要对中产阶级也有帮助，能为社区中的其他人提供机会，让他们也从这些社会流动中得到提升。我们要思考如何改善人们的医疗保健，如何提高基础教育的质量而不仅仅是大学的教育质量，如何提供高素质的教师，如何为学生提供更好的STEM教育。所以，打造世界一流的湾区，不仅是要针对那些受过良好教育的人，还要针对那些教育缺失者。受教育程度不高的人技能水平也有限，那么，该为他们提供什么样的机会呢？所以，当地政府应该要思考如何把社会资源比较均衡地分享给不同阶层，不应该让人们感到不平等，而是提供更多的生存与发展的机会。现在中国人的总体生活水平提高了很多，但贫富差距还是很大，一小部分人拥有很多的财富。所以在我看来，如果要形成粤港澳大湾区中港澳居民的国家认同，需要大学、政府都参与其中。政府、大学需要思考如何与社区的其他部分更好地接触，如提供更好的医疗服务、更好的教育以及更好的社会福利。

许长青：刚才您提到了一个重要的概念：国家认同。国家认同对大湾区融合发展非常重要，可以说是一个必要条件。所以想请问一下在这个问题上您有什么进一步的政策建议？

贝纳沃特：在这个问题上我们必须谨慎小心，粤港澳三地有不同的制度、不同的货币；三地人们有不同的教育背景、历史背景。国家认同是由不同的背景形塑而来的。我们必须问自己，你如何包容多样性？换句话说，如果你想加强粤港澳大湾区国家认同，你需要认识到在同一区域的人们是不同的，也就是你允许多样性的存在，这是一个微妙的事情。欧洲在这方面做得很好，它们既形成了欧洲身份认同，又有强烈的国家认同。

许长青：好的。您的回答非常具有启发性，非常感谢您！

6.7 纽约州立大学奥尔巴尼分校（二）

学校简介：同前。
访谈对象：贾森·莱恩教授（Associate Prof. Jason E. Lane）。

贾森·莱恩，宾夕法尼亚州立大学哲学博士（高等教育与政治科学方向），现任纽约州立大学奥尔巴尼分校教育政策与领导系主任、教授，教育政策与领导专家，开展跨境高等教育、全球教育政策研究。他曾在 Higher Education Policy，Journal of Comparative Policy Analysis，Journal of Higher Education，Journal of Studies in International Education 等杂志发表论文多篇。他的专著包括 Colleges and Universities as Economic Drivers：Measuring Higher Education's Contributions to Economic Development；Higher Education Systems Redesigned：Shifting from Perpetuation to Innovation；Building A Smarter University：Innovation，Analytics，and Big Data；Multi-National Colleges & Universities：Leadership，Administration，and Governance of International Branch Campuses 等。

访谈地点：纽约州立大学奥尔巴尼分校教育学院教育政策与领导系办公室。

参与人员：许长青。

访谈时间：2018 年 11 月。

访谈内容：

形成创新生态系统：激励教员开展研究与成果产业化

许长青：非常高兴与您就我的课题"高等教育、区域创新与经济增长：粤港澳大湾区建设中大学的角色与作用研究"进行交流。您觉得如何在湾区建设中发挥大学的作用？

莱　恩：这是一个很好的课题，我觉得发挥大学的作用需要考虑大学创新生态系统的整体性。通过对世界经济的分析，我们会发现世界著名的湾区并不是服务型湾区，也不是劳动密集型湾区，而是创新型湾区。这些创新型湾区产生新服务、新产品以及新业务，并且创新主要产生于大学或学院，尤其是研究型大学。大学研究氛围更浓、思维更活跃，支持专家们开展研究。不同湾区的差异可能在于区域大学是否处于一个利于知识资本化的环境，所以需要有基础设施、政策、组织结构、经济投入和空间来激励、奖励以及支持学术知识走向市场的行动，需要有效地促进知识的创造并将知识转化为经济成果，教员们有动力申请知识产权并在市场上出售，吸引投资者、买家或者其他想支持这些新知识产品的人。

许长青：所以您的意思是国际不同湾区虽然地域不同，但均有一个共同特征，即良好的创新生态。粤港澳大湾区处于建设的初期，在构建湾区创新生态方面您有什么好的政策建议？

莱　恩：是的。我一直在思考整个生态系统，其中一部分是思考如何激励教师做研究。我们要有组织结构和场所，使得教师能从研究机构申请到经费资助，有自由的时间开展研究工作，这是很重要的。当我在巴西的时候，我参观了一所有研究园的大学。他们的研究园紧挨着大学，但是研究园里没有教师，这是因为教师要忙于教学。所以我认为应创造一种激励机制，让教师们可以花时间在研究园，开展研究并将知识市场化，但他们还没有完成这方面的工作。第一点建议是大学要有资金支持研究工作，同时允许研究人员有时间在实验室里进行研究。第二点大学要创建一个结构，让人把知识从大学转移到一些实体，如新创公司，将公司运作起来，使其产品走向市场。硅谷在知识市场化方面做得很好。

大湾区内不同层次大学角色定位不同，各自扮演好角色促进合作

许长青： 粤港澳大湾区与纽约、东京、旧金山湾区相比，具有自己的特色，大学合作在中国非常需要，如何促进大湾区高校、政府与产业的合作成为一个大问题，您能给出一些建议吗？

莱　恩： 一方面是大学要找准在大湾区建设中要做的具体贡献是什么，大学有什么样的专业结构和空间布局以及如何利用恰当的方式增强互补性。大学之间存在相互竞争的挑战，大学之间相互比较一下会更好。如果能找到大学的独特性质以及它们至今如何互补、共同工作，那将会对湾区发展非常有利。这里举一个例子，在纽约州立大学系统（SUNY），我曾经是一个大项目的负责人，研究SUNY系统内64个分校的合作，我们先界定了研究问题，如研究大脑、药物、健康问题。在这些领域如何开展合作？在SUNY，我们有先进的研究型大学，也有两年制的社区学院。我们试着找出不同机构如何让其在这个项目中做出不同的贡献。以药物为例，一些研究型大学的研究者对前沿药物的理解非常到位，而社区学院教员的工作是面向社区的，更适合直面患者进行药物试验，这是不同层次学校的特点，他们做出贡献的方面不同。另一个方面是政府的激励机制，政府如何激励大学之间的合作。政府需要建立起一个基金资助组织，这个组织协调推动三地高校开展合作。意思是，基金必须是用于澳门、香港、广东之间的合作，这是对基金用途的硬性要求，高校必须找到方法来一起工作。基金影响一切，假定中国正在为这个地区提供资金，其做法不是告诉在某个大学拿了资金该做什么事情，而是告诉高校基金只用于三地高校之间的合作，这可以说是一种强制合作，是一个自上向下的强制性做法。如果美国想促进湾区更好地合作，也许我们会创建一个基金组织，我们把基金分别拨给波士顿大学、纽约大学、旧金山大学，然后说你们三所大学聚在一起合作，我想这将有助于破解日益分割的制度壁垒，形成合作合力。

大学与区域经济增长的关系

许长青： 莱恩教授在高等教育经济领域的研究具有独到的见解，也取得了很多成绩。请问大学是如何影响区域经济发展的？大学在湾区发展中扮演何种角色？

莱　恩： 这有几个方面。一方面是大学可以产生新的知识，可以创造新的产品、业务和服务，把产品推向市场。这种事经常发生，大学与与大公司合作，如与IBM、GE（通用电气）等合作开展芯片研究。这些学术研究创造新的就业机会，这些研究成果走向市场，也有些学生把他们所学到的东西进行转化，开设单独的公司，这些公司雇用个人，创造就业，推动经济增长。所以大学有服务、有产品的转化、有新业务的开创，新业务又带来新的资金，雇佣新的员工，又创造新的收入。这是一个良性循环。

另一方面是培养劳动力，劳动力受教育程度越高，越能推动地区的创新。一般来说，某地区接受高等教育的劳动力越多，公司越喜欢在这些地区设立总部或分支机构。因为这些公司知道，这里有高素质的劳动力供给，高素质的人才创造新知识，创造新工作，这是一个有用的螺旋。公司不仅需要能胜任创新工作的人，还需要能将创新成果推向市场的人。大学所扮演的角色是一个大问题。大学扮演的基本角色是消费者，他们购买供给，他们购买服务，他们必须建造房屋。他们有钱，他们与所有的社区建立联系，它们吸引人。大学吸引学生、吸引学者、吸引教工，这些人员通过工作获得薪水并在这个区域消费。SUNY 每年从纽约州吸引 8 000～10 000 名的学生。这些学生在学校消费，在学校工作，他们推动了经济发展。大学就像一位雇主，通过引进新人来推动经济发展。雇主支付给人才工资，人才会租房子、买房子、卖商品，所以大学的所有这些间接影响表明大学起到了"锚"（anchors）的作用。大学创造新知识，创造新就业机会，培养劳动力，素质更好的员工获得更好的工作，赚更多的钱，缴更多的税，这发生在一代又一代人身上，父母受教育程度高的孩子将获得更多更好的教育。这就是大学在经济增长中扮演的重要角色与所发挥的重要作用，既具有短期效应，也具有长期效应。总之，大学吸引所有人，吸引人们进来，创造更多的就业机会，形成更多的创新，这是大学在经济增长中扮演的重要角色。

大学、科技园与创业创新的环境

许长青：纽约州的科学园是如何促进专利转化的？你能以纽约湾区为例谈谈吗？

莱　恩：国家资助的项目，专利归国家，但国家激励开展专利市场化。专利权一部分归属高校，一部分归属个人，这样个体可以开办公司，大学和个人各获得一定比例的收入。大学也有自己的科技园，SUNY 系统也有。IBM、通用电气和英特尔等主要的芯片制造企业，都是我们大学的衍生公司，它们运营得非常成功。一些新创建的公司，如我们所看到的那栋漂亮的建筑，就在 SUNY 系统的大学旁边。纽约市政府投资了大约 10 亿美元来扩建科技园。大学将与领先企业合作，企业、政府将合作投入下一代芯片的研发。政府、企业、学术研究者一起创建了良好的学术环境，大量的资金投入促进公司利用这些先进技术。

许长青：SUNY 有没有直接参与公司的建立？

莱　恩：没有。主要是与这些公司一起创建了一个良好的研究环境，来自于不同实验室的研究人员，他们到咖啡厅聊天、交流想法，共享他们关于新技术的想法，他们正在实施哪些想法等。这些构筑了一个良好的创新空间。政府、大学和企业之间的关系应该是这样的，政府制定促进创新发生的政策。以美国为例，破产和重新开公司很容易。美国是一个包容失败的国家，但其他国家不是这样，不知道中国对于创业失败是什么政策？有些国家如果企业破产，企业主将会非常麻烦，甚至可能会进监狱。但在美国，有大量的破产保护，创业者可以重新开始创业。许多成功的企业家之前都有过破产的经历。

"产—学"合作形式多样：非正式与正式合作

许长青：在美国，大学与产业之间的关系是非常紧密，这些关系是正式还是非正式的？

莱 恩：可能非正式的比正式的多，这是湾区的一个优点。一个成功的科技园需要大学和企业有大量的研究人员来共同做真实的事情，然后相互分享他们正在做什么。非正式的联系表现在，他们一起在星巴克喝咖啡，谈论他们正在做什么，他们一起做事情或者相互竞争。他们处在激烈的竞争环境中，这有利于识别可能的创业机会。有时产学间也有正式的联系，比如企业资助大学开展研究，给大学提供资金用于实验基础设施建设等，这是一种法律的或合约的关系。加拿大的经济学家理查德·佛罗里达（Richard Florida）在这方面做了很多有关产学合作的研究工作，值得我们看看。非正式的合作方式很多，很多教师在开展咨询工作。教授们有很多学生，这些学生在教授们的实验室工作，然后到公司里工作，他们将在实验室里学到的东西运用到公司中，这种技术转移形式更加非正式。在星巴克喝咖啡，也是一种非正式的技术转移。大学变得更加开放，在这里有人在进行展示或演讲，有人进来听，这是让更多人了解新技术的公开渠道，人们讨论各自的研究，在这里做展示，然后发表论文。其他人可以看这些论文，并挑选出对工作有用的部分，然后在工作中使用它们。

许长青：好的。非常感谢！

6.8 波士顿学院

学校简介：波士顿学院（Boston College，BC）是美国一所私立研究型大学，由耶稣会（耶稣会士）于1863年创立的，当时旨在为波士顿主要的爱尔兰天主教徒移民社区提供教育。波士顿学院最初是一所本科文科学院，但随着其职能的发展，增加了研究生课程和专业学校，以履行其作为大学的职责。波士顿学院以传统为根基，力求成为人文科学领域的全国领导者，为世界面临的最紧迫问题寻找解决方案。随着近几年的发展，波士顿学院已成为国际知名的研究型大学和卓越的学术中心，护理学院、社工学院、商学院、文理学院、教育学院、法学院等都非常优秀。波士顿学院知名校友包括美国前国务卿约翰·克里、前副国务卿尼古拉斯·伯恩斯、投资大师彼得·林奇，谷歌、苹果等众多跨国公司高管。

访谈对象：菲利浦·阿特巴赫教授（Prof. Philip G. Altbach），波士顿学院国际高等教育研究中心创始主任。

菲利浦·阿特巴赫现任美国波士顿学院终身教授、波士顿学院国际高等教育研究中心名誉主任，国际比较教育研究权威期刊《高等教育评论》主编。阿特巴赫教授是美国比较高等教育学家、比较高等教育专业研究开创人，在国际比较教育界享有较高的声誉。阿特巴赫教授目前有专著与合著15部，主编与合编图书53部，发表学术研究论文近40篇。其中，专著《比较高等教育》先后被东京玉川大学出版社以及中国人民教育出版社等多家出版社翻译成多种文字,包括中文、日文、西班牙文等;专著《新工业国家的高等教育和科学发展》也先后被日本、马来西亚、菲律宾等国家翻译出版。阿特巴赫教授在《中国高等教育》《比较教育研究》等中国教育研究权威期刊发表文章十余篇;在中国已经翻译出版的专著和编著有:文化教育出版社1986年出版的《比较高等教育》;人民教育出版社2000年出版的《知识、大学与发展》;中国海洋大学出版社出版的《失落的精神家园——发展中与中等收入国家大学教授职业透视》《亚洲的大学——历史与未来》《变革中的学术职业——比较的视角》等。阿特巴赫教授2000年被北京大学教育学院聘为客座教授;2002年被华中科技大学教育科学研究院聘为客座教授。我国教育部以及北京大学、华中科技大学、浙江大学、厦门大学、上海交通大学等知名大学经常邀请他来中国参加国际学术会议并共同合作研究课题。

访谈地点:波士顿学院国际比较高等教育研究中心。

参与人员:许长青;汉斯·德维特(Hans de Wit),波士顿学院国际高等教育研究中心主任。

访谈时间:2018年10月29日。

访谈内容:

湾区的实质:人才、知识与创新中心

许长青:您好!非常高兴见到您!我是中山大学许长青,学校位于中国南大门枢纽城市广州市。

阿特巴赫:你好!很高兴见到你。让我先简单地介绍一下波士顿学院国际比较高等教育研究中心的主要工作。我们主要承担研究及教学工作。我们开设有研究生教育,有硕士课程,也有博士课程。我们还有三年制的国际高等教育硕士课程,可以说是全世界真正的国际高等教育课程。我们也开通了网上课程,在网上也有来自世界各地的教职员工,学生可以在线下和在线学习课程。我们在墨西哥大学有一个双学位项目,学生们在那里参加课程。我们有规定的学习程序,学生只需要一半的时间就可以获得证书。因此,我们作为一个研究中心,所有正常做的事情是教学、研究和出版,然后就是我们的专业发展,我们为人们做各种各样的培训课程,在世界各地,无论是在这里还是在他们自己的国家。我们平均一个学期有十五位学者来中心交流,目前的访问学者中有来自土耳其的、来自中国的、来自巴西的、来自智利的,接受国外学者的访问也是我们的事务。

许长青:是的,波士顿学院久负盛名,吸引了来自世界各地的学者。今天有机会来这里交流,甚是荣幸。我目前承担地方研究课题"高等教育、区域创新与经济增长:粤港澳大湾区建设中大学的角色与作用研究"。建设粤港澳大湾区是国家的一个战略,旨在建设成为世界一流湾区。和纽约湾、旧金山湾、东京湾一样,打造宜居宜业宜游的一流湾区。所以我想请问一下,大学在湾区中扮演什么样的角色?又该如何扮演好它的角色?

阿特巴赫: 哈哈,你是不是忘记了一个湾区,它就是波士顿湾区。你这个问题非常有趣,也很实际。我认为你说的旧金山湾区是完全正确的,因为这里有一种智力、学术和工业的有机结合。我想在广州、深圳、香港、澳门之间也是一样的。所以很有趣,如果你能利用这一点,那当然是很出色的。中国香港高校和中国内地大学之间存在着显著差异,所以要建立起这种文化桥梁,可能并不那么容易。但现在广州和香港刚刚开通了高铁,并且港珠澳大桥令人印象非常深刻,澳门大学的发展与中国内地的发展息息相关,发展态势令人着迷。所以这个课题是一个非常有趣的研究领域。关于区域、创新和经济增长的问题,我还有一些资料要给你。国际上还有很多区域也集聚着大量的学术人才,波士顿就是一个非常重要的地方,实际上很多学者已经对它进行了广泛而深入的研究了,有好几本书是关于波士顿的,但我们当时没有被称作湾区。

许长青: 是的。波士顿也是一个海湾,并且有全世界最好的大学。

阿特巴赫: 这里确实聚集了许多优秀大学。波士顿大都会区拥有100多所大学,超过25万名在校大学生。大学之间有很好的合作,都是大系统的一部分,并且有不同的级别。大学中的许多人有正式联系,也有非正式的联系,教师之间的流动性也比较大,我与在哈佛大学和麻省理工学院的一些同事也一起工作过。国际上许多城市都在大发展中,如莫斯科也是拥有大量的大学,莫斯科地区拥有45所大学。俄罗斯最好的几所大学都在那里,科学院也在那里。还有伦敦,也在加速发展中。我们所看到的加州大学,不仅仅是一个由10所大学组成的联合体(这些大学的排名都在前200),而且必须看到这个联合体是全球创新和知识中心。要理解硅谷如何与高科技联系起来,波士顿如何与生物技术联系起来,然后才可以知道教育对知识经济贡献的重要性。我认为波士顿和旧金山湾区可能是世界上最成功的高等教育与区域经济协同发展的典型案例。它们是如何做到这一点的?还是大学的支撑作用。哈佛医学院和麻省理工学院,还有三所世界一流的医学院、世界上最好的研究院共同支撑了波士顿生物医药技术的发展。马萨诸塞州的高校多年来创造了这个生态系统,并且相互合作。至少有六本关于波士顿地区的书讲述了它是如何做到这一点的,所以你可以阅读一下,我认为看起来会非常有趣。我认为在硅谷和旧金山,还有很多关于这方面的研究。硅谷是如何成为信息技术发展中心的?这些公司都有斯坦福大学的校友和斯坦福大学的资助,因为它是一所富裕的大学。我在斯坦福大学任教了一段时间,住在斯坦福大学的住宅区。在我们街对面的是惠普公司,它由两个人创办,其中一人是斯坦福大学的教授,另一人是斯坦福大学的学生。斯坦福大学向他们提供了街对面的土地来建造他们早期的工厂,现在惠普的办公地点已经很多了。高等教育推动经济发展还有其他的例子,如加拿大的温哥华、多伦多以及蒙特利尔等地,它们都在努力成为中心城市,这确实是一个非常有趣的话题。

以有机合作的方式发展湾区

许长青: 每个著名的湾区都有著名的大学支持,就像波士顿地区有哈佛大学、麻省理工学院等,旧金山有斯坦福大学、加州大学伯克利分校等,东京有东京大学等,可以说大学成为了湾区发展的新引擎。我想请问的另一个问题是粤港澳大湾区具有不同文化背景,应该如何推动湾区融合发展?

阿特巴赫: 是的,我可以谈谈我的想法。如果你看看硅谷如何发展以及我们波士顿如何发展,你就会明白湾区发展需要时间,这是不同机构的利益需求共同博弈的结果。尤其是那些意识到与大学合作对它们很有利的行业。事实上像旧金山湾区的斯坦福大学也投入了大量的资金和人员及其他重要资源,以进入这些不断发展的行业。正如我所说,在波士顿湾区,生物技术是最重要的,但是IT、金融服务也非常重要,在波士顿我们创办了共同基金,我们也培训了共同基金行业工作的人员。早在20世纪20年代,那些进入该领域的人就一直在这里工作,而且他们非常成功,因为他们创造了财富,所以我们受到了他们给予的资金支持。因此我认为湾区的发展要坚持以有机合作的方式来发展,这才是最佳的方法,要让每个人都支持合作。一起工作是因为部门要求一起工作,部门被业界要求一起工作,业界被城市要求一起工作,但这种合作不是一种被压迫的意味,而是具有一种需要的意愿,因为有不同的机构和部门,所以你需要和别人共事。粤港澳大湾区不仅需要与前三名的城市合作,当然前三名的城市对合作至关重要,是必须有的条件,但你必须有一个多元化的系统。

不同层次大学定位不同,大学间应良性竞争

阿特巴赫: 因为每个职位要有对应的合适人选,你还必须拥有可以做中层管理和下层管理的人。所以你需要有不同类型的机构。以波士顿湾区为例,湾区有麻省理工和哈佛,然后第二层次是波士顿学院、波士顿大学、东北大学和塔夫茨大学,然后还有一些学院和社区学院。他们也有一个公共部门,由群众组合而成并能让整个国家团结起来,从而培养出创新所需要的各种不同类型的毕业生。所以目前有些国家希望把所有的大学都发展成世界一流的大学,其实那没什么用,还得需要所有类型的学校,以适应不同的分工合作。同时需要考虑的是区域各大学之间的良性竞争。因为我们一直在波士顿学院,立足此处,我们总是观察波士顿大学和人们在街上干什么,以及塔夫茨大学在做什么。顺便说一下,我们不看哈佛在做什么,也不看麻省理工在做什么,因为他们完全与我们不在同一个竞争空间内,所以我们都理解自己的角色以及高等教育的运作系统。这就是这么多年以来,波士顿高等教育系统的进化,很难说没有人告诉我们该怎么做。我们现在有了正式的合作,合作中有一个长达25年历史的项目,它极具创新性。波士顿艺术博物馆附近大约有7~8所大学,包括公立和私立大学。例如,他们共享教职员工,其中有一个法语系,有一个艺术学院,其他大学的学生可以在艺术学院学习课程,因而其他大学就不需要艺术系等,但没有人要求他们这么做。

大学人文学科与科学学科的平衡

许长青: 有一些学者认为大学在区域经济发展中发挥着人才、技术和包容文化的三大作用,请问您是怎么看的?

阿特巴赫：是的，这就是几十年、几百年来美国高等教育系统发展起来的和谐方式。这就使得想要效仿变得非常困难，因为你需要这些组合才能同时起到两个作用。对于中国高等教育来说，同样可以创造这个系统，也可以创造世界一流的大学，但是如果没有足够包容的文化，没有人文社会科学学者的批判性思考，那么在工作中很难做到。所以这需要时间，需要一种不同于自上而下的做法。区域高等教育系统需要保持人文学科与科学学科的适当张力与均衡，因为即使是麻省理工学院，一所典型的技术型大学，也有世界级的人文科学和社会科学，麻省理工多年来也一直投资于非科技领域，他们也拥有一所非常好的商学院。所以我认为粤港澳大湾区需要更多地关注这些问题。

"产—学"合作形式与机制

许长青：您在前面多次强调大学之间的合作交流，能不能介绍一下大学之间合作的形式与机制？具体来说，波士顿湾区中麻省理工学院的教授、哈佛大学的教授如何与公司合作？教授们怎么做？是在企业兼职还是在全职工作？

阿特巴赫：它可以是不同的形式。这方面没有详细的指南。企业对不同的合作安排定价，大多数时候，会安排在教授的个人时间。个人时间是多少并不重要，他们将安排利用时间。只要他们完成各自的教学任务，可以想做什么就做什么。在美国，有的教授教学工作量会少一些，有些大学的教师可能会教得多一些，但研究型大学的平均教学工作量均不大。大学里也有处理大学与企业关系的行政人员。所以如果教授想和这些企业合作，在大学里会有很多人帮助教授解决产权问题、财务问题。大学，尤其是哈佛大学和麻省理工学院这类大学有很多管理人员来帮助处理这种合作，当然大学也得到了一部分资金。

许长青：包括粤港澳大湾区在内的中国各地正在建设"双一流"大学，您觉得应该如何评价"双一流"大学？

阿特巴赫：对于世界各国的大学总体上没有统一的定义，尤其是我们中心。我们一直试图确定一些关键指标，但各国会有所不同。当各国政府谈论行动计划时，他们必须是全面的，他们必须要有足够的资金。着眼未来，粤港澳大湾区依托国家的大力支持与区域浓厚的创新氛围，通过交流合作建设世界一流大学是完全有可能的。

许长青：好的，非常感谢！

6.9 马萨诸塞大学波士顿分校

学校简介：马萨诸塞大学（University of Massachusetts，UMass，简称"麻省大学"）是美国知名的公立大学系统。麻省大学起源于1863年建立在美国麻省安姆斯特镇（Amherst）的麻省大学安姆斯特分校，如今已经发展成一个拥有5个校区的美国著名公立大学系统，包括麻省大学安姆斯特分校、麻省大学波士顿分校、麻省大学达特茅斯分校、麻省大学洛威尔分校和麻省大学医学院5个校区，在全球都享有很高的学术声誉，尤其是安姆斯特分校，作为该系统中的主导研究性机构，和麻省医学院都是世界一流的学府。麻省大学波士顿分校（University of Massachusetts Boston）成立于1964年，是由当时的两所已经拥有百年历史的大学——麻省大学和波士顿州立学院联合组建而成，是波士顿地区唯一的公立研究型大学。学校位于波士顿市的哥伦比亚区海滨，与著名的肯尼迪总统图书馆毗邻，是美国知名公立学府。学校有13 300多名在读学生以及818名具有国际声誉的优秀教师团队。麻省大学波士顿分校是马萨诸塞大学系统中的第二所大学，于1964年在市中心公园广场的一栋翻修过的大楼里开学。1974年，学校迁至位于多切斯特哥伦比亚角的现有校园。1982年，波士顿州立学院并入麻省大学波士顿分校，取消了重复的课程。这所大学接管了波士顿州立学院剩余的研究生和本科生课程，以及夜校。这些增加为麻省大学波士顿分校扩大其学位课程（包括博士课程）和在社区中的存在创造了动力。

访谈对象：严文蕃教授。

严文蕃，美籍华人，曾为美国宾州印第安纳大学（IUP）终身教授，现为美国麻省大学波士顿分校终身教授，博士生导师，教育领导学系系主任，国际比较高等教育研究中心和中美领导力研究中心主任。主要从事教育管理、教育政策分析和研究方法等领域的研究。

访谈地点：麻省大学波士顿分校国际比较高等教育研究中心。
参与人员：许长青。
访谈时间：2018年10月29日。

访谈内容：

许长青：严教授，您好！我现在承担的课题是"高等教育、区域创新与经济增长：粤港澳大湾区建设中大学的角色与作用研究"，预期目标是通过对国际几大湾区高校的深入调查研究并结合政府、企业的调研，就该主题为政府部门提供政策参考建议。麻省大学波士顿分校作为波士顿市唯一的公立研究型大学，长期致力于服务地方经济发展。因此，我想首先了解一下，贵校在波士顿湾区发展中发挥了哪些作用？

严文蕃：首先我觉得这是一个很有意义的课题，明确粤港澳大湾区建设中大学的角色和作用，对助推区域创新与经济增长具有重要意义。大湾区的建设也可以借鉴国际经验，麻省大学波士顿分校作为公立研究型大学，在服务波士顿湾区发展中做出了重要贡献。波士顿有8所著名的研究型大学，与其他大学一样，波士顿分校对地方发展的贡献主要表现为两方面：一是直接贡献，二是间接贡献。波士顿分校现有10大学院，分别是文学院（College of Liberal Arts）、管理学院（College of Management）、护理与健康科学学院（College of Nursing and Health Sciences）、公共与社区服务学院（College of Public and Community Service）、科学与数学学院（College of Science and Mathematics）、进修与职业学习学院（College of Advancing and Professional Studies）、教育与人文发展学院（College of Education and Human Development）、约翰·威廉·麦考马克政策与全球研究研究生院（John W. McCormack Graduate School of Policy and

Global Studies）、全球融入与社会发展学院（School for Global Inclusion and Social Development）、环境学院（School for the Environment）。其中大学的直接贡献主要表现为培养了大批满足社会需求的高层次人才，人才培养是波士顿分校的核心作用。间接贡献表现为大学成立了创新创业中心，为企业提供成果孵化器，从而为区域经济发展做出贡献。举几个例子，第一个是关于医学方面的，波士顿分校的护理与健康学院与哈佛医学院进行了广泛的合作，开展合作研究，产生出大量的科研成果；第二个是科学和数学学院、环境学院与麻省理工等研究型大学的合作，开展绿色化学研究，其合作研究成果为波士顿港口建设做出了贡献。

许长青：麻省大学波士顿分校是如何实施这些合作并为湾区发展服务的？

严文蕃：波士顿分校主要是加强了制度建设，包括教师发展制度、学生培养制度及科研制度。波士顿分校实施终身教职制度，并逐渐提高终身教职比重以提高在同类大学中的竞争力并提高大学教职员工的工作激情。同时大力加强教授治校，提高学术竞争力。在学生培养上，学校注重加强对学生国际交流与国内交流的比例，提高学生的教育经验；为所有学生提供跨学科学习机会，培养学生的领导能力、社会公正、职业发展和公民参与意识；与学校的整体质量与竞争力同步发展，大力拓展研究生教育范围；建立更加充满生机与活力的评估文化；对大学的使命、人员、研究进行综合评估，发展和实施与大学组织相对称的基金发展和社会服务能力。

许长青：麻省大学波士顿分校发展的使命、价值与文化多元性对粤港澳大湾区发展有什么启示？

严文蕃：麻省大学波士顿分校是一所公立研究型大学，拥有活跃的教学文化和学习文化并致力于城市和全球参与。充满生机和多元文化的教育环境鼓励我们学校蓬勃发展并取得成功。杰出的学术、专注的教学和积极的公共服务是相辅相成的，同时为我们的城市、我们的国家和世界提供公共服务的同时创造新的知识。麻省大学波士顿分校文化尊重差异性，具有宽容性，积极回应不同学科、思想流派和公众团体的意见，学校期待并欢迎不同观点，促使我们对扩大、创造和传播知识的共同承诺，提倡终身学习文化，并促进与学术团体、学生、校友和公众的智力互动。学校努力营造一个具有多样性的创新文化环境。多样性是我们社区所有成员的教育资产。我们重视并提供一个尊重差异、激发好奇心和体现宽容的学习环境。学校鼓励师生协商不同的观点和价值观，并争取公开和坦率的接触。在为代表许多国家和文化渊源的来自世界不同地方的学生提供一个有利的环境时，我们力求成为包容性文化建设的典范。学校致力于解决关键性的社会问题，为当地和全球的公益事业做出贡献。我们参与教学和公共服务以及基础和应用研究，以支持区域的智力、科学、文化、艺术、社会、政治和经济发展。学校与社区、私营部门、政府、医疗机构、其他学院和大学以及K-12①公共教育系统建立伙伴关系并将我们教职员工和学生的智力、技术和人力资源用于满足紧迫的经济和社会需求。通过我们的研究、教学和服务，我们与企业和行业以及地方、

---

① 从幼儿园到高中三年级。

州和联邦政府合作，加强我们对州、国家和世界文化与经济发展的贡献。粤港澳大湾区同样是一个多元文化与价值体系并存的地方，促进大湾区发展，需要进一步融合不同的理念与价值观，建立以中华文化为主体，多元文化并存的价值，这其中大学的作用不可替代。

许长青：好的。谢谢！

6.10 芝加哥大学

学校简介：芝加哥大学（The University of Chicago）建立校于1890年7月9日，约翰·D.洛克菲勒（John D. Rockefeller）最初承诺捐款60万美元（以今天的货币计算超过2 500万美元），以及美国浸礼会教育协会（American Baptist Education Society）和马歇尔·菲尔德（Marshall Field）的土地，帮助建立了芝加哥大学。1892年10月1日，芝加哥大学正式开课。最初建立的学院有：商学院（1898年）、法学院（1902年）和东方研究所等。到1894年，芝加哥大学已成为美国高等教育与研究的领袖之一。1907年，芝加哥大学的第一位诺贝尔奖得主阿尔伯特·A.迈克尔逊（Albert A. Michelson）因其在测量光速方面的突破性进展而受到认可。迈克尔逊是芝加哥大学首位诺贝尔奖得主，也是第一位在科学领域获得诺贝尔奖的美国人。从那时起，芝加哥大学的教师、学者、学生和校友在各自的领域都获得了最高的国际荣誉。根据THE2020排名，芝加哥大学位列于世界大学第9名。芝加哥大学位于美国国际金融中心芝加哥，是世界著名私立研究型大学，常年位列各个大学排行榜世界前十。这里诞生了"芝加哥经济学派"等以人文社科为主的众多芝加哥学派，约40%的诺贝尔经济学奖得主与芝加哥大学相关，是世界经济学、法学、社会学等最重要的研究教学中心之一。芝加哥大学的人类学、天文学、地球科学、经济学、地理学、历史学、语言学、物理学、数学、统计学、社会学、神学等学科在美国具有较强的学术实力。

访谈对象：洪光磊教授。

洪光磊，密歇根大学教育学博士，现任芝加哥大学比较人类发展系（The Department of Comparative Human Development）教授，并担任芝加哥大学定量研究方法委员会的主任，研究领域为人力资源开发中的应用统计、教育统计等，尤其专攻研究因果关系的方法论。近年在 *Journal of Educational and Behavioral Statistics*，*Educational Evaluation and Policy Analysis*，*Journal of the American Statistical Association* 和 *Journal of the Royal Statistical Society* 等杂志发表多篇论文。她的专著包括 *Causality in a Social World：Moderation，Mediation and Spill-over* 等。她是以下协会的成员：American Statistical Association，American Educational Research Association，Society for Research on Educational Effectiveness。

访谈地点：芝加哥大学洪光磊教授办公室。
参与人员：许长青。
访谈时间：2019年1月15日。

访谈内容：

芝加哥大学主要做基础研究，促进知识增长，增加人们对社会的了解

许长青： 我目前承担的课题为"高等教育、区域创新与经济增长：粤港澳大湾区建设中大学的角色与作用研究"。粤港澳大湾区建设背景下，湾区内大学之间存在一个竞争与合作的关系。比如说广东、香港和澳门三地的大学，肯定有合作，同时也有竞争。所以我觉得三地大学之间应该是一种正和关系，更多的是合作、融合与共赢，共同提高竞争力来促进区域发展。该课题是中科院委托项目，目的是调研合作中存在的问题，进而提出应对策略。到目前为止，课题组已经访谈了广东、香港及澳门的多所大学，同时也调研了旧金山湾区大概三所大学，加州大学总部、加州大学伯克利分校、斯坦福大学，波士顿湾区的波斯顿学院、哈佛大学、麻省大学波士顿分校，纽约湾区的哥伦比亚大学、纽约州立大学奥尔巴尼分校等高校。很高兴今天来到芝加哥大学与您进行交流。芝加哥是美国中西部地区科技创新中心，经济正从传统产业向高科技产业、现代服务业转型。它的这种成功转型对粤港澳大湾区建设还是很有启发的。想问一下，包括芝加哥大学、西北大学等世界一流大学在内的高等教育机构和科研院所在芝加哥产业经济转型、科技创新中发挥了哪些作用？

洪光磊： 芝加哥大学的办学理念吸收了洪堡和纽曼的两种大学理念，大学的教育观念强调"宏观与实验精神"，注重对纯理论和大师经典著作的教学。自赫钦斯以来，芝加哥大学强调通识教育，在教学上学校采取核心基础和专业课程相分离的政策，学生在大一、大二时必须修完学校规定的所有核心课程学分，其中包括物理科学、生物科学、社会科学以及人文学科的课程。学校拥有阿贡国家实验室和费米国家实验室，是国际自然科学研究的重要基地；芝加哥大学在众多学科领域均创立了著名的"芝加哥学派"，其中包括芝加哥经济学派、芝加哥社会学派、芝加哥建筑学派、芝加哥气象学派、芝加哥文学和电影批判学派以及芝加哥数学分析学派等；芝加哥大学也是行为主义政治学和法律经济学的诞生地和摇篮。总的来说，学术自由意味着鼓励不同学派之间在一个相互尊重的学术环境内开展辩论，共同寻求知识真谛。学校尤其强调跨学科的研究，这一类的学术单位包括社会思想委员会、教育委员会、定量研究方法委员会、计算和应用数学委员会等。我所在的比较人类发展系便是起源于将近80年前创立的人类发展委员会，其成员包括来自不同学科领域的专家。我现在领导的定量研究方法委员会集聚了计量经济学家、生物统计学家、人口学家、心理测量学家以及社会和教育统计学家，通过学术论坛来促进跨学科的交流，共同推进新的研究方法的开发和应用。芝加哥大学具有古典大学的传统，主要从事基础研究和综合性人才的培养，因此其对芝加哥等中部区域的影响主要是人才培养、文化塑造、知识创新、增强人们对社会的理解。西北大学也是一所大规模的研究型大学，相比于芝加哥大学，其工程专业更具特色，西北大学的经费来自联邦政府、工业界、州政府及地方政府，与社会联系紧密，每年有大量的科研成果获得专利并转化为生产力，服务地方经济发展。因此不同类型的大学，其在区域经济发展中的作用呈现出差异，每所学校应该发挥特色与优势。

美国州立大学科技成果转化比较突出，对区域经济发展贡献大

许长青：芝加哥也是美国中部地区产业中心：一个是生物科技产业，这里是全美十大生物高科技产业集聚区之一；二是电子信息技术产业，这里有很多的公司，如脸书、谷歌等公司的区域总部。一流大学的科研机构是怎么实现科研成果产业化的？它有一个什么样的实现机制？

洪光磊：我觉得这方面一些州立大学做得更好一些，如伊利诺伊理工大学（Illinois Institute of Technology，IIT）、伊利诺伊大学芝加哥分校（University of Illinois，Chicago）、芝加哥州立大学（Chicago State University，CSU）等。芝加哥大学是私立大学，规模比较小，而且以理论研究为主，理论研究受更多的重视。虽然应用研究也有，但是我们大学的传统就是做最基础的研究，包括人文社会科学以及自然科学的基础研究。芝加哥大学没有工程学院，以文理为主，生物科学也有，也有医院系统，但是总体来说芝加哥大学属于古典大学。它强调传统价值，强调学术高于一切，比较不那么看重应用研究。当然现在也出现了一些新趋向，学校也日益重视社会科学研究，也开始关注社会问题。如芝加哥这个城市是美国一个典型的大城市，它存在着许多大城市存在的问题；芝加哥也是一个多元化的城市，不同的人群集聚在一起。芝加哥大学的社会学研究，包括社区研究，都是比较著名的，产生了许多成果为政府部门提供政策支持。芝加哥那么多社区，社区内人们的生活状况，社区跟社区之间的贫富分化以及由此带来的经济不平等、教育不平等以及各种犯罪问题、社会安全问题等为社会学研究提供了一个非常好的场所和素材。芝加哥大学也有著名的公共政策研究院，很多学者就研究这个城市所面临的实际问题，这个研究考虑的不是说我们怎么样去促进经济增长，而是要帮助我们首先了解各阶层的人们在社会当中的生活状况，社会群体之间的关系，提出解决问题的一些方案，这对政府的政策制定有一定的借鉴意义。在教育方面，芝加哥大学在贫困社区开办了多所中小学来探索教育方法，改进教育质量。学校也致力于改进贫困社区的公共卫生服务。奥巴马任总统前，他的夫人米歇尔曾经在我们学校医学中心负责社区联络和社区健康教育。一些法学院的教授，也在做一些直接的社会干预活动研究，通过一些新的干预方案实验来验证理论并促进理论的发展。研究如何促进知识的增长以及我们对这个社会的了解，这是社会科学对区域经济发展的贡献。而对经济增长的直接贡献，则州立大学的贡献比较突出一点，他们更直接地与市场接轨。如芝加哥理工大学与政府部门及当地企业保持着密切的合作关系。芝加哥理工大学拥有世界一流的研究实力和雄厚的学术研究基础，比如在生物医药工程和科学、食品安全和技术、试管细胞研究、加速器和粒子物理学、流性动力学、热处理、电力和计算机工程、康复心理学等领域位居国际领先水平。芝加哥理工大学还设立有美国国家食品安全与技术中心，美国阿贡国家实验室与芝加哥理工大学也有着长期的项目友好合作关系。芝加哥州立大学是美国一所公立综合性大学，同样在服务地方发

展中发挥着独特的作用。

许长青：据说这些学校都拥有自己的大学科技园，专门从事科技成果转化工作。

洪光磊：是的。它们做的研究与产业或社会更直接相关，也与你的研究课题很相关。另外一所大学是西北大学，它介于两者之间。西北大学的学术标准也是非常之高，但是它可能比我们更加强调成果的应用。

许长青：芝加哥大学在香港成立了香港校区，这是否意味着芝加哥大学将更加关注中国的发展，将有更多的机会参与到粤港澳大湾区的建设实践中去？

洪光磊：香港校区成立于2018年，校区致力于打造芝加哥大学在中国香港的研究、教育与学术交流合作中心，主要提供工商管理硕士课程以及非学位培训课程，同时提供芝加哥大学本科留学计划第一年的学习。我想这对中美教育交流与合作以及推动大湾区高等教育发展将起到积极作用。

许长青：好的。谢谢您的分享！

6.11 威斯康星大学麦迪逊分校

高校简介：威斯康星大学麦迪逊分校（University of Wisconsin-Madison，UW-Madison）创建于1848年，位于美国威斯康星州的首府麦迪逊，是一所世界顶尖的著名公立研究型大学，位列THE2020世界大学排名第51位。该校是威斯康星大学系统的旗舰学府，是美国大学协会和十大联盟创始成员，被誉为公立常春藤大学，与加州大学伯克利分校、加州大学洛杉矶分校和密歇根大学等代表了美国公立大学的最高水平。

威斯康星大学麦迪逊分校是美国最受尊敬的名校之一，在各个学科和领域均享有盛誉，产生了25位诺贝尔奖获得者，38位普利策奖获得者，12位美国国家科学奖章获得者。该校拥有87位美国国家科学院院士，26位美国国家工程院院士，61位美国艺术与科学院院士，8位美国国家医学院院士。威斯康星大学麦迪逊分校的研究经费常年高居全美前四，近几年来每年更是高达11亿美元。

一百六十多年以来，威斯康星大学麦迪逊分校作为世界高等教育史上具有划时代意义的"威斯康星思想"的发源地，对美国和世界的教育、科技、经济及社会的发展做出了杰出贡献，并依靠其卓著的学校声誉，浓厚的学术氛围，一流的科研实力，强大的校友网络，多元的文化生活和优美的自然环境吸引着世界各地的一流学子到此深造。

威斯康星大学麦迪逊分校拥有人文科学研究所、埃尔维耶姆艺术博物馆、科勒艺术图书馆、米尔斯音乐图书馆、自然科学实验室、空间科学与工程中心、威斯康星临床癌症研究中心、生物技术中心、农业试验研究所、食品研究所、酶研究所、植物园、材料科学研究中心、贫困问题研究所、罗伯特·拉福莱特公共事务研究所、社会科学研究所、教育研究和发展中心、环境研究所、人口统计学和生态学中心、工业关系研究所、USDA林产品实验室、威斯康星地质科学中心、国立大气研究中心、伍兹霍尔海洋生物学实验室等一大批知名的科研教学设施。

访谈对象：埃里克·艾佛森（Erik Iverson），威斯康星校友研究基金会首席执行官（CEO）；珍南·亚西里·莫（Jeanan Yasiri Moe），威斯康星校友基金会战略沟通官。

访谈地点：威斯康星大学校友研究基金会（Wisconsin Alumni Research Foundation，WARF）办公室。

参与人员：许长青、宋严侠。

访谈时间：2019年1月22日。

访谈内容：

威斯康星理念：大学为当地社会服务

许长青：大家好，我是威斯康星大学麦迪逊分校教育政策与领导系访问教授，来自中国广州中山大学。目前承担一个课题"高等教育、区域创新与经济增长：粤港澳大湾区建设中大学的角色与作用研究"。这个课题的提出受到威斯康星思想的启发，威斯康星思想也成为本课题的重要理论基础。WARF作为威斯康星思想的传承和实施机构，非常荣幸能来这里访谈。因此我的第一个问题是关于威斯康星思想的。请谈谈威斯康星思想的起源、演变及其现代实践？

莫：威斯康星思想是一个一旦你了解它，你就会被它吸引进而欣赏它的一个理念。坦率地说，它对一个地区的发展有潜在的影响力。我们知道威斯康星思想是做知识和信息的"出租者"（Tenant），相关学术研究成果不仅会对这个校园产生影响，而且会通过威斯康星大学的努力为威斯康星州人带来好处。作为威斯康星的旗舰大学，麦迪逊分校正在开展许多研究，研究者们正努力发现人们面临的问题并帮助解决这些问题。当然其他校区也是如此。威斯康星系统共有34所分校，其中麦迪逊分校是最大的研究型大学，拥有硕博学位授予权，位列世界著名大学前列。威斯康星大学是一个巨大的公共组织，可以与威斯康星州居民建立广泛的联系并解决他们的问题。大约125年前，威斯康星大学成立，她在成立之初就真正关注威斯康星州人的问题，也是从那时起，威斯康星大学系统在全世界广为人知。我们欢迎来自世界各地的国际访问学者和学生，我们学校也在扩展服务边界。这就是威斯康星的理念，帮助人们了解他们的问题，运用我们的知识帮助人们解决问题。威斯康星思想是由当时的校长范海斯在一次公开演讲中首次提出。他指出这应该是大学的章程，大学作为社区中的组织，知道应该渗透到社区中以帮助州内的人们解决问题。这扩展了大学职能，大学开始与经济相联系，即大学应该为区域提供服务。后来一些研究发现，大学可以帮助当地居民，大学对州的经济产生了正向影响。还有研究发现大学影响政府政策制定，如美国的社会保障体系，作为一个为老年人和退休人员提供资金的体系，这一思想是由威斯康星大学麦迪逊分校的一个经济学教授提出的，现在这个思想已经对整个国家产生了影响。

企业、政府、高校对大学的角色有不同期望

许长青：好的，非常感谢。研究型大学在区域创新和经济增长作用方面，存在两

种不同观点。一些研究者认为，大学为经济服务是非常重要的；但另一些研究者认为大学的主要任务是培养人才、培养学生和培育创业文化，所以大学的主要任务不是技术转让，而是教学和建立创新创业文化。所以，我想知道您是如何理解大学，特别是研究型大学在经济发展中的角色与作用的？

艾佛森：这里有两个学派，它们有点不同。一种观点，纯粹的学术研究更多的是考虑基础科学、研究发现以及教授学生；另一种观点是认为大学的成果应该应用于社会，不管是通过新的经济学、新的能源还是新的医疗手段，因为这些成果将创造更健康、更快乐的社会，更多的就业机会和更高的国内生产总值（GDP）。因此我们必须从不同方面、不同视角来看待大学的角色，理解不同主体对大学角色与作用的期待，包括学校里的研究人员、社区里的居民、政府政策制定者等。在大学里，大多数教授都认同第一种观点，我们是做研究和教学的，我们来这里是为了对科学产生影响，教员们认为产业、就业、国内生产总值与他们无关，因为学术界群体的特征是关注接受政府的资助、做非凡的研究以及教导学生。但我们也需要另一个群体，他们想尝试新创一个公司，或者将技术授权给通用电气、西门子等看重这些技术的公司。所以大学一直在探索如何帮助这群人，如何帮助那些不是因为学术原因而留在高校的人，帮着这些真正想要提高产品质量、创造就业、推动GDP发展的大学教授。社区也倾向于这一阵营，比如社区里发生流行性感冒，居民会向高校寻求帮助，希望高校能开发出流感疫苗帮助病人康复。政府需要考虑多方面的问题。政府提供大量研究经费，希望创造更多的就业机会和使GDP增速。政府需要面对的是潜在的利益冲突问题，如果我是某个地方的官员，我给你一大笔钱，让你做一项好的研究，现在我想让这项研究创造更多的就业机会和GDP。但在这一过程中，也会存在包括政府在内的各种利益冲突。美国的体系在这方面走过了漫长的道路。在美国，如果一个人在这个过程中变得富有，这是可以的。就像你驾车进入了一个新的快速路，如果你在一个新的道路上前进时，其他人跟着你在这里有所建树，每个人都会因此变得富有。这时产生的利益冲突是可以接受的，因为你变富有的同时，你让社会变得更好，提升了GDP总量，让政府健康有效或增强了军队实力。我在中国也看到了这个问题，在中国，政府或党决定他们想做的事情，为了解决这个问题，他们给发明者颁发技术许可证，让发明者拥有发明专利权，然后建立公司。我知道这里面也会有一些利益冲突问题。我们关注的是教授们，有些问题是相同的，教授们在这个过程中变得更好，当然是一件好事，对社会也是一件好事。

许长青：可不可以把WARF理解成支持大学自身发展、社会发展，同时受到政府驱动的专门组织？

艾佛森：可以的。大学，尤其是由政府投资的公立大学，是一个国家公共机构，由政府资助办学。它不是政党，不是社会的统治者。民众也通过缴纳学费接受教育。因此从某种意义上说，WARF也是政客们教育民众、推动GDP增长的工具。

许长青：是不是也可以说，WARF可以帮助政府区分哪些研究对促进GDP增长或为社会创造更多就业机会产生更多的价值，而有些则正好相反？

艾佛森：是的。我们经常和中国的大学、科学研究机构交流。我去过台湾、苏州、上海和南京，我在北京、上海参观了很多工业园、科技园，我很欣赏中国目前在开展的工作，很乐意与中国朋友建立友谊。WARF 的工作就是促进产教融合，促进国家变得更好，社会变得更好，全球变得更好。

中国具有市场优势

许长青：中国的大学里有一些类似于 WARF 的组织，其职能也是促进大学科技成果产业化。但在中国其运行机制可能更多地依附于大学而不像 WARF 这样是一个具有独立法人的机构。有些组织的运作模式就像一个律师事务所，一些专利律师会做某种工作，帮助教授申请专利技术，然后转让。

艾佛森：我在上海有一个非常好的朋友，他在经营一家美国大公司的上海办事处，他给我的中国之行提供了很多帮助，他帮助我结识了各种各样的朋友。他非常关心威斯康星，也非常关心中国。对于中国大学的知识产业化机构，我不是很清楚的，也都是从这些朋友中间接了解到。WARF 是独立于大学的法人机构，专门从事这项工作，也加强国际交流与合作。我们在中国上海也有一些法律顾问，但我们并没有做得太多。中国正在发生着一场非常有趣的变化，中国具有市场上的优势。纵向上看，中国加入 WTO 后发生了很大变化。但我知道，自从 2015 年以来，美国人仍然把中国视为一个强劲的竞争对手，致力于知识产权保护。我们中的一些人尝试着把技术转移到中国去，但是这些交易都没有成功，诸如此类的事情都会影响到贸易的发展。中国希望得到最好的东西，就像美国希望将最好的东西留给美国公民一样。而中国是世界上最大的消费市场，你怎么能不在中国做生意？

许长青：中国政府在知识产权保护方面是很严厉的，政府也鼓励大学、企业创新公司申请专利，甚至是国际专利，也鼓励国际合作。

艾佛森：是的。我对我的团队说，我们要增加在中国的运营，提高我们在中国的运营水平。假如我们不这么做，那是愚蠢的，因为这不是为了明天，而是为了未来的十年、二十年。

许长青：在推动中美技术投入与贸易方面，您觉得美国政府是鼓励还是阻止？

艾佛森：美国政府最近对中国的技术投资的态度是阻止的，因为他们担心美国的技术会进入中国的垄断系统，尤其是国防系统。这是政治，不是吗？这是宏大的政治。但在这个过程中，自从我来到这里，我们建立了一个最令人兴奋的计算机芯片软件公司。我也是一家风险投资机构的董事，我很擅长，也很喜欢获得来自中国的资金。风险投资者、学校里最多产的发明家以及中国的投资者，大家一起行动起来，都在努力生产好产品和创造 GDP。我想我的生活一直以比尔·盖茨为榜样，开展慈善事业，开展全球健康行动。我在非洲待了很长时间，我知道中国人也在努力为非洲做很多工作。我是一个全球公民。我到处看项目，我想进入每一个市场，我想让每一个市场都能进入美国，所以不考虑中国市场是非常愚蠢的。

许长青：我认为中国市场广阔，中国经济发展迅猛，中美技术贸易与投资对中美应该是双赢的。

艾佛森：是的，我同意。我认为美国在基础研究、重大新发现领域仍然是领导世界的，但中国在运用新发现、制造新产品方面比美国做得更好，中国在将产品推向市场的能力比美国更强。据我所知，中国具有不同的市场，你可以把产品卖到非常富裕的市场，一年之后就会获得一个中等规模的市场，三年后就可以获得具有10亿人口的大市场。你可以获得在美国无法提供的市场，所以我们有很多东西需要向中国学习，中美合作将是互惠互利的。

威斯康星研究基金会（WARF）的运作机制

许长青：WARF 具有独特的职能，它的运作模式如何？

艾佛森：一百年多前，WARF 和大学完全分开了，WARF 不是州政府或学校的雇员。Steam Bark 博士发明了辐照食品的方法——用维生素 D 来丰富食物。这项发明进入大学并申请专利。当初他和其他人聚在一起，他们建起 WARF，但他把自己的发明捐赠给了基金会，然后不再管理它，基金会有自己的董事会。我们从未收到过政府资金，一分钱也没有。所有的发明都是从校园里出来的，我们把它授权出去，然后得到专利权。这就是我们的业务，把技术拿出来，我们离开校园去做生意。学校给予我们技术，然后，我们必须找到大公司，让他们提供给我们可以支配的资金。我们把钱存入银行账户，然后把这一大笔科学补助金再还给大学，作为给大学研究基金的拨款。大学教授可能创造了一项新发明，发明方把这项技术给了我们，然后我们就将它授权出去，当我们大赚一笔时，收入也就归属 WARF 了。我们保留了一些基金来增加捐赠，同时我们在谈判中又获得了巨额赠款。

许长青：您的意思是，在校园中所获得的技术，您最初获得它的时候并不需要为此付款？

艾佛森：我们要承担所有的费用，永远如此。一些典型的大学，如哈佛大学、斯坦福大学、加州大学伯克利分校等，他们在大学里有一个技术转让处，所以大学必须为所有这些事务做预算。但 WARF 不同，我们一分钱也不从大学拿，我们不在大学预算之内。我们也不在国家预算之内。我们有自己的经费。WARF 每年的预算是三千万美元，用作运营资金。我们每年给大学五千万至六千万美元的研究基金。没人给过我们钱！技术转移给 WARF 的时候，我们无须支付钱，我们需要找到需要这项技术的人，他给我们钱，这笔钱要能覆盖 WARF 的总成本，包括日常运营成本和给学校的捐赠基金。所以当有人提起到"我该如何建立一个类似的校友研究基金会"时，我说"你需要有一个好点子，找到风险投资人，将技术给他，然后什么也不管，政府也不要插手"。没有人愿意这么做对吧？没人愿意说这个东西真的很值钱，现在归你了，好好干。政府官员也不会说，不会插手这件事，即使那是国家的钱，所以 WARF 的做法比较难复制。

相比硅谷、波士顿等地区，威斯康星缺乏承担风险、包容失败的创业文化

许长青：众所周知波士顿、硅谷有很多高科技企业，大学对当地经济发展做出了

重要贡献。我想知道的一个问题是威斯康星州拥有一流的大学，拥有一流的理念，也拥有一流的中介机构，为什么这里没有产生著名的高科技企业？

艾佛森： 你的问题是威斯康星思想对威斯康星大学麦迪逊分校及区域经济生态系统的影响？为什么我们不与西雅图、波士顿、硅谷进行竞争，是吧？这是一个好问题。我认为这主要基于威斯康星州的历史和文化。美国东西海岸更为自由、开放和冒险。这里是威斯康星州，这里是美国中西部，这里有一种日耳曼文化，主要是德国文化，人们喜欢埋头工作、工作、再工作，比较传统和保守。这里有一些非常大的公司，比如强生，但是他们都是少数人持股，他们不分股份给员工，即使是这里最大的软件公司，也不分股权给员工。但微软把他们的股票期权分给员工，其中许多人成为了百万富翁，他们离开公司后用他们的股票期权建立起自己的公司。在威斯康星州，几乎没有财富分享，很少人能创建自己的公司，所以这里更保守。随着时间的推移，圣迭戈、西雅图、波士顿、芝加哥、纽约等在创新创业方面做得更好，威斯康星人会说，我们该怎么做？为什么不开始行动，多一点开放，多一点创新创业精神，多一点冒险？我想这就是为什么威斯康星州高科技企业少的原因。

许长青： 好的，明白。最后请您就我们的课题研究提供一些建议。

艾佛森： 我认为您的课题具有重要意义。我想你心中有很多很好的原则，你相信这些原则有些需要被重视，有些则可能不起作用。这些原则中最重要的是愿意冒险，心态足够开放，允许风险存在并管理这些风险。区域市场的建立应该是自由开放的，没有哪一方进行过多的控制。大学不应该阻止想尝试创业的教授，不应该将他们从学术职位上开除，因为初创企业需要时间。基金的资助者需要认识到我想给钱支持这个公司，我不会从公司拿很多钱，我只想扶持公司。政府需要少干预，如果政府过于强势，那将阻碍创新创业精神之花的绽放。因此这样一种区域生态对你所在的粤港澳大湾区具有启发性。大湾区三地的开放程度不一样，所以建议将不同的实体，如大学、政府、公司、企业家等联合起来，共建大湾区创新生态系统，共同促进湾区发展。不同实体应该都拥有威斯康星思想，形成一个合作共同体，将分散的各个实体紧密联系起来。创业者需要不害怕失败，包容失败。在这里，如果你开一家公司失败了，就没有人愿意再做生意。但在西雅图、奥斯顿、波士顿等地区，如果你失败三次，你也希望再试一次。还有很多时间，你下次会更聪明，你知道如何做得更好。这是为什么威斯康星州没有成为高技术区的原因。在我们管理的这几万项技术中，仅有15～20项是成功的，这就意味着大量的项目是失败的。但这也算不了什么，只要有一个成了，就会带来极大收益，这就是风险投资的实质。所以硅谷文化的一大特点是根植于大脑的风险承担，失败了没什么，重新再来。在美国，尤其是在美国的东西海岸，他们会说这些实验是他们的机会，多尝试！这是威斯康星需要学习的，也是粤港澳大湾区需要学习的。因此你的课题研究要更多地凸显湾区创新生态的重要性！

许长青： 好的，谢谢！非常具有启发性。

第 7 章
日本高校访谈录

中国科学院院士咨询项目"高等教育、区域创新与经济增长：粤港澳大湾区建设中大学的角色与作用研究"课题组在 2019 年 8 月 20 日至 2019 年 8 月 27 日期间先后访问了日本东京湾区的广岛大学、东京大学、早稻田大学等 3 所高校，访谈了 3 位教授。

7.1 广岛大学

学校简介：广岛大学（Hiroshima University）是一所本部位于日本广岛县东广岛市的一流国立大学。旧制官立大学之一，创立于 1874 年，1949 年合并广岛地区其余 7 所国官立大学及一所广岛的市立大学成为新制大学，2004 年变成国立大学法人，至 2017 年拥有 11 个学部和 11 个研究科。广岛大学有东广岛、霞、东千田 3 个校区，是日本 16 所全学科大学院重点化大学之一，也是 TOP20 研究大学的重要成员。

2014 年，广岛大学被文部科学省选为超级国际化大学计划（Top Global University Project）中的 A 类顶尖型大学，与旧帝国大学、早庆、东工大、医科牙科大等名校并列。作为一所综合性极强的高等学府，广岛大学坐拥文学、理学、工学、法学、经济学、教育学、医学等 11 大院系，是日本四国地区中综合实力最强的大学。广岛大学由以战前老牌名校广岛文理科大学和广岛高等师范学校为首的多所学校合并而成，其教育学实力极强，被公认为该校的名牌专业之一。广岛大学崇尚自由与和平、向社会全面开放的教学精神，在日本是独一无二的，因此广岛大学每年都吸引着许多来自世界各国的留学生。

广岛大学致力于发展为国际化与地方化中心的综合研究大学，追求人性的涵养与教育质量的高度化，突出独具特色的个性化优秀研究，在竞争环境中明确作为世界水准的研究型大学的定位，具备表现出色的大学运营能力。

日本经济新闻社与负责就职支援和转职支援的日经 HR 共同实施的大学印象调查中，广岛大学在"与人交往能力"方面位居全日本第一，综合排名进入前五。

访谈对象：黄福涛教授。

黄福涛，厦门大学博士，广岛大学高等教育研究开发中心教授（The Research Institute for Higher Education at Hiroshima）。他的研究兴趣是高等教育。他给博士生教授高等教育研究、高等教育研究前沿等课程；他给硕士生教授大学课程开发论、高等教育研究、高等教育研究前沿、高等教育基础、高等教育研究导论、日本高等教育等课程。他的学术论文发表在 Studies in Higher Education，Higher Education，International Journal of Educational Development，Studies in Higher Education 等杂志上。他的专著包括 Transnational Higher Education in Asia and Pacific，The Marketization of Higher Education：A Perspective from Japan，《日本大学的治理》等。

访谈地点：广岛大学高等教育研究开发中心黄福涛教授办公室。
参与人员：许长青。
访谈时间：2019 年 8 月 20 日。

访谈内容：

课题研究：定性与定量方法结合，成果同行评议

许长青：首先，十分感谢黄教授接受我的访谈，建设粤港澳大湾区是中国的国家战略，湾区包括香港、澳门以及广东的九个城市，目标是到2035年建成全球宜居、宜业、宜游的国际一流湾区。目前大湾区在三个方面还存在很大缺陷：一是高等教育，顶尖的大学比较少；二是产学研结合，产业化、成果转化与硅谷比还差一点；三是创业创新氛围，整体的创业创新文化生态尚未形成。所以还得更多地向其他的国际一流湾区学习。怎么发挥大学的作用，推动粤港澳大湾区发展？这是一个理论与实践相结合的大课题。如何做好这样一个的课题，请谈谈您的看法和建议。

黄福涛：我觉得首先要在研究方法上寻求突破。实际上研究方法无非有两种，一个是定量，一个定性，中间也有重合的部分，因为定性和定量很难严格区分。但是不管怎么样，一个成熟的研究，特别是像有影响的研究，在方法上要做到定性和定量的有机结合。看看哪些方面可以尽量量化，比如经济方面，有国家统计数据可以查找，可能比较容易量化一点。但有一些可能量化比较难，比如某种影响不是短期直接的效益，而是长期、隐性、间接的效益。但我们可以通过深度访谈的方式拓展研究的深度。你现在通过访谈来了解大学的某些影响或作用，我觉得这就是一个很好的方式和研究手段。其次要对初步研究成果和最终研究成果不断完善提升质量。阶段性成果或最终的报告书，一定要有证据作为基础，证据可能是来自于科学的、区域性的统计数据，也可能是访谈结果。高质量的研究一定要有详实客观和科学的证据作为基础，访谈和统计数据两者结合，这点非常重要。初步的研究成果做出来以后，找同行或者相关领域的专家学者通信评议或当面交流，多听听相关领域专家和学者的意见。因为每一个研究者或研究团队毕竟涉及的知识面有限，而大湾区涉及政治、经济、文化、教育等多个方面。以证据作为基础的研究报告完成后，要请各个领域的专家学者看看，提提意见，再修改。从研究方法角度，另外，对"湾区"要有一个比较清晰的概念界定，

哪些湾区能横向进行对比？如果不界定"湾区"概念，看地图的话湾区太多了，除了纽约、旧金山、东京湾区，我看还有波斯湾、悉尼湾等。

许长青：这些建议很好。关于湾区的界定，我有计划重新界定，有意把悉尼湾区、伦敦港区加进去，进行全球比较研究。

大学的角色：人才培养、科学研究、社会服务

许长青：当下全球都很重视大学的作用，特别是粤港澳大湾区里面的城市，如深圳、珠海、佛山、东莞、中山等，每一个城市都想打造一流的大学。大学，特别是研究型大学在湾区经济或者区域经济社会发展当中，究竟扮演怎样的角色、发挥怎样的作用？

黄福涛：东亚的大学，特别是日本和周边一些国家，从19世纪以后，和西方最大的区别之一是它们是国家有目的、有计划地建设的大学来为国家服务，同时兼顾社会需要。在西方，比如欧洲中世纪大学，还有最初的学校，一般是被教会控制，地方经济和国家，也就是我们所说的世俗国家，跟大学没有直接关系。东亚的大学，特别是像日本，它一开始就是国家建立的。建立大学的目的首先要满足国家需要，培养国家需要的管理人才、技术人才、政治人才，这在日本表现得非常明显。第二次世界大战之前，日本的研究型大学，也就是七所旧帝国大学——东京大学、京都大学、大阪大学、东北大学、九州大学、北海道大学和名古屋大学，这些国立大学基本上是研究型大学。二战后，美国要求日本教育（包括高等教育）进行整体的彻底改造，也就是说要驱除军国主义、国家主义。改造的途径是两条：一条是民主化，一条是大众化。因此二战后的日本国立大学在为国家从事技术研究的同时，兼顾区域经济的发展。特别是近十年，日本高等教育毛入学率已经接近80%，按照马丁·特罗的定义，已经进入普及化阶段。那么这时国立大学特别是研究型大学，它发挥的作用或是在社会上扮演的角色就更加强调为区域经济发展服务，这个趋势变得越发明显。按中国的说法，日本现在也是在建设世界一流的研究型大学，同时也强调为区域经济发展服务。因为广岛没有湾区，或者这个湾太小，所以我们这里没有谈到湾区。2009年广岛大学制定了学校的长期办学目标，一个是国际化，另一个是地方化。国际化就是要建立世界一流大学，地方化就是为周边的九个县服务，包括人才培养、科学研究与国际化交流等。

许长青：广岛大学在服务社会和推动区域经济发展上发挥了哪些作用？

黄福涛：2009年6月23日，广岛大学制定了长期发展目标，成为国际化和地方化的综合性研究型大学，通过教育、研究、医疗和社会贡献等发挥服务社会的责任。人才培养，比如教育学院培养中小学师资、教育方面的管理人员，毕业生基本上都在周边的学校做教师，在教育委员会做管理人员。其他一些学科，如法学、理工科，人才培养目标也是很明确的。广岛大学虽然是研究型大学，但是从生源来看，周边地区的学生比较多。我校的目标是通过提升研究水平进入世界百强。另外，我校通过和周边企业的合作服务社会，如马自达等企业。广岛大学所在地附近有一家比较大、专做食品保存的企业，就与广岛大学有着很好的合作。因为日本自然灾害比较多，食品要长

期保存,如水等保持三年可以喝,米干燥以后三年可以不腐烂,广岛大学与其合作很多。我校理工科与企业的横向合作稍微多一点,人文社科与企业合作得少一点。由于广岛夏季受灾比较多,我校成立了防灾中心,把相关学科的老师、研究人员集中在一起,在学校成立了中四国地区的防灾中心,研究怎么预防泥石流,怎么预防主干道或者铁路出事故,针对这些问题提出建议,这完全是为地方经济发展服务。学校的管理运营类似于美国的理事会,邀请校外人士参加,比如当地社会的有识之士、当地媒体的负责人等担任顾问或理事会成员,参与学校的行政管理或者治理。附近的或其他地区一些有名的、有社会影响的人士,如作家、竞赛选手等,常邀请来大学开讲座,这些都是大学跟地方发生互动的表现。

日本高校的三种办学体制

许长青: 不同的大学在区域发展中的作用是不一样的。日本的大学有国立大学、私立大学、公立大学,在管理体制上这些大学存在什么样的差异?

黄福涛: 我把日本高校解释为三位一体,就是大学的创办人,也是大学的管理者,也是大学的出资人,即大学的举办者、出资者、管理者是一体的。这与中国的大学不一样,中国的大学是可以多方合作举办的。国立大学是文部科学省(相当于中国教育部)主办的,文部省是它主要的管理主体。在2004年之前,校长基本上是由各个学校遴选,选了以后任命,这是国立大学的情况。地方公立大学是由各个县(或者市)主办的,类似于由中国的省、市办的大学,经费管理由所在的省教育委员会或市教育委员会负责,这是地方公立大学的情况。私立大学的经费主要是来源于学生收费,国家补助占学校平均年收入10%左右。它必须要自己去筹集90%左右的费用。公立大学办学费用基本上是地方政府负担,国立大学办学费用由文部省(中央政府)负担。2004年之后,国立大学变成了独立法人。独立法人指的是国立大学不再是只属于国家的公共机构,它是一个法人机构,但是它又是国立大学。那么这怎么解释?就是一方面它还带有公共的、国家的性质,另一方面又反映地方色彩。从2004年之后,文部省和国家每年给国立大学法人经费预算减少1%,从2004年到2019年已经减少了15%,也就是说在2004年之前,国立大学经费95%以上来自国家,现在80%以上经费来自国家。要不要一直减下去?因为国立大学已是独立法人,从理论上解释的话,应该跟私立学校是一样的。私立学校现在平均每年从国家得到的补助占它总收入的10%,那么从这个意义上来说,国家对国立大学的资助可以从85%减到80%,甚至可以减到10%。办不下去那学校就被淘汰了,这是市场化过程。2004年国立大学有99所,现在只有86所。地方公立大学也实行独立法人,其发展趋势跟国立大学一样。

日本高水平大学建设计划

许长青: 中国高校有"985""211"计划,现在有"双一流"大学,日本政府也是很重视研究型大学建设,日本的大学有没有类似的计划?

黄福涛: 有的。一个是2008年启动的计划,共选了13所大学(包括私立大学),

想提高这些大学的国际竞争力，最重要的措施是必须要开设全英文本科和研究生学位课程，大量吸收高质量的留学生。2014年日本政府又出台了超级全球化大学计划。这个计划分两类：一类是A类14所大学，也包括一些研究所，要求这14所大学在2024年进入世界大学排行榜的前100，但东京大学、京都大学有些大学已经进入了前100，那么东大和京大被要求进入前10，入选A类的大学，要求提高留学生比例，提高外籍教师的比例，提高英文学位课程的比例，增加博士生数量，增加外部的竞争性经费等；另一类是B类大学，大概有20多所，每所大学找一个学科（学科能代表学校的实力），通过国家重点建设这个学科来带动（牵引）学校其他学科的发展。

建议粤港澳师生加强沟通交流

许长青：粤港澳大湾区本质上的要求是融合发展，把香港和澳门融入内地发展中去，但是粤港澳大湾区又是一个非常独特的地方，里面有两种制度，三种货币等。请问在这种独特的环境之下，怎样通过教育促进湾区的融合发展，尤其是人才流动这一块？

黄福涛：学校教育分为基础教育与高等教育，基础教育应该按照国家的政策去做，学校的自主性相对要少一点。中国内地实施的义务教育和香港实施的义务教育，它们之间差异怎么解决？大前提是"一国"，然后是"两制"。也就是说，国家的法律规定义务教育，比如政治课，周一的升国旗仪式等活动、辅导员的辅导以及相关的课程，在香港实施到什么程度，这是非常重要的问题。第二个是教师培训，香港主要是由香港教育大学培训中小学教师，还有一些是从海外过来的教师。教师直接影响到学生，特别是基础教育对学生的影响尤其大。香港高校的很多教师来自国外，或者在香港本土拿到博士学位以后就当老师了，他们对学生的影响与基础教育相比，稍微要弱一点，但都对学生的价值观形成产生重大影响。因此，融合的第一个问题就是义务教育阶段的课程协调的问题，第二个问题就是教师聘用问题。当然我们不能用"改造"这个词，这个词有点重了，但是需要相互理解交流、需要协调、需要有标准。高等教育阶段的融合相对来说要稍微容易一点，因为高等教育更强调专业教育，香港的人文社科占比较低，香港高校除了香港岭南大学、香港中文大学、香港教育大学之外，其他学校主要是医学和工科，法律稍微多一点。与基础教育相比，高等教育问题稍微容易协调一点。一是专业性，理工科等硬学科多的话，跟意识形态的关系就不那么密切了；二是流动性比较大，香港高校教师中，非本地教师比例远远高于内地的平均水平。所以融合发展的重点应该放在基础教育阶段，高等教育阶段学术交流要多一点，有助于融合发展。

在"一国"原则下，必须是在中华人民共和国《教育法》《高等教育法》框架下，协调内地和香港之间的基础教育和高等教育。但又是"两制"，现实问题是高等教育这一块，香港高校的实力超过澳门，部分超过广东，所以我觉得应该凸显出香港的多样性，体现出"两制"。因为香港高校的国际交流、国际化程度等要稍微高于内地、高于广东省。香港高校必须要加强爱国主义教育、国民教育，但与内地高校实施的

"思想政治教育"相比可以存在非原则性上的差异。如果一样的话,香港高校就失去了特色。促进粤港澳大湾区教育融合发展,最重要一点是加强相互交流。交流包括中小学生、大学生、教师之间的交流。合作科研方面,现在香港可以申请国家社科、自科课题了,是不是可以拓展到更多的领域?目前教师培训及学生的暑假社会活动,内地学生到香港去的多,香港学生来内地的少,所以要加强交流沟通。因为学生不自己亲眼去看,就很难有亲身感受,大学生比中小学生的理解能力要强得多。

许长青:但是现在有一个问题,尽管政府部门在极力推动三地教育之间的合作,但实际状况不容乐观,如何处理这一问题?

黄福涛:对,问题就在这个地方。学生有可能受到多种因素的影响,内地就更要加强宣传的声音了。像"一带一路"那样,虽然我们面对的是发展中国家、欠发达国家,政府进行了投资,但这些都非常重要。从目前来看,粤港澳大湾区作为国家战略,显然香港很重要,所以可以多做一些交流的计划,采取比较积极主动的措施,比如说奖学金政策和提供一些就业创业的机会。我觉得在交流这一块,国家应该更主动一点,采用专项拨款的方式,加强三地交流,要把它放在国家战略的角度来看。只有交流到了,才有深刻的影响,改变刻板的印象。任何问题都有两面性,如果部分香港青年只看到有问题的一面的话,他肯定对这个制度有看法。所以我觉得现在的宣传和交流还是不够,要找到交流的连接点,进一步加大教育交流。

广岛大学社会服务特色:和平教育与放射性医学教研

许长青:大学既要适应湾区发展,又要引领湾区发展,特别是引领社会价值。请您谈谈大学如何引领社会发展,尤其是广岛大学在智库建设方面的一些方案。

黄福涛:广岛大学以前位于广岛市,现在还有两个校区在市内,广岛是世界上曾被原子弹炸毁的两座城市之一,因此广岛大学在和平教育这一块承担了特殊的责任。广岛大学建立有和平教育研究所,它在日本国内挺有影响,它不仅通过本科生的通识教育课程教学来强调和发挥"和平"价值观的特色(日本叫"平和"),而且把它上升到研究角度。广岛大学创办了一个学科叫和平学。广岛县有很多的一些团体,他们有些有自己的学会,相关团体合作的目的是在广岛构建世界和平教育研究基地。广岛大学最推崇的价值观就是和平,最重视和平教育。以往的新入学学生,都要到平和公园去参观,了解战争对人类带来的不幸后果,了解和平的重要。广岛大学以前把它作为选修课,现在已经是必修课并且占两个学分。这个价值观是最重要的,广岛大学区别于日本所有的大学,最重要的一点就是强调和平教育。此外,广岛大学的医学教育在日本亦比较有名,通过提升医疗技术、加强研究水平,为地方服务也是广岛大学的特色。其中很多医学领域的研究也与原子弹有关,如放射性灾害医学与原子弹有着很大的关系。广岛大学放射性灾害医学研究成果在国际上比较有名并基于这些研究培养相关医疗人才。总体来说,广岛大学在引领日本社会发展方面主要体现在两方面:一是和平教育;二是独特的医学研究,为地方、国家乃至于整个世界学术共同体服务。东京大学、京都大学、东京工业大学都有自己的办学特色,但它们不像广岛大学强调和平教育，建立和平学学科，要在广岛市构建一个世界和平教育研究基地，其他学校没有。放射性灾害医学的研究，从大的方面来说，它是为全人类服务的，其他国家也有原子能发电，出现核辐射。灾害学，如台风、地震、泥石流等，广岛大学现在也着重在这方面发挥专长。

提升湾区大学国际竞争力：人才育留、资金充足、治理借鉴、校企合作

许长青： 请您谈谈国际知名湾区中大学发挥作用的案例。

黄福涛： 硅谷的信息技术产业太有名了，发挥着孵化器、引领湾区创新的作用。中国国内孵化器作用发挥得最好的城市就是深圳。从现在来看，华为、腾讯应该是比较成功的企业，这些企业与大学之间也有着密切的合作。这些非常注重科技创新，在企业内部也建立了研究所，不断提升研究和开发能力。从现有资料来看，这些企业与国际上一些一流大学的合作会更多一些。从这一点来说，就倒逼着广东省高校提升研发水平，因为现在腾讯、华为基本上没有把广东高校作为唯一合作伙伴，这说明广东高校的办学水平还有待提升或者产学合作还有待加强。华为的老总说过，合作不是看距离的远近。现在美国和英国等一些西方国家对华为采取了一系列不友好政策，华为和国外大学合作研究中心部分被关闭了，这就要求国内高校，特别是广东高校提高研究实力。中山大学作为华南地区最好的高校，也是全球著名高校，责无旁贷。

许长青： 建设世界一流大学是世界各国的梦想，也是粤港澳大湾区的梦想。您觉得粤港澳大湾区的大学如何进一步提升国际竞争力？如何建设世界一流大学？

黄福涛： 从现在世界主要大学排行榜来看，中国高校的国际竞争力提升得很快，中国的投入初见成效，如北大、清华、复旦、浙大，中大也提升得很快。香港高校虽然有几所进入到了世界前100强，但整体上呈现小降趋势。2019年修例风波后，香港发生一系列的游行示威，这对香港高校有一定的影响。第一，世界一流人才会不会继续留在香港？我个人认为如果有更好的选择的话，人才可能不会到香港或者会选择离开香港。假如人才流失，高校科研肯定会受影响。第二，高校经费投入会不会受到影响？尽管香港高校的经费多元化，但政府投入是主要部分，经济下滑，会不会影响到政府的财政投入？这值得思考。第三，大学的治理如何进一步完善？国内成功的高校，如清华、北大、浙大、中大等大学的排名上升了，这证明在现行的体制下内地大学的治理方式是成功的。如果能做进一步的改革，这些高校的国际影响力可能会更高一点。从大学治理来看，香港高校主要受英国和西方一些大学影响，强调大学自治与学术自由，香港高校的国际化水平和大学学术传统还是有一定优势的。所以，粤港澳大湾区三地高校各有优势，优势互补，必将共赢。进一步提升湾区高等教育国际竞争力，这里提几点建议：一是广东高校继续加大投入，全面提升质量水平。广东高校是不是可以有的放矢地借鉴一下香港高校的治理方式，不断提升大学治理水平。二是要加强三地高校的交流与合作。只有合作、只有交流，才能加深了解，加强各方面的对接。三是提升产学合作水平。内地高校与华为、腾讯等大企业的横向合作还是少了点，需要进一步加强高校与大企业、世界五百强企业以及高薪技术企业的交流与合作。企业有

经费，能够把握市场动向，比如华为，它是民营企业，它能把握世界信息技术发展动向，高校没有民企对市场需求的敏感度。现在我们按照 Model2（知识经济，知识的产生与应用）的模式来发展大学，如果不与企业合作，大学很难把知识直接投放到市场产生效益。高校与企业的合作当然受学科的影响，理工科与企业的联系肯定更直接一点，但人文社会学科也不能被削弱，在引领社会发展方面可能会起到更大的作用。最后我想说一下，日本与中国都同处东亚，都是后发外生型国家，都有东亚文化传统，都有从西方学习发展经验的过程，中日之间的可比性是不是更多一点？因此中日加强高等教育学术交流与合作也是很有启发的。

许长青：是的。期待我们有更多的合作，非常感谢！

7.2 东京大学

学校简介：东京大学（The University of Tokyo）是一所本部位于日本东京都文京区的世界级著名综合性研究型大学。作为日本最高学术殿堂和七所旧帝国大学之首，其在全球都享有极高的声誉。东京大学建立于1877年，由"东京开成学校"与"东京医学校"在明治维新期间合并改制而成，初设法学、理学、文学、医学四个学部和一所大学预备学校，是日本第一所国立综合性大学，也是亚洲最早的西制大学之一，其部分科系最早可以溯源到灵元天皇时期（1663—1687），作为资本主义文明浪潮冲击下的直接产物，东京大学在日本社会有着举足轻重的历史性地位。

学校于1886年更名为"帝国大学"，这也是日本建立的第一所帝国大学；1897年，其易名为"东京帝国大学"，以区分同年在京都创立的京都帝国大学；二战后的1947年9月，其正式定名为"东京大学"。截至2014年，东京大学培养了包括9名诺贝尔奖得主、6名沃尔夫奖得主、1名菲尔兹奖得主、16位日本首相、21位国会议长在内的一大批学术名家、工商巨子、政界菁英，在日本国内的影响力和知名度都无可比拟。作为一所世界顶尖综合性大学，THE2020世界大学排行中，东京大学位列第36。目前东京大学设有10个学部，15个研究生院，11个附属研究所，13个大学研究中心，3个附属图书馆和2个高等研究所。除了本乡、驹场、柏3个主校区，东京大学的附属机构遍布全国。[①]

访谈对象：伊藤亚圣副教授（Associate Prof. Ito, Asei）。

伊藤亚圣，庆应义塾大学经济学博士，目前任东京大学社会科学研究所副教授。他的研究方向是中国经济、区域经济、小企业研究。目前开展的研究课题包括"中国的产业发展与产业集聚""东亚产业集聚与小企业比较研究"。他的论文发表在《广东科技》（中文），*Journal of Chinese Economic Studies*（日文），*Mita Journal of Economics*（日文），*Millenial Asia*，*Journal of Social Science* 等杂志上。他的专著有《现代中国的产

---

① 根据东京大学官网资料整理。

业集群——"世界工厂"与自下而上型经济发展》等。①

访谈地点：东京大学社会科学研究所办公室。

参与人员：许长青。

访谈时间：2019 年 8 月 24 日。

访谈内容：

日本高校助力东京湾区对外开放与发展

许长青：非常感谢伊藤教授接受我们的访谈。我的课题是"高等教育、区域创新与经济增长：粤港澳大湾区建设中大学的角色与作用研究"。粤港澳大湾区这个概念 2005 年在广东省政府规划里面就被提到了，《粤港澳大湾区发展规划纲要》在 2019 年 2 月 18 日正式出台。大湾区面积 5.6 万平方千米，"9＋2"个城市，人口七千多万。我对比分析了世界一流湾区的主要指标，包括 GDP、占地面积、港口吞吐量、机场吞吐量、第三产业比重、全球金融中心排名、全球创新指数排名、全球一百强大学数量、全球五百强企业总部数量等，发现粤港澳大湾区有优势，也有劣势，优势是产业和基础设施，劣势是创新指数（大学的创新能力，大学的创业环境）、科研成果产业化等。在这方面能够介绍一下东京湾区的基本情况吗？

伊　藤：东京湾区现在总体的情况：泛东京湾区（一都六县）GDP 占日本 GDP 的百分比约是 30%，东京湾区的创新能力和研究能力是非常重要的。美国的经济结构比较分散，中国也是。日本是一个国土面积比较小的国家，二战结束之后，人口一直增加的地区只有东京周边地区，越来越多的日本年轻人来东京发展，外国人也愿意来东京，只有这边是增量经济；大阪区那边的人口在快速减少，日本其他地方都是衰退经济。总体上日本人口呈现减少，经济增长速度呈现缓慢趋势。所以对日本整个国家和人民来说，一方面需要促进东京湾区或者是东京的核心竞争力与国际竞争力；另一方面有人批评只有东京越来越好，其他地方都在衰退，这个宏观经济问题一直被讨论。教育结构也有这种问题，东京周边有好多大学，尤其是以理工科为主的大学。国立大学有东京大学、东京工业大学、筑波大学等；私立大学有早稻田大学。日本政府的教育管理部门是文部省，相当于中国的教育部。文部省的科研经费是重点投入那些最重要的大学，还是需要把科研经费分给很多比较小的大学？这个问题一直在讨论。东京大学最近十年的国际排名一直是稳定的或者有所下降，论文的发表量是一个原因，但最大原因是学校的国际化程度不高，外国教师占比少，留学生比例也不高。本科生约 95% 以上是本国学生，只有 5% 以下是留学生；研究生比率高一点，比如经济系研究生约 50% 是留学生，但是留学生总体的比例还是不高。新加坡国立大学或者香港大学 70%~80% 是留学生。为了使东京湾区更开放，国际化水平更高，日本高校需要进一步努力，学校本身也需要国际化，这是比较重要的任务。过去二十年，日本经济本身

---

① 根据官方资料整理。

的国际化程度没有太大的进步,外资企业对日本投资的金额没有特别地增加,现在是希望通过 2020 年奥运会的机遇来加大东京湾区发展。奥运村周边有很多房地产和配套设施,国家也出台了一些战略概念,主要目的是吸引外资企业、外国专家、外国高端人才。大学也需要进一步吸引很多外国人才,这也是东京大学需要努力的一点。经济方面,东京湾区世界五百强企业特别多,有相当高的集中程度,比如东京火车站附近,就有 20 多家五百强了,三井公司、大银行的总部、日本中央部门、日本最大的商业街银座等都在那边。东京最大的优势是资源集聚化程度高,是经济中心、政治中心、商业中心,这个密度在世界上都属于很高的,未来还需要发挥集聚能力及其辐射能力。

大学的作用:人才培养、交流中心、科学研究、创新创业

许长青:请以东京湾区为例,谈谈大学在湾区经济发展中的作用,好吗?

伊 藤:好的。大学的一个重要的作用是培养人才。东京大学每年的学生数量不多,但还是培养了不少的高端人才。东京大学的学生规模不是很大,包括研究生有两万多人,在日本国内应该是水平最高的大学,东京大学学生毕业之后大部分都留在东京。另外一个作用,大学是一个国家或城市或区域的品牌。东京大学经常代表我们国家的大学接待来日本参加重大会议的专家或是政府官员,比如二十国集团(G20)会议。大学还是国际学术交流的中心或平台。东京大学是一个很重要的国际交流中心,经常有一些外国的顶尖教育人才过来。大学作为教育交流中心,我们要更进一步发挥这方面的作用,需要继续改善。大学在推动经济增长方面具有不可替代的作用。过去十年东京大学对产学研合作、对初创企业的鼓励比较多,东京大学工学部学生毕业之后自己创业的也不少。但毕业生整体创业的比例还是不高的,不过有所上升。过去十年,我们的博士生毕业之后开办的企业中,也有好几个上市企业,主业是医疗、人工智能等方面。东京大学也有创业投资资金,有专业的团队在管理,高科技初创企业对东京湾区的经济增长有一些帮助。当然这些企业的规模还没那么大,但在先进领域,不少是东京大学毕业生的初创企业,如人工智能、生物医疗、机器人等。

许长青:东京大学周边有没有像斯坦福那样有一些孵化器之类的场地或园区?

伊 藤:东京大学周边主要都是居民区。我们学校里面有一些孵化器,有孵化楼。应该是二三十个企业在里面,规模不是很大,但是大楼旁边就有投资机构。所以本科生、研究生在学校里面可以直接创业,但没有类似斯坦福周边那么大的创业场所。

许长青:相关研究表明,日本的创新能力很大一部分还是集中在企业,大学的创新成果转化能力好像还不是很高,是这样吗?

伊 藤:大学的任务主要是科学研究,尤其是做好基础研究。日本的大学改革启动得比较慢一些,应该是 2000 年开始的,现在有一些改进。国家也鼓励大学成果转化,提高投入经费。相比美国、中国,日本大学的成果转化还不是很突出。大学主要是做基础研究,企业主要做开发,还是比较传统的,但是现在大学与企业之间有了一些联接,大学也鼓励联接。

许长青:东京大学、东京工业大学等以理工科为主的大学,它们的创新能力、科

研成果转化能力如何?

伊　藤：从日本创业公司上市情况来看，东京大学是最好的，但是上市企业也不到 10 家，比其他大学多。东京大学的创业投资机构比较出名，东京大学的投资创业金额约占全国大学的 40%～50%。东京大学在日本国内的贡献类似中国的清华大学加中国人民大学，规模比较大。东京工业大学的成果转化能力较好，没有具体的数据。

许长青：日本的政府部门、大学本身有没有制定一些政策或制度，推动大学的成果转化? 类似中国大学的科技园那样。

伊　藤：工学部里面有一些合作项目或是一些研究中心，专门的大学科技园应该是没有的，主要是一些办公室、办公楼。政府或大学是有一些鼓励性政策，但合作是需要一些对接的，产学研成功的合作还是需要一些人才，了解企业与学校双方的需求，专家需要什么，企业需要什么。现在日本国内人才社会流动性不是很高，有些人才以前在大公司里工作，做研发，后来转到大学里做研究，这样的人才可以了解双方的目的、内部决策等，日本这方面的人才还比较欠缺，还需要进步。

日本的人才流动性与多样性较低

许长青：东京湾区对人才的吸引力非常大，它有很高的聚集力和辐射力。大学在促进社会流动、人才流动等方面发挥了什么作用?

伊　藤：第一是接待留学生。东京大学现在总共有几千个留学生，很大部分留学生是第一次过来，迅速适应东京大学的生活是很重要的。第二是促进社会人才交流。在公司里工作 10 年、20 年之后来学校的人很少，来读 MBA 的比较多一些。为了提高流动性，大学应提供机会，比如 45 岁左右的在企业工作的人才来大学，学习一年，我觉得挺好的，但是现在这方面的人还不多。日本社会人才的流动性是不高的，日本的大学应该在这方面发挥更多的作用。东京周边的企业很多，在东京上学的大学生，应该一大部分都留在东京了，去到其他地方或回家乡的话，经济还是没有那么有活力。东京湾区的社会流动性在二三十年以前是很高的，东京大学的学生很大一部分是外地过来的。近二三十年，日本经济一直处在比较稳定的增长期，人口也减少，人才社会流动性和多样性有所减少。在地方长大的高中生，愿意留在地方，不愿意来东京，这也是需要解决的问题。人才的多样化是很重要的，日本国内的大企业现在很看重怎样提高男女比例。企业目前的男女比例还是挺低的，我觉得大学也是一样的，东京大学的男女比例是 8∶2，男生特别多，女生很少，要培养更多的女性学生，要不然的话未来实现大学多样化还是有难度的。男女比例多样化是一个比较大的问题，流动性不高也是一个问题。

许长青：对于弱势群体、少数民族，政府有没有一些特殊的政策，保障劳动者的就业? 东京大学在招生时有没有一些特殊的政策，促进人才流动?

伊　藤：日本也有少数民族问题，但大学录用制度上没有标准差异。录用制度是统一标准的。虽然日本没有"弱势群体"这个概念，我觉得需要考虑社会公平问题。我们学校里面，男生学生多，富裕家庭的孩子多。学校领导也一直关注这一问题，但没有解决。

许长青：对少数民族，没有制度上的障碍吗？比如劳动力就业制度。

伊　藤：已经没有制度上的障碍了。东京的人口越来越多，不是制度上的问题，是经济上的问题，是经济自由流动的结果。中央政府给地方政府、地方企业补贴，也没办法改变总体的结果。因为好多学生愿意过来东京，是经济上的考虑，不是制度上的问题。有些地方企业来到东京也是经济上的考虑，没有太多的优惠。

许长青：劳动力市场上男女性别存在差异吗？存在哪些差别呢？

伊　藤：20世纪90年代，日本政府出台了一个男女平等法律，已经30年了，现在好像也有一些政策。但是结果大公司的领导人很大部分还是男性，干部也是这样的情况；我们国家的领导人也是一样，我们的国会议员里女性比例也是不高的。

许长青：这是不是和日本的传统文化有关？

伊　藤：应该有些关系，最难改的还是文化观念。所以未来二三十年最好还是提高这个比例。现在国会议员里面的女性大约10%（众议院），那至少要提高到20%至30%。公司或是大企业里的干部，20个干部里面只有一两个女性，太少了。当然政府也在促进这个改革，大企业还是需要在这方面努力。

许长青：促进社会流动这块，很大一个制约因素是传统文化，比如性别差异、家庭背景。除了这些之外，还有没有其他的影响因素？

伊　藤：东京湾区在日本国内是最开放的一个地方，女性工作的比例应该也算高的。现在东京政府的最高领导人是女性，她原来是国会议员，应该是一种榜样。东京大学的校长历史上一直是男性而没有女性。东京大学第一个女教授大概是20世纪70年代才有的，女教授现在也很少，所以，今年东京大学入学典礼的时候，邀请了女教授来发言，她是很有名的女教授，在入学典礼上批评了东京大学，建议东京大学进一步多样化。我觉得是挺好的一个发言。

对粤港澳大湾区多元融合的建议：学生交换、教师互访、深度交流

许长青：粤港澳大湾区与东京湾区相比，这个区域有不同的社会制度、经济制度、法律制度、教育制度，有不同的文化，而整个东京湾区在以上这些方面是一致的。您认为如何做好粤港澳大湾区的融合发展？

伊　藤：香港、澳门、内地的区别还是很大的，这一方面是障碍，另一方面也有些优势。香港、澳门历史上有独特的优势。香港的大学晋升率特别高，待遇也高，具有吸引力。东京大学的教师去了香港科技大学工作，他的月薪是在东京工作时月薪的三倍，待遇完全不一样。促进大湾区融合发展，我认为交流与合作非常重要。具体来说大学的交换生项目是比较重要的，比如香港科技大学的学生半年在广州学习，中山大学的学生半年在香港或澳门学习，这样才能深入了解互相之间的情况，教师也是一样的，如几年当中一年在港澳合作研究，这样才能真正交流。当然这需要政府的支持。我觉得合作研究、合办会议等都是需要的，但是最重要的是，四年当中有半年或者七年中有一年互访，这就完全不一样，双方建立了好朋友的关系，促进互相慢慢地融合。

如何融合？我觉得解决的办法还是要增强双方的交流。我估计香港的年轻人好多没去过内地，我在香港访问过好几个学校，问学生："你去过深圳吗？"发现其实好多人没去过深圳，这就有点问题。他们比较关注世界和全球问题，但是不愿关注内地发展。台湾的学生也差不多，我去台北问学生："你们去过大陆吗？"发现好多人都没去过。如果自己去看过、体验过，那还是不太一样的，长期的、固定的、互相交流是比较重要的。

智库建设、国际竞争力与校企互动

许长青：是的，最重要的是多元文化，要有包容性、交互性。世界一流大学都有比较好的一些智库，东京大学在这方面有什么做法或者成就呢？东京大学如何引领东京湾区社会价值观？

伊　藤：东京大学还是比较能代表日本整体的大学水平的，东京大学的校长于2019年2月提出"大学的未来地图"，一是注重多样化，二是强调世界的数字化、工业革命4.0等。世界正在快速转型，我们大学发挥的作用也需要跟进。东京大学的物理学比较著名。因为东京大学物理学（部）有一些诺贝尔奖的获得者，另外就是IPMU，东京大学的一个特殊的物理学和数学研究所，办公、会议和文件都是用英语，应该是国际化最高的一个研究所，在工资方面也是特殊的，月薪很高。东京大学社会科学研究院是文科综合性的社会科学研究所，由法律、政治、经济、社会等4个部门组成，每个部门有15位，总共60位研究人员。这些研究机构在社会上发挥了很好的智库作用。

许长青：我看了很多国际大学的排名，目前世界排名前十的高校都在美国和英国。怎样提高湾区高校整体的国际竞争力？

伊　藤：这方面没有什么很简单的办法。日本的大学也是比较难以保持这个地位，还是应该努力研究，努力教学。生源比较重要，生源应该比过去好多了，以前很少有留学生，现在留学生多了，尤其是研究生。但与亚洲同等的其他大学相比，东京大学的国际化程度比较落后，还需要改善。东京周边的大企业大部分就是代表日本的企业，基本上大的银行都在东京，三菱重工的总部在东京，另外还有一些互联网企业（如软银、阿里巴巴的股东）。大学与企业在工程研究上有互动，东京大学和日立公司总部有个协商合作，东京大学还和另外几家企业签了比较大的项目，这样有利于提高大学办学水平，提高大学竞争力。粤港澳大湾区的大学国际竞争力提升也是类似的。一是国际化办学，吸引优质生源；二是产学互动，提高大学的创新能力。

许长青：好的。非常感谢！

7.3　早稻田大学

访谈高校：早稻田大学（Waseda University）是一所位于日本东京都新宿区的世界著名综合性研究型大学。早稻田大学创立于1882年，是日本超级国际化大学计划面向世界 TOP100 的 A 类顶尖高校，日本 RU11 学术研究恳谈会（Research University 11）核心成员，亚太国际教育协会（APAIE）发起成员和顶级研究型大学组织环太平洋大学联盟（Association of Pacific Rim Universities）5 所日本成员校之一，东京六大学棒球联盟成员之一。

早稻田大学追求学问独立、学问活用，其毕业生人才辈出，世界影响力极为广泛。历届日本首相中有七位是早稻田大学毕业生，国会议员近三分之一出身于早稻田大学。索尼、卡西欧、东芝、乐天、任天堂、松下、三洋、优衣库等众多著名公司的创始人及社长皆出身于早稻田大学。至今为止，已有 30 位校友获得日本纯文学新人奖的文学最高奖之芥川奖，居日本之首。

访谈对象：吉田文教授（Prof. Yoshida, Aya）。

吉田文，东京大学教育学博士，现任日本教育社会学会长、早稻田大学教育综合科学学术院教授。她的研究方向是教育社会学、高等教育学。教授课程包括教育实践、教育社会学、教育社会学研究等。她的论文发表在日本的《日本劳动研究杂志》《日本生涯教育学会年报》《大学评价研究》《大学研究》《情报处理》《高等教育研究》，中国的《中国远程教育》以及 *Quality Assurance for Higher Education and Assessment*，*Higher Education Forum* 等杂志。参与著作的书包括 *Meta-Survey on the Use of Technologies in Education in Asia and Pacific*（负责 *ICT Use in Education in Japan* 部分），*Higher Education and the State：Changing Relationships in Europe and East Asia*（负责 *The State and Private Higher Education in Japan：The End of Egalitarian Policy*？ 部分）等。

访谈地点：早稻田大学大学综合研究中心会议室。

参与人员：许长青。

访谈时间：2019 年 8 月 27 日。

访谈内容：

大学通过人才培养间接推动区域经济增长

许长青：非常感谢吉田文教授！我是来自中山大学的许长青，目前正在调研的课题是"高等教育、区域创新与经济增长：粤港澳大湾区建设中大学的角色与作用研究"。到目前为止我们已经调研了粤港澳大湾区的 8 所大学，纽约湾区、旧金山湾区、波士顿湾区共 10 所大学（企业），最后来到了东京湾区，计划访谈东京湾区包括早稻田大学在内的著名高校及企业、公共部门等。粤港澳大湾区是中国国家战略，其规划纲要于 2019 年 2 月发布。东京湾区是世界上一个成功的湾区，这里也聚集了一批世界一流大学。作为一位教育社会学专家，请您谈谈大学在湾区发展中的角色与作用。

吉田文：好的。非常感谢您在这样炎热的天气中来到我们学校。就东京湾区和高等教育之间的关系来看，我认为二者之间没有简单的直接关系，也就是说并不是先制定政策然后带动经济发展。大学在湾区发展中确实起到了重要作用，但二者之间的关系复杂。大学没有直接参与到经济发展中去，而是通过间接的方式参与。大学作用的发挥主要是通过人才培养而实现。一是通过成千上万培养的人才去发展经济；二是通过产学研合作，把科研成果产业化，推动经济发展；三是通过社会科学研究，提供咨询报告，从而影响到政府的政策制定，推动经济发展。

许长青： 第二个问题，您认为湾区的发展应该是以市场为主导，还是以政府规划为主导？

吉田文： 湾区的发展以市场为主，但也离不开政府的规划。关于东京的发展近几年的一个关键词就是再开发，不是说已有的地方，不知道您有没有去过东京台场，以台场为中心聚集了一些再开发的项目。还有就是以新桥为中心在进行一些新的发展，现在这里正在迎接2020年奥林匹克运动会，也正在进行一些相关项目的建设。

许长青： 国际经验已经表明，大学在推动区域经济、湾区经济发展中确实发挥了明显的作用，怎么看待大学的作用？

吉田文： 在东京确实有很多比较有名的大学，比如说东京大学，私立早稻田大学和庆应大学，国立大学除了东京大学之外，还有东京工业大学、东京外国语大学等。东京的这些大学是可以从全国召集学生的，学生并不是只是来自东京，而是全国各地聚集而来的各种各样的学生，然后这些学生从全国各地考过来就读毕业之后并不一定回到他们的家乡，而是留在东京工作了。这样的话他们就会对东京的发展起到一定的作用，所以并不是大学直接对经济发展产生作用，而是大学通过学生对经济的发展起到推动作用并带动了区域的整体发展。

大学通过产学合作推动区域经济增长

许长青： 吉田文教授的观点我也是赞同的，大学主要是间接地推进了湾区经济的发展，我在芝加哥大学访谈时他们的教授也有类似的观点。那么大学对经济增长的间接作用又是如何实现的？

吉田文： 大学是通过聚集全国的优秀人才来促进经济发展，这是一个间接的作用。大学对经济发展的贡献主要是通过"官产学"合作的形式，比如刚才您也提到了东京湾聚集了很多日本著名的大学，同时日本很多著名的企业也聚集于此，政府部门也有意推动产学之间的合作，这对合作研究、合作平台的建设提供了非常好的条件，这种产学合作有利于经济发展。产学合作的这种带动作用不仅仅局限于东京，它在其他地方都有体现。

早稻田大学的产学研合作

许长青： 早稻田大学作为日本一所著名的私立大学，对地方经济发展做出了什么贡献，通过什么途径做出了贡献？

吉田文： 早稻田大学有个理工学部，他们通过产学合作在推进一些项目。文部科学省面向全国大学公开的一个竞争资金（有点类似于中国的自然科学或社会科学基金），早稻田大学的理工学部通过获得这种资金，再以产学合作的形式推进一些项目。

早稻田大学通过相对独立的社会科学研究服务社会

许长青： 早稻田大学在社会服务方面，比如智库服务方面怎么体现大学的特殊作用？

吉田文： 除了刚才提到理工学部通过产学合作的形式在对社会做贡献，社会科学方面的研究者们也在对社会做出自己的贡献，具体形式多样。如一些社会科学研究者们，通过参加"审议会"等会议的方式，灵活运用自己的研究成果，通过提供咨询报告，从而影响到政府的政策制定。需要说明的是，早稻田大学是私立大学，它与政府保持着一定的距离，具有自己的"独立性"。大学本身并不直接是政府的智库，其他私立大学也是一样。另外，即使是国立大学，如东京大学、东京工业大学，他们也都法人化了，并不是政府的附属物。社会科学领域的学者大多以学者个人的身份参与社会决策，实际起到了智库的作用，但并不是以组织的形式。

广东高校：提高办学水平，增进与港澳高校的交流与合作

许长青： 融合发展是国际湾区的一大特征，粤港澳大湾区的发展也是要促进香港、澳门融入内地发展。那么大学如何在推动湾区一体化发展或推动大湾区融合发展中做出贡献？

吉田文： 对于粤港澳大湾区融合发展，我觉得一个重要的途径就是提高广东大学的办学质量、提高广东大学的办学水平，打造世界一流大学。在此基础上，加强大湾区内大学之间的合作与交流。如何提升广东大学的办学质量与水平？首先，大学需提高自身的教育教学以及研究水平；其次，通过一些激励措施比如奖学金吸引包括港澳在内的优秀学生前来就读；最后，还需有一些支援措施让毕业生顺利进入劳动市场，帮助大学毕业生在大湾区成功创业与就业。

许长青： 湾区建设需要世界一流大学的支撑，粤港澳大湾区也正在加快"双一流"大学建设步伐，打造全球科技创新中心。湾区如何打造世界一流大学？请谈谈您的看法。

吉田文： 这要取决于"一流大学"的定义。如果"一流大学"主要是基于QS、THE、U.S. News、ARWU[①]的国际排名的话，那么大湾区就要研究排名所用的指标，然后按照指标进行战略性提升会比较快；如果"一流大学"主要就是看对地方或国家的贡献，那就要更好地做好社会服务。中山大学是非常有名的大学，在日本也很知名。香港的大学国际化程度比较高，中国内地的大学现在也加快推进国际化。深圳也正在加快高等教育建设，我认为这是一个很好的榜样。

许长青： 非常感谢！

---

① 软科世界大学学术排名（ShanghaiRanking's Academic Ranking of World Universities）。

第 8 章
质性分析与结果

8.1 质性分析

研究采用扎根理论的方法分析来源于粤港澳高校的质性资料[①],数据分析过程参照施特劳斯和柯宾(Strauss & Corbin)[②]的编码步骤,包括开放编码、主轴编码和核心编码等过程,编码过程保持开放和灵活。为减少个人偏差,研究者与教育经济与管理专业的研究生组成了编码小组,研究者先培训小组成员,请他们对质性资料进行试编码,回答他们在编码过程中遇到的问题。然后,小组正式开始编码,编码过程中有不同意见,相互讨论达成一致。

8.1.1 开放编码

该阶段包括定义现象、概念化和范畴化等。定义现象是指先对含有信息点的资料"贴标签",然后根据资料基本内涵进行编码并赋予它名字。概念化指的是进一步提炼被定义的现象,形成概念。范畴化是将相关的概念聚类为范畴并用更加抽象的名称对其命名。表 8-1 展示了对来源于各高校的质性资料的部分开放编码过程。[③] 经过删除重复的情况以及对相似表达的整合,开放编码阶段共获得"湾区发展方向"等 182 个标签("定义现象"列),"湾区发展"等 127 个概念("概念化"列),同时共获得"湾区情境"等 25 个范畴("范畴化"列)。注意,表格中的英文字母代表的是对来源

---

① 本书对来源于中国粤港澳高校的质性资料进行了扎根理论分析,包括开放编码、主轴编码、核心编码等步骤。由于对美国、日本高校的调研时间晚于中国粤港澳高校的调研,对于来源于美国、日本高校的质性资料,本书进行了一般的归纳分析,体现在第六、第七章访谈录中的简短归纳上,供读者了解美国和日本专家对本课题的主要意见和建议。

② STRAUSS A L, CORBIN J M. Basics of qualitative research: grounded theory techniques and procedures [M]. Newbury Parks, CA: Sage, 1990: 61-142.

③ 因篇幅限制,开放编码的全过程未列出,读者如有需要可联系作者获取。

不同高校的质性资料的开放编码的三个步骤的代码,如"a1""A1""AA1"等分别代表对来源于中山大学的质性资料的贴标签与定义现象、概念化、范畴化等步骤,其余依此类推。

表 8-1 开放编码及示例

对质性资料贴标签及质性资料来源	编码过程		
	定义现象	概念化	范畴化
大学在湾区建设中的角色和作用,要与粤港澳大湾区未来的发展方向一致。(a13)……这里讲的融合包括经济融合、社会融合、文化融合、科技融合(a14),认清这一点非常重要……然后再来思考大学在湾区中的作用,思考大学怎么服务和支撑湾区的融合发展,大学哪些功能能起到服务作用?哪些又能起到支撑作用?(a15)(中山大学校长罗俊) 在人心回归,在国家认同上要做什么?(a17)这是大学的最重要的核心作用,因为教育是要解决思想问题。(a18)……要培养爱国主义的学生,学生要有国家认同、祖国认同。(a19)……中山大学推动了粤港澳高校联盟,目前已建立了超算、图书馆、空间科学、医学等专业子联盟。(a20)中山大学于2015年成立了粤港澳发展研究院,智库围绕港澳发展动态、港澳治理、粤港澳合作发展等重大问题开展研究和咨询。(a21)(中山大学提供的文档材料)	a13 湾区发展方向 a14 湾区经济、社会、文化、科技融合 a15 大学在湾区的作用 a17 国家认同 a18 思想观念 a19 培养热爱祖国的学生 a20 粤港澳高校专业联盟 a21 粤港澳发展研究院	A8 湾区发展(a13) A9 湾区融合(a14) A10 大学特有作用(a15) A12 校长精神领导(a17,a18) A13 学生需有家国情怀(a19) A14 专业联盟(a20) A15 高端智库(a21)	AA3 湾区情境(A8,A9) AA4 校长认识(A10) AA5 精神领导(A12) AA6 家国情怀(A13) AA7 重大平台(A14) AA8 输出机构(A15)

续上表

对质性资料贴标签及质性资料来源	编码过程		
	定义现象	概念化	范畴化
我们非常注重中国文化的培育与传承……我们学校有个中国文化研究中心，就在我们学校最中心的位置，校长的办公室反而不是在最中心的。(b7) 我们在校内不断完善课程体系，更加注重学生的创新创业的培养。所以我们从今年开始每一个学期都设有包含创业培养内容的课程，无论是文科、理科，还是工科，对学生都有一定的培养。(b8) 我们从几年前开始，除了创新科技周以外，还为学生建立了孵化器（incubator），前期的孵化器。(b9) 他的影响力不是通过能发表论文的数量（quantity），而是质量（quality）来决定的。这个质量是对人类、对社会有什么贡献，如果你发了 Science 和 Nature 的文章，但是社会依然是混乱的，那你对社会发展是没有什么贡献的。(b10)（香港中文大学校长沈祖尧）	b7 中国文化研究中心位于校园中心位置 b8 创业课程 b9 创业孵化器 b10 高质量论文	B6 中国文化研究（b7） B7 培养创新创业型人才（b8, b9） B8 高质量论文（b10）	BB4 文化认同（B6） BB5 创新创业型人才（B7） BB6 输出成果（B8）
我们现在的课程设置在原来主修的基础上增加了辅修，比如主修是工程，辅修商科、辅修创业。学生不只是单纯地上课，还可以创业。我们有一个讲座，每周从校外请一个人来，讲述他的成功经验；不成功的案例也可以，分享经验教训。(c1)（香港科技大学校长陈繁昌）	c1 创业课程与讲座	C1 创业指导（c1）	CC1 创业型人才（C1）
我们大学的定位是一流的专业大学。专业大学是我们不仅强调通识教育、博雅教育，更要培养一流的专业技术人才，比如说律师、工程师、科学家等。(d1)（香港城市大学副校长吕坚）	d1 专业人才	D1 专业人才（d1）	DD1 专精人才（D1）

续上表

对质性资料贴标签及质性资料来源	编码过程		
	定义现象	概念化	范畴化
香港地铁很多都用到我们的科技,很多技术和系统都是香港理工大学的。如安在路轨上的监测系统……中国内地的高铁也看中了我们的技术,我们将这个系统改进,应用在国家高铁上……(e1)(香港理工大学校长唐伟章)	e1 地铁系统采纳高校技术	E1 专利技术应用(e1)	EE1 输出成果(E1)
我们岭南大学主要是以文科为主,……因此人文社会科学是我们的重中之重,所以我们不做其他,集中发展人文和社会科学。(f1)(香港岭南大学副校长莫家豪)	f1 人文社会科学	F1 博雅教育(f1)	FF1 通博人才(F1)
所以大学几乎是这个社会的不动点,蕴含了丰富的社会文化……社会上的人经常觉得你们大学老师太舒服了……因为我们就有这么厚重的责任,我们要积累文化、传承文化、创造文化。(g1)(澳门大学校长赵伟)	g1 教师积累、传承文化	G1 教师引导学生认同中国文化	GG1 文化认同(G1)
除了科技创新之外,我更加希望我们大湾区的高校通过高校联盟,加强合作,优势互补,把文化影响力,即世界级的文化影响力,凸显出来。(h15)(澳门科技大学副校长庞川)	h15 希望形成湾区文化影响力	H10 期望:湾区文化影响力(h15)	HH6 角色期望(H10)
我觉得高等教育应该不仅是社会舞台,更应该是引领社会,特别是港澳地区融入祖国发展过程中发挥重要的引领作用。假如我们把高等教育忽视了,那就忽视了它的根本。"港人治港""澳人治澳",但如果大学丢失了,那它的根基就不稳了。澳门也好,香港也罢,特区政府的官员都来自大学,基层公务员队伍也是大学培养的。(i1)(澳门理工学院院长李向玉)	i1 高校育人,引领社会	I1 文化引领(i1)	II 文化引领(I1)

续上表

对质性资料贴标签及质性资料来源	编码过程		
	定义现象	概念化	范畴化
"暨南"的意思是把中华文化传播到五洲四海，因此学校的使命是"宏教泽而系侨情"……（j1），我们培养了30多万学子，在香港有6万多名校友，在澳门有2万多校友。（j2）暨南大学的特色非常明显，拥有大量的港澳台侨学生，我们的培养目标就是要把这些学生培养成熟谙中国文化（j3）、对当地经济社会做出贡献的高素质人才。（暨南大学校长宋献中）	j1 传播中国文化 j2 培养港澳学生 j3 学生需谙熟中国文化	J1 文化传播 J2 （特色）人才培养（j2） J3 学生文化认同（j3）	JJ1 输出人才（J2） JJ3 文化认同（J1，J3）
再加上教师在学生中的影响力是很大的，所以他们有意无意地在课堂上或者对学生的指导过程当中把自己的政治倾向灌输给学生。（k1）（华南师范大学校长王恩科）	k1 教师影响学生观点	K1 "教师－学生"价值观传递（k1）	KK1 价值传递（K1）
现在的经济环境真的变了，变了之后香港跟珠三角地区应该怎么合作、怎么协调，大学的作用在哪里，一定要好好研究。（l1）（香港大学叶嘉安院士）	l1 希望大学找到合作动因	L1 对大学合作的期望（l1）	LL1 角色期望（L1）
大型设备共享、联合科研、共同发表论文、与企业成立联合实验室、与国际一流大学成立联合研究中心，这些都是可以做到的。（m1）（深圳大学校长李清泉）	M1 国际国内联合研究实验室、研究中心	M1 合作研究平台	MM1 重大平台
协同政企全力参与国家、省级实验室等重大科技创新平台建设。（n4）华南理工大学坚持以大力发展政策咨询推动人文社会科学与自然科学的协调发展。（n5）（华南理工大学校长王迎军）	n4 重大科技创新平台建设 n5 政策咨询	N4 重大科技创新平台（n4） N5 咨询报告（n5）	NN4 输出机构（N4） NN5 输出成果（N5）

续上表

对质性资料贴标签及质性资料来源	编码过程		
	定义现象	概念化	范畴化
明确粤港澳大湾区建设中大学的角色和作用,对助推区域创新与经济增长具有重要意义。通过强化顶层设计和统筹协调,充分发挥大湾区内部科技资源共享流动或创新资源协同效应,有利于突破粤港澳大湾区高等教育交流合作的体制壁垒,实现大湾区高等教育协同发展与跨越式发展,以便更好地服务于粤港澳大湾区建设事业。(o1)(广东外语外贸大学校长隋广军)	o1 校长对大湾区建设中大学角色的认识	O1 校长认识(o1)	OO1 校长认识(O1)

8.1.2 主轴编码

开放编码阶段获得的范畴之间的关系尚不明确,主轴编码又称为关联编码,旨在发现主次范畴并建立次范畴、主范畴之间的联系,范畴之间的联系包括相似关系、因果关系等。研究者对25个范畴进一步归纳与比较,得到"湾区情境""高校情境""文化引领""输出人才""输出成果""输出机构"等6个主范畴(表8-2中的Z1至Z6),"经济融合""社会融合""文化融合"等19个次范畴(表8-2中的z1至z19),进而建立次范畴、主范畴之间的联系(如表8-2所示)。例如,"z5 高教融合""z6 校长认识""z7 师生期待"等3个次范畴,被联接到"Z2 高校情境"主范畴。

表8-2 主轴编码的结果

次范畴	主范畴	次范畴	主范畴
z1 经济融合 z2 社会融合 z3 文化融合 z4 科技融合	Z1 湾区情境	z11 家国情怀 z12 通博专精 z13 创新创业	Z4 输出人才
z5 高教融合 z6 校长认识 z7 师生期待	Z2 高校情境	z14 论文专著 z25 技术专利 z16 咨询报告	Z5 输出成果
z8 精神领导 z9 价值传递 z10 文化认同	Z3 文化引领	z17 重大平台 z18 高端智库 z19 衍生企业	Z6 输出机构

8.1.3 核心编码

该阶段旨在确定核心范畴,并将它与其他范畴连接起来,形成具有分析力的解释框架。从主轴编码结果看,大湾区经济、社会、文化、科技融合,构成大学承担角色与发挥作用的宏观情境;湾区高等教育融合,湾区内高校校长对于高教融合的认识以及高校师生对于高教融合的期望,构成大学承担角色与发挥作用的微观情境。在宏观和微观情境下,大学承担着多重角色与作用,包括文化引领核心作用,输出人才、输出成果、输出机构等常态化作用,因此笔者将"多重角色与作用"确定为核心范畴。根据施特劳斯和柯宾(Strauss & Corbin)于 1990 年提出的建立范畴之间关系的范式模型——"因果条件—现象—情境条件—干预条件—行动/互动策略—结果"①,研究建立起主范畴、范畴之间的联系,构建起如图 8-1 所示的大学在湾区建设中的多重角色与作用模型。

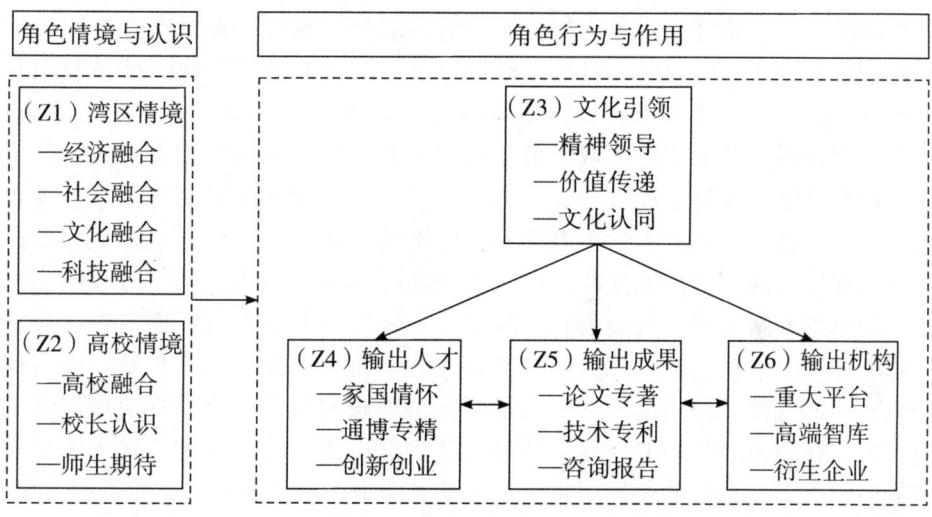

图 8-1　大学在粤港澳大湾区建设中的多重角色与作用模型

图 8-1 表明,建构于大湾区的宏观与微观情境,大学在粤港澳大湾区建设中应扮演的四种角色及其具体作用。一是文化引领,包括精神领导、价值传递、文化认同。二是输出人才,人才需具备的能力素质主要包括家国情怀、通博专精兼具、创新创业精神。三是输出成果,主要包括论文专著、技术专利、咨询报告。四是输出机构,主要包括重大平台、高端智库、衍生企业。其中,"文化引领"反映了大湾区建设中大学应发挥的核心作用与情境特需作用,指导大学发挥"输出人才""输出成果""输出机构"等作用,确保大学的组织行为能促进粤港澳大湾区经济社会的发展。"输出人

---

① STRAUSS A L, CORBIN J M. Basics of qualitative research: grounded theory techniques and procedures [M]. Newbury Parks, CA: Sage, 1990: 61-142.

才""输出成果""输出机构"三者之间具有互动联系。大学培养的优秀人才越多，产出的成果也越多，而高质量的成果反过来又为人才培养奠定基础。大学里的机构如重大研究平台、高端智库等，是人才输出与成果产出的组织保障；大学的衍生企业，为创业人才提供发挥才干的平台，是科技成果产业化的组织保障；而这些机构在人才培养与成果输出方面表现越好，越可能获得更多资源与资金支持，进而增强组织建设。本章的其余小节将结合已有研究文献与质性资料，对以上四种角色与作用进行详细阐述。

8.2 结果讨论

8.2.1 核心作用：文化与价值引领

现代大学在经济增长中透过技术、人才与宽容文化氛围在经济增长中发挥着重要作用。首先，作为公共和私人研发资金的主要接受者以及技术创新发明和孵化高新技术公司的温床，大学始终处于知识与技术创新的前沿。其次，大学直接或间接地影响人才发展。他们直接吸引教师、研究人员和学生，同时像磁石一样间接地吸引其他受过高等教育的人才、创业人士和公司获得大学可以利用的资源在大学附近创新创业。第三，研究型大学有助于塑造区域创新文化与生态，促进区域发展新理念的形成和特色化发展。大学吸引来自不同种族、民族、经济地位及国籍的教师与学生，在营造创新生态方面具有独特优势。大学一般是一个更加精英化、多样化、对差异更加开放的人才栖息地和聚集地，各种人才在这样一个充满想象的环境中互动，开放的思想、自我表达、新思想和新实验得到鼓励和不断撞击。诚然，大学在技术创新中挥着重要作用，知识产业化不仅使大学工作更具经济相关性，而且增强了大学预算。但我们不能过度夸大大学的直接经济功能而低估大学对经济增长及整个社会发展更深层次的基础性作用。大学在经济增长中的作用应该源自其更深层次、更基本的一种内在力量。在这种力量的作用下，大学的作用超越了技术本身而更多地表现为文化与价值引领。

文化传承意味着大学是弘扬传统文化、传播先进思想的基地，助力构建大湾区宽容的创新创业文化。中山大学教授陈寅恪先生（1929）首次提出以"独立之精神，自由之思想"为追求的学术价值取向。他向中国两千年的"学""仕"不分的传统提出了挑战，堪称体悟现代大学精神的知识分子先驱。"自由"不是排斥权威，而是排斥资本权威、政治权威、宗教权威，确立知识权威。有思考能力的个人永远是社会文明进步的最终源泉，唯有独立精神和自由思想，方有探索和创新自由。[①] 大学不限于传播知识，她更是传递文化价值观的地方。大学传播先进思想并不排斥弘扬传统文化，传统文化和先进思想相得益彰，共同谱就现代大学精神。粤港澳大湾区是一个多元文化和价值并存的地方，宽容的创新生态显得尤为重要。在长期的殖民统治过程中，香港、澳门和内地经历了长时期分离，港澳市民对国家归属感比较淡薄，短期内难以接

---

① 徐显明. 大学理念论纲 [J]. 中国社会科学, 2010, (6): 36-43.

受内地文化和价值观。在某种程度上，大学提供了一种类似格林威治村所具有的功能环境，在那里各种文化、价值观及性格迥异的各类人员都可以被接受，使得那些曾经被限制和孤立的多元宽容的思想和观点变得更加普及化并传播到社会各个角落。湾区大学需要充分体现大学的人才资源优势、知识创新优势以及其对公共政策和舆论宣传的影响力优势，不断输出新思想、新文化，引领社会主义核心价值观不断发展。

香港社会出现分化和撕裂，部分原因是他们没有共同的身份认同和价值观念①，尤其是1997年后出生的"回归一代"，学校对他们的国民教育缺失，导致他们的国家认同感低。"回归一代"目前已经成为香港大、中、小学校园的主体，由于校方长期监管不力，部分教师成为校园"播独"的"先行者"，再加上学生对中国历史、对祖国的发展成就、对内地政治制度和政治价值等缺乏了解，导致"校园港独"产生。②澳门理工学院院长李向玉也谈到高等教育对"一国两制"国策实施的重要作用："更应该引领社会，特别是在港澳地区融入祖国发展过程中发挥重要的引领作用。假如我们把高等教育忽视了，那就忽视了它的根本。'港人治港''澳人治澳'，但如果大学丢失了，那它的根基就不稳了。澳门也好，香港也罢，特区政府的官员都来自大学，基层公务员队伍也是大学培养的。"因此，在这样的独特背景下，高校在粤港澳大湾区建设中首先必须发挥文化引领作用。

8.2.1.1　校长精神引领

大学精神指的是实现大学独特使命、任务、职责和功能等所必需的核心价值观、指导思想等。③ 由于中国过去遭受外国列强的欺侮凌辱，大学与国家民族命运紧密相连，爱国精神是中国大学独有的、与生俱来的优秀传统和重要精神支柱之一。④ "大湾区的核心是融合，大学在融合里要扮演的角色是促进人心相通……在人心回归，在国家认同上要做什么？这是大学的最重要的核心作用，因为教育是要解决思想问题"（中山大学提供的文档材料之校长讲话）。校长的重要作用是精神领导⑤，因此，校长应具备强烈的国家认同和爱国主义精神，并激发和唤起教员的国家认同与爱国主义精神，从而引导学生认同与热爱祖国、与祖国同心同德。暨南大学校长宋献中也谈到："'暨南'的意思是把中华文化传播到五洲四海，因此学校的使命是'宏教泽而系侨情'。到今天我们仍然遵循这个使命，我们培养了30多万学子，在香港有6万多名校友，在澳门有2万多名校友……为港澳地区培养人才，这是暨大义不容辞的社会责任。国家赋予我们的使命，就是要维护国家的和平统一和港澳的繁荣稳定，这是暨大在长期办学过程中一直坚持的。"

---

① 周永新．香港居民的身份认同和价值观［J］．港澳研究，2015（4）：66-76．
② 李琴．"校园港独"思潮的发展脉络、形成原因及治理启示［J］．港澳研究，2019（2）：52-61，94-95．
③④ 王义道．论大学精神形成演变的逻辑之道——大学精神之我见［J］．中国高教研究，2012（9）：9-16．
⑤ 眭依凡．大学的使命及其守护［J］．教育研究，2011（1）：68-72．

8.2.1.2 教师价值传递

党的十九大报告中强调培育和践行社会主义核心价值观的重要性，指出要"发挥社会主义核心价值观对国民教育、精神文明创建、精神文化产品创作生产传播的引领作用"。大学价值观教育要以国家的价值理想为引导，使学生认同马克思主义理论和社会主义核心价值观。① 华南师范大学校长王恩科在谈到大学生的价值观念形成时强调："教师在学生中的影响力是很大的，所以他们有意无意地在课堂上或者对学生的指导过程中把自己的政治倾向灌输给学生。"价值观的改变是最困难且最缓慢的，但新价值观一旦形成，所起的作用是最牢靠持久的，应加强对香港大学生的《宪法》和《基本法》教育，帮助他们从国情、政情、港情等方面准确把握"一国两制"，提高他们对国家的尊重和认同。②

8.2.1.3 学生文化认同

文化认同增强人们的思想联系与情感黏合，在政治认同式微情境下需以文化认同固基政治认同。③ 因此，大学需强化历史文化教育，增加文化教育中的爱国元素，让学生对中国国情、历史和现状有更深入系统的认识。把握"一国两制"，提高他们对国家的尊重和认同。④香港中文大学校长谈到港中大对中国文化非常重视，"我们非常注重中国文化的培育与传承……我们学校有个中国文化研究中心，就在我们学校最中心的位置，校长的办公室反而不是在最中心的"。澳门大学校长赵伟也谈到"大学几乎是这个社会的不动点，蕴含了丰富的社会文化……社会上的人经常觉得你们大学老师太舒服了……因为我们就有这么厚重的责任，我们要积累文化、传承文化、创造文化。"以培养侨生为特色的暨南大学的校长宋献中谈到："暨南大学的特色非常明显，拥有大量的港澳台侨学生，我们的培养目标就是要把这些学生培养成熟谙中国文化、对当地经济社会做出贡献的高素质人才……港澳大学对学生的培养和内地不同，具有文化差异，对西方文化了解比内地深入……我们对于港澳台侨学生的课程设计、培养体系、管理体制等都与内地学生有差异。"总之，大学文化教育的目标不仅是让学生知道中国文化是什么，还在于增强学生的中华文化自豪感，从而认同中华文化、建立起"文化—心理"上的国民身份认同⑤，进而促进粤港澳大湾区高等教育融合发展。⑥

---

① 华长慧，孙珂. 中外合作大学价值观教育的构建［J］. 教育研究，2017（12）：136－140.

②④ 李琴. "校园港独"思潮的发展脉络、形成原因及治理启示［J］. 港澳研究，2019（2）：52－61，94－95.

③ 詹小美，王仕民. 文化认同视域下的政治认同［J］. 中国社会科学，2013（9）：27－39.

⑤ 祝捷，秦玲. 论香港社会国家认同的建构方法——《基本法》爱国主义的理路与实现［J］. 港澳研究，2018（4）：3－11，91.

⑥ 许长青，卢晓中. 粤港澳大湾区高等教育融合发展：理念、现实与制度同构［J］. 高等教育研究，2019，40（1）：28－36.

8.2.2 常态作用：大学的基本职能

8.2.2.1 输出人才

教育是"使人成为人"①，这个"人"既是自然人，也是社会人；既具备个性，也具备社会性。在人的个性发展方面，其理想境界是"人的全面而自由的发展"②；在人的社会性方面，人才要能使社会、国家，以至人类得以延续与繁荣。教育通过人的个体发展实现人类社会的整体发展，人才培养的目标应兼具人的个性与社会性。③ 王严淞通过对我国一流大学人才培养目标的统计与分析发现，我国一流大学普遍重视人才的九大特质（家国情怀、理想信念、身心健康、基础扎实、能力突出、适用面观、主动创新、视野开阔、素质养成）与六大类型（引领者、复合者、创新者、国际人、应用人、学术人），重点强调人才的国家性与社会性、创新性与视野性以及人才的综合素质。④

输出人才意味着大学是湾区高层次专业人才的养成基地和维持基地。首先，大学是湾区人才养成基地。纵观高等教育史，约翰·纽曼（John H. Newman）第一次对大学职能进行了概括。他指出"大学是探索普遍学问的场所"，"是所有知识和科学、事实和原理、探索和发现、实验和思考的有效保护力量"。纽曼倡导"博雅教育"，培养"绅士"是大学的主要目标。⑤ 中国《大学》有言：大学之道，在亲民，在明明德，在止于至善。"大学"主要是指"大人之学"，是做大学问的地方；"亲民"即"新民"，大学的最重要使命就在于培养一代又一代具有创新意识的"新人"，当每个人都成为"新人"时，"新民"就形成了。⑥ 当代无论是世界一流大学，还是普通大学都将"育人"放在首位，只不过育人的方式存在差异罢了。大学职能多种多样，但大学核心职能只有一个，其他职能只能是核心职能衍生出来的辅助职能。人才培养既是大学职能的历史起点，也是大学职能的逻辑起点，其他职能都将围绕人才培养而展开。其次，大学是湾区人才吸引和维持基地。人才是知识的创造者，也是知识的重要载体，大学不但要培养人才，而且要维持和吸引人才。美国大学生集中度排在靠前的城市分别为奥斯汀、北卡研究三角地带、旧金山、圣地亚哥、圣何塞、纽约、波士顿等，显然，湾区城市都是创新型经济发展良好的城市。人才流失和增益指数（Brain Drain/Gain Index，BDGI）通常用来衡量一个城市的人才吸引度。在被调查的美国331个城

---

① 康德. 论教育 [M] //康德文集. 刘克苏，等译. 北京：改革出版社，1997.
② 中共中央编译局. 马克思恩格斯全集：第四十二卷 [M]. 北京：人民出版社，1979：373.
③ 王义遒. 高等教育培养目标中的"博通"与"专精" [J]. 北京大学学报（哲学社会科学版），2008，45（3）：5-15.
④ 王严淞. 论我国一流大学本科人才培养目标 [J]. 中国高教研究，2016（8）：13-19.
⑤ NEWMAN J H. The idea of a university: defined and illustrated [M]. Chicago, Ill.: Loyola University Press, 1987: 464.
⑥ 徐显明. 大学理念论纲 [J]. 中国社会科学，2010（6）：36-43，220-221.

市中，波士顿、奥斯汀、罗利－达勒姆、旧金山、圣何塞和波特兰等六个城市的 BDGI 指数和整体大学实力得分很高，美国人才整体呈现出从中西部向太平洋和东北地区流动的趋势。① 高 BDGI 地区拥有密集而繁荣的劳动力市场，创新吸收能力强，直接或间接地推动了经济增长，经济增长反过来又将创造更多的就业机会，提高了人才生产率和保留率。显然，经济增长与高素质人才之间呈现出正向互动关系。正如康奈尔大学前校长查尔斯·维斯特的阐释："遍布全国的著名公私立研究型大学在国家创新体系中举足轻重，这些大学的教师构思和进行的研究产生了大量的新知识，并在这一过程中把青年培养成为未来的发明家、改革家、企业领导、公司创始人、教师和医生……"② 湾区建设与高等教育密切相关，无论是高新技术产业发展还是传统产业升级，都迫切需要创新型人才的支撑。大学生作为技术吸收、应用和创新的关键要素，培养适应湾区发展的创新型人才的重任便落在大学身上。

高校培养的人才应具备哪些能力素质以服务于粤港澳大湾区建设呢？接受访谈的校长均谈到人才培养是高校的核心与根本、是大学完成使命的落脚点。接受访谈的校长及高等教育专家认为，湾区内的大学人才培养与湾区外大学人才培养具有共性，比如培养具备良好思想品德的通博人才（过硬的综合素质）与专精人才（扎实的专业基础）。香港岭南大学在博雅教育方面非常有特色，而香港城市大学的特色是培养一流的专业人才，如高级法官、律师、工程师等。校长专家们还特别强调湾区人才培养的特性：家国情怀人才，提高港澳学生的国家认同，使他们爱国、爱港、爱澳，实现人心回归与粤港澳融合发展；创新创业人才，服务于大湾区科技创新中心建设。"我们从今年开始每一个学期都设有包含创业培养内容的课程，无论是文科、理科，还是工科，对学生都有一定的培养……我们从几年前开始，除了创新科技周以外，还为学生建立了孵化器……"（香港中文大学校长沈祖尧）。总之，在湾区社会和经济发展中，无论是高新技术产业发展还是传统产业升级改造，都迫切需要高技能、创新型人才的支撑，需要大学培育、输送和吸引一批又一批思想端正、具备创新创业精神的高素质人才。

8.2.2.2 输出成果

大学的功用不仅包括人才培养、知识传播，还包括科学研究、知识创造，以及社会服务、知识运用。如何衡量大学在科学研究与社会服务方面的产出或成果呢？我国高等教育在不同的时间段有不同的产出评价指标，比如以前的"211 工程"建设，后来的"985 工程"建设，产出评价指标呈现动态变化的特征。2017 年 1 月，教育部等部委联合印发《统筹推进世界一流大学和一流学科建设实施办法（暂行）》，标志着我国"双一流"大学建设有了明确的实施方案。在新的发展战略下，用哪些指标衡量高等教育的产出或成果呢？为数不多的学者开展了量化导向的研究，比如，许长青以经

---

①② FLORIDA R, GATES G, KNUDSEN B, et al. The university and the creative economy [EB/OL]. [2020 - 10 - 19]. http://creativeclass.com/rfcgdb/articles/University_andthe_Creative_Economy.pdf.

济学理论为基础，采用层次分析法（Analytic Hierarchy Process）整合指标体系，构建了"双一流"大学建设科研绩效评价标准及动态监测评估模型。[①] 其中，大学科研产出的一级指标包括：学术论文、学术著作、技术专利、技术转让、学术奖励、人才培养、社会服务、学术交流、新增基地、新增项目、新增经费、新增人才等。

接受访谈的校长和专家们也谈了大学能为大湾区发展贡献的成果，主要包括高水平的论文专著、专利技术、咨询报告等。香港中文大学时任校长沈祖尧谈到今后论文发表更加看重论文产生的社会影响力，"他的影响力不是通过能发表论文的数量（quantity），而是质量（quality）来决定的。这个质量是对人类、对社会有什么贡献，如果你发了 Science 和 Nature 的文章，但是社会依然是混乱的，那你对社会发展是没有什么贡献的。"香港理工大学校长唐伟章介绍了港理工的一项应用科技："香港地铁很多都用到我们的科技，很多技术和系统都是香港理工大学的。如安在路轨上的监测系统，这个系统由光纤连接很多的感应器组成，车经过一个感应器就产生一个感应信号，这个信号很快就可以传到一个控制台，工作人员就可以看到车开到哪里，也可以分析这个信号，知道这个车运行的情况是否正常。中国内地的高铁也看中了我们的技术，我们将这个系统改进，应用在国家高铁上。"中山大学于 2015 年成立了粤港澳发展研究院，该国家级智库围绕港澳发展动态、港澳治理、粤港澳合作发展等重大问题，产出了很多高质量的咨询报告，多项报告为党和政府的重大决策提供了智力支持。未来，粤港澳的大学将抓住大湾区发展机遇，为湾区经济社会发展输出更多的成果，这些成果包括但不限于论文专著、发明专利、咨询报告等。

8.2.2.3 输出机构

高校人才培养、成果产出、成果应用等需要依托一定的组织或机构，不同的研究有不同的提法，包括实验室、研究基地、科研合作平台、国际交流平台、决策咨询机构、智库、科技园、科创公司等。在本研究中，受访对象谈及最多的是重大平台、高端智库、衍生企业。

（1）重大平台，包括重点实验室、联合实验室、专业联盟等。澳门科技大学副校长庞川在介绍澳科大的月球行星重点实验室、人文社科重点基地等时谈到："我们希望能够在文科理科等领域，能有这样国家级的科研平台。以这个平台为基础，去聚集更多的资源，同时也推动国际领域的合作。"暨南大学校长宋献中介绍了粤港科研合作平台："我们现在跟香港建立了 5 家联合实验室，与澳门大学、澳门科技大学也有合作。在联合实验室中，我们的教师可以到他们的实验室中去做事，他们的教师可以到我们的实验室做事，可以联合培养研究生。"中山大学推动了粤港澳高校联盟，目前已建立了超算、图书馆、空间科学、医学等专业子联盟，它们将是实现粤港澳高校共建共享、共建共赢的合作平台。再比如，国家超级计算广州中心南沙分中心，是全国首个服务

[①] 许长青．"双一流"大学建设绩效监测与评估：一个基于 AHP 理论的分析框架［J］．教育经济评论，2018，3（4）：26–44．

港澳地区的离岸数据计算平台，立足广州，通过香港科技大学的平台，将广州优质的服务资源辐射至港澳乃至全球。

（2）高端智库，比如香港中文大学的亚太研究所，最近建立了"一带一路"智库，研究大学在"一带一路"政策下怎样做贡献；香港岭南大学的社会政策与社会变迁研究中心，研究解决少子化、老龄化、教育发展、社会福利、社会管理等问题；中山大学的粤港澳发展研究院，关注和研究大湾区政治、经济、社会、文化等方面的动态与重大问题。澳门大学时任校长赵伟谈到智库建设的关键时说："无论是哪种形式的智库，学院的也好，跨学科的研究中心也罢，最关键的是要出一些原创性的思想。"

（3）衍生企业，指的是大学为区域经济发展输送更多的创新型研发机构，孵化出更多的创新型企业。比如，深圳大疆创新科技有限公司的主要创始人汪滔，毕业于香港科技大学，在港科大读书期间，汪滔有一个技术团队，有教授带他们到国际上去竞争，并提供指导与服务。再比如于2013年成立的奥比中光公司（专注于3D传感及人工智能视觉技术），其创始人是香港城市大学的校友；于2014年成立的北京市商汤科技开发有限公司（专注于计算机视觉和深度学习的原创技术研发），其创始人是香港中文大学信息工程系教授汤晓鸥。香港理工大学校长唐伟章谈到："香港理工在过去六年间协助我们的学生建立了超过250个初创企业……现在我们资助学生走这条路很有经验，我们希望以后在整个大湾区可以一起去做，在广州、在深圳搭建平台帮助一些年轻人走这条路，这也是美国大学过去所走的路，肯定有一部分可以很成功。他们的成功可以带来很多就业机会。"由此可见，大学充当孵化器培育更多新创企业对区域经济发展作用巨大。

第 9 章

政 策 建 议

粤港澳大湾区建设是国家战略工程,充分发挥大学在大湾区创新型经济中的角色与作用,打造全球科技创新与高等教育中心,对于粤港澳大湾区建设具有重要的理论与现实意义。如何更好地促进大学发挥文化引领、输出人才、输出成果、输出机构等作用?本章笔者将结合粤港澳大湾区的实际,从国民教育、人才培养、科学研究、创新创业、社会服务、国际交流等方面提出具体的建议。

9.1 国民教育

9.1.1 加强香港学校国民教育

国民教育是指国家实施的让学生认识真正的国情,强调青少年爱国情操和民族自豪感培育、形成学生公民意识与参与能力的教育。① 香港国民教育对于提高香港学生对国家的归属感、国家认同感、民族自豪感以及核心价值观的形成具有重要作用。② 香港回归以来,香港国民教育经历了一个曲折的发展过程,遇到了一些困难和挑战。着眼未来,国家要突出强调香港国民教育的重要性、法定性、强制性与权威性,增进国家认同。

一要加强国民教育领导。中央政府必须加强管治权,坚定推行国民教育。坚决贯彻"一国两制"方针,坚决处置弱化"一国"、突出"两制"的错误行为,坚决打击"港独"等触碰国家底线的违法犯罪行为。③ 二要坚持"教育回归教育"。根据香港《教育条例》规定,国民教育改革的实施主体应是香港教育行政部门,应全面交由香港教育局负责落实,香港教育局对中小学课程设置具有独立且全面的修订权力。因此

---

① 曾水兵,檀传宝. 国家认同教育的若干问题反思 [J]. 中国教育学刊,2013,(10):30 – 33.

② 吴鹏. 香港推行国民教育的路径分析 [J]. 国家行政学院学报,2017,(4):45 – 49.

③ 许长青,卢晓中. 粤港澳大湾区高等教育融合发展:理念、现实与制度同构 [J]. 高等教育研究,2019,(1):28 – 36.

教育局应该在职权范围内按照课程调整的常规政策手段来落实国民教育改革，让"教育回归教育"。同时政府部门一定要改变旧的教育理念，牢固树立"大国民教育"理念，汇聚各方力量，同心协力，形成家庭、社区及社会力量共同推进，全面启动，潜移默化，做到"润物细无声"。三是要革新国民教育内容，加强历史科教学和国情教育。通过对中国近现代历史的学习，理解中华民族；通过现实国情教育，增强香港青年对国情的了解与把握。加强香港相关教材建设，在"通识教育"课程中增加"中国文明""中国历史""中国政治、科技、经济与社会"等内容，让学生了解中国的过去、现在与未来。要着力加强对青少年学生爱国主义教育，关心、支持、帮助青少年健康成长。从国民教育的教材开发到课程的具体编排，将国家认同元素融入日常教育，以自主建构、循序渐进、潜移默化的方式培植爱国情感。在课堂教学上，要透过多元化学习模式，引领学生在互动中自觉澄清价值概念，培养学生国民身份认同与民族意识。要完善语言教育，实现普通话交流。① 最后是推动跨境师生流动。没有深入的生活体验，就没有深刻的国家认同。粤港澳大湾区背景下要充分破解师生空间流动性限制。本项目调查表明，粤港澳大湾区师生"跨境"流动中学生面临着奖助金申请、就业机会、语言文化等方面的困难，教师面临职业发展、工作强度、创新创业等方面的诸多困难。研究表明，在大湾区创业的香港青年中，主要是具有内地背景的青年，土生土长的港青在大湾区创业的并不多，显然"跨境"师生流动目前仍然存在的诸多障碍。政府部门需要进一步采取鼓励政策，争取香港青年赴大湾区内地城市求学、工作、创业、居住，在大湾区获得求学创业的成功。建议进一步扩大广东高校招收香港学生的名额；进一步推动粤港、粤澳青年学生访学，访学包括长期访学与短期访学；打破香港青年在内地发展面临的文化壁垒、制度壁垒、心理壁垒和行业壁垒，有计划、分批次地将香港各阶层青年吸引进内地高校，实现港生向内地的自由流动；建议开展深层次的社会流动，启动新的就业就学模式，让香港人有机会以国家公民身份参与到国家生活中，真正融入国家生活中。

9.1.2 推动粤港澳教师教育合作

教师作为教学的主体，在落实国民教育中起着举足轻重的作用。但当前香港一线教师多是在过往不健全的国民教育下成长起来的，② 因此，加强粤港澳三地教师教育合作变得十分必要。建议将广东高校、香港高校、澳门高校的师范教育力量整合起来，组建粤港澳教师教育联盟，增加师范生之间的交流联系，培养爱国爱港澳的优秀师资力量。具体做法有：为解决教师对国民教育内容不熟悉及信心不足问题，三地高校加强合作，在教师中开展系统的国民教育教学培训；规范教师岗前培训及继续教育中有关国民教育的内容，严把教材内容、教学内容、教学过程等学生接受教育的关键环节，

---

① 曾水兵. 论香港实施国民教育的必要性与紧迫性 [J]. 现代教育论丛，2015（5）：92-96.
② 黄崴，王岩. 香港学校公民教育政策变迁与改进路径 [J]. 复旦教育论坛，2017，15（4）：33-39.

比如在教材中增加爱国元素，教学过程中传递爱国主义价值观，采用案例教学、小组讨论、线上线下混合教学等教学方法，增加学生的学习兴趣与主动性，进而提高国民教育的效果。

9.2 人才培养

9.2.1 围绕粤港澳大湾区经济与社会发展开展教育教学

教育教学，作育英才，构建湾区发展的"人才库"。这意味着大学必须以生为本，创造一切可能条件，培养具有高尚思想情操、良好职业道德、高度社会责任感、具有创新精神、拥有实践能力的高素质人才。这种人才既活跃在创新经济时代，又能适应市场竞争环境，同时善于终身学习。大学要重视培养学生批判思维能力，培养学生的创业技能，使学生基础宽、素质高、有特长、适应广，不仅是求职者，而且要成为工作岗位的创造者。粤港澳三地高校应改变封闭式教学观念，树立开放合作的办学理念。在优秀人才培养上，三地高校可以采用分别招收学生、联合集中培养的方式，培养计划由双方高校共同协商制定，课堂教学由双方协商聘请最优秀教师来完成，学生毕业时，可以颁授双方学历与学位。多种形式培养杰出人才，引领湾区发展。暨南大学校长宋献中尤其谈到："暨南大学的特色非常明显，拥有大量的港澳台侨学生，我们的培养目标就是要把这些学生培养成熟谙中国文化、对当地经济社会做出贡献的高素质人才。"在学科和专业建设上，重点建设与粤港澳大湾区未来产业发展相关的学科，如5G、人工智能、大数据、新能源、海洋科学、生态环保、文化创意等，还有面向大湾区的社会问题如老龄化、医疗服务、教育公平、社会保障、城市治理等设置相关的学科与专业。在课程体系上，根据学生的认知心理与学期学时安排，制定科学合理、衔接有序的人才培养方案。在教师队伍上，教师首先应提升科研能力，以科研反哺教学，确保教学内容体现学科领域的最新研究成果。在教学过程中，牢固树立"以学生为中心"的教育理念，将知识传授与能力培养相结合、专业教育与素质提升相结合，帮助学生掌握基本知识、理解基础理论，培养学生的批判思维与创新思维能力。在发展机遇上，借助"双一流"大学建设的历史机遇，加大对湾区高水平大学建设力度，努力培养更多的高素质创新型人才。我国"双一流"战略不是各类院校的简单升级，而是高校组织和管理的重构，是落实高校内涵式发展的重要举措。"双一流"大学不是自封的，也不是指定的，它具有共性特征，也具有自身个性特征。粤港澳三地在高水平大学建设上各有优势，建议整合力量，按国家战略、核心思维和国际标准的要求，建设粤港澳大湾区世界一流大学，打造国际高等中心。建议国家将香港、澳门纳入"双一流"大学建设范畴，共同打造大湾区人才培养高地。

9.2.2 推动粤港澳高等教育合作

粤港澳高等教育合作可以借鉴国际经验，如欧盟高等教育合作经验、加州大学系统办学模式，先行先试。建议粤港澳三地在政府部门的指导下，成立粤港澳大湾区教育合作委员会，管理和协调辖区内的教育机构，整合湾区教育机构。争取国家政策支持，在广州南沙自贸区建立虚实结合的粤港澳大湾区联合大学，进行学生交流、教师交流、实施课程开发合作、实施多种形式的合作办学和教育培训等任务。允许香港、澳门的中学及大学在大湾区广东九市建校区，其管理直接复制原有模式，这些学校，无论独资还是合作，都应该允许其面向整个湾区招生，从而给内地和香港、澳门的教育机构提供一个重新配置资源的机会和舞台。规范合作模式，推进多元深度合作。从政府－高校－社会多方合作模式看，粤港澳大湾区高等教育合作要发挥政府在政策、资金方面的支持及资源配置协调优势，高校在硬件保障、技术支持、人才保障方面的优势以及企业在社会化管理和市场化运作领域的优势，积极把握国家赋予粤港澳大湾区更大的改革权限和支持，明确供需要求，寻找、设计促进各方共赢的制度供给体系。从高校－高校合作模式看，三地高等教育类型丰富、各有特色，合作潜力巨大。建议国家重点研究计划加强对粤港澳实验室的支持，并在试点基础上对国家科技计划直接资助港澳科研活动做出总体制度安排；放宽港澳高校在广东合作办学的政策，赋予广东境内有条件的高校在合作中拥有较多自主权；鼓励大湾区高校之间开展更多"2＋2""3＋1"联合学位、暑期课程学分互认等开放培养项目；推动成立大湾区大学不同层次、不同类型的大学联盟，组织多元化丰富化的教育合作活动；开展大湾区高等教育多元化的文化艺术交流，吸引粤港澳三地大学生广泛参与，全面提升爱港爱澳爱国情怀。从产学研融合的科技合作模式看，粤港澳大湾区是一个可预期的成熟创新资源区，因此，高校通过其组织结构下层的研究中心、科研小组以及市场经济活动与产业进行良好对接，在区域内发挥强大的技术创新辐射效应。建议组建"政府－高校－企业"共同体，切实加快技术转移。要支持高校、科研院所、企业跨界开展学术交流和项目共建，推动境内外人才联合培养，鼓励海外人才入区，与海外机构建立人才优势共享机制，联合开展科研项目研究，通过实施产学研合作培养创新人才的系列模式及创新实践基地等载体建设，打造人才交流培养平台，从而为粤港澳大湾区培养更多优秀的高层次人次。

9.3　科学研究

9.3.1　重视科学研究在人才培养中的基础性作用

香港城市大学副校长吕坚谈到："我认为把一个学校分成教学型大学或研究型大学是不对的。我认为只有好大学和坏大学之分，没有教学型大学和研究型大学之分。现在每个大学，中国的一流大学，都强调教学科研，你要是研究做得不好，培养的学生肯定不好。"因此，粤港澳高校要培养人才首先要将科学研究做好，在知识不断更新的情况下，必须开展科研以及跟上形势的变化，确保将本学科最前沿的知识传授给学生，同时也要培养学生的探究性学习能力、批判思维能力。① 一些教员可能面临教学与科研的角色冲突，认为教学工作挤占了科研时间，实质上良好的科研成果对教学效果有很大的促进作用，关键是高校需设计合理的教员绩效评价与激励机制，保障教师能实现教学与科研同步发展，输出更多高水平的科技成果，推动科技成果产业化，从而真正地服务社会。

9.3.2 建立粤港澳高校科研合作机制

设立粤港澳科研合作基金，面向高校科研合作项目（缓解湾区内高校在基金申请上的竞争），以实现重大课题攻关。香港中文大学校长沈祖尧建议："我们可以共同地去想一两个比较重要的项目，并且是广东省和香港澳门都很有兴趣的项目，然后三地政府部门加以支持，一起合作。比如说，在粤港澳物流方面，我们怎么去提高到一个更高的水平，此外环境保护项目、海洋研究领域都是好的领域。"建立粤港澳联合实验室，联合培养研究生；建立研究生定期访问与交换机制，实验室研究团队成员选拔机制等；实行研究生培养双导师制，双方机构联合培养，联合授予学位。另外，在粤港澳高校科研合作中，需充分发挥不同高校的优势，比如香港高校与国际高校的联系更多，可以打造国际联络平台，带动广东高校的学术国际化发展；而广东高校反过来带动香港高校的应用型研究（包括科研市场化、普及化，以及应用政策研究）。总之，不论是单所高校的科研还是高校间的合作科研，都需要高校夯实基础研究，加强应用与开发研究，输出高水平科技成果，推动科技成果产业化。

9.4 创新创业

9.4.1 构建促进教师与学生创新创业的文化环境

科学科研与区域创新之间的关系非常复杂。有些大学科研对区域创新和高科技产业发展产生重大作用，有些地区并不如此，大学强大的科技创新能力并不一定能转化为强大的本土化高科技产业。如果把大学作为科技成果的发射器，那么区域就是一个接收器。一个区域能够在多大程度上表现出吸收新思想和新知识为其经济发展服务的能力主要取决于该地区创新创业的文化环境。那些拥有大学的城市或区域能够创造出一个合适的环境以吸引新思想、新创意和具有新知识的人才。雅各布（Jane Jacobs）和埃列曼（David Ellerman）指出，用一个生物学的术语来看待大学是最适合的：在那里人才和技术是大学正在生产的"种子"，这些种子可以在靠近母本植物的地方种植，可以被携带到其他地方种植，也可以被风带走在全球每一个地方种植。如果这些珍贵的种子如果被散播到土地贫瘠、没有足够水分和阳光、或水分和阳光太多的地方，它

---

① 王平祥. 世界一流大学本科人才培养目标及其价值取向审思［J］. 高等教育研究，2018，39（3）：58 - 63.

们都会发育不良。①②　就像植物一样，大学可以改变其周边的生态环境系统，营造更加有利的环境使人才和技术成长和发展，使不同思想、不同种族的人能够融合、竞争、繁衍和发展。大学是粤港澳大湾区经济发展的创新中心，是新思想和开放包容的创新生态环境的策源地。大学是湾区创新时代的"埃利斯群岛"，吸引着来自不同种族和民族背景、收入水平、性格取向和国籍的师生。它秉承观念开放、学术自由之精神，乐于接受差异性、新奇性和多样性思想。大学需要融入到更广泛的粤港澳大湾区创新生态系统中并挥积极作用。香港科技大学校长陈繁昌谈到："学校计划盖一栋创新大楼，目的主要是给学生多一点地方、多一点创新空间，同时引进企业，包括风投企业。其运作模式和斯坦福大学很相似，就是要把学生、教授、企业、科研机构等不同主体放在同一个地方，营造一种创新的氛围和文化。"

　　粤港澳高校应鼓励教师申请专利以及进行专利转让；实行学术休假制度，给予教师到产业界发现问题、开展应用型研究的机会；为教师提供更多机会与产业界的人切磋交流，比如挂职锻炼、"产学"联合主办研讨会等。增加创新创业课程，培养学生的创新创业精神，指导学生完善商业计划书，资助学生完善产品与创意，给予学生创业启动资金与免费场地，完善创业学生的学籍管理制度，尽量给予有巨大潜力的创业团队支持。科技与人文结合产生新的创业机会，比如香港中文大学校长沈祖尧谈到："有人说我们可以把《红楼梦》变成一个网络游戏，一边在学中国的文化，一边去玩这个游戏，这是其中的一个想法。"因此，高校应鼓励自然科学与人文社会科学的学生开展跨学科的合作项目，可以借鉴香港中文大学的书院制做法。对创业失败的教师与学生，处理好他们后续的教研工作与课程学习，包容创业失败，鼓励已积累创业经验的教师和学生重新开始。斯坦福大学在培养学生创新创业精神、帮助教员学生开办新企业等方面并取得了卓越成效，世界知名科技公司如惠普、雅虎等，都衍生于斯坦福大学，他们或是获得了大学的资金支持，或是获得大学教授的指导从而完善了创业想法与项目，粤港澳大湾区的大学未来应借鉴斯坦福大学的经验，鼓励基层研究人员创新，给予年轻的研究生与研究人员等机会充分表达自己的意见，突破相关的文化限制以及政策约束。

9.4.2　建立起市场化的科技成果转化体制机制

　　目前，粤港澳大湾区高校科技成果转化不完全按照市场方式进行，科技成果转化过程中利益冲突问题可能导致科技成果无法走向市场。为提升大学科技创新服务水平，大湾区需要建立完善并大胆创新粤港澳大学科技创新合作的各种机制。首先是激励机制。目前高校的科技成果转化机构、科技处、校际合作处或多或少带有行政色彩，导致教师没有积极性参与科技成果转化活动。访谈中，威斯康星大学麦迪逊分校的高校

---

①　JACOBS J. The death and life of great American cities [M]. New York: Random House, 1961.
②　ELLERMAN D. Jane Jacobs on development [J]. Oxford Development Studies, 2004, 32 (4): 507–521.

科技成果转化经验值得借鉴，该校有专门负责科技成果转化的独立法人机构——威斯康星大学校友基金会（Wisconsin Alumni Research Foundation，WARF），机构成果转移越多，公司和教师个人的收入也就越多。因此，高校成果转化工作需要厘清不同利益主体之间的利益分配关系，如技术股权、专利产权、科技经费使用、科技成果评价制度等，协调科技成果创造者（教师与学生）、学校科技成果转化机构、风险投资机构以及创新企业之间的关系，最大限度地激发大学教师及科技工作者创新的精神动力。以威斯康星大学校友基金会 WARF 为例，大学将技术给与基金会，然后基金会找到购买这项技术的公司，让公司提供给基金会可以支配的基金，基金会然后将大笔科学补助金还给大学，资助教员和学生开展新的研究。该基金会的人员独立于大学系统，其薪酬不在大学的预算之内，因此基金会需要找到这项技术的人并收取一定的费用，这笔费用需要覆盖基金会的总成本（含机构日常运营成本和给大学的捐赠）。此外基金会还可以实施股权分享计划，激励教师将科技成果推向市场。协调机制就是要围绕创新目标，形成多主体共同协作，多因素相互补充的格局，建立"产学研政资"多位一体的"螺旋上升"协同创新机制，增强科技创新要素的整合力。建议上级政府部门尽快建立决策、执行和监督机构的协调联络机制，共同推动三地高校科技创新合作。在遵循"一国两制"原则下，建立中央政府主导下的粤港澳大学科技合作机制协商平台，科学规划三地高校科技创新合作的行动方案，使科技合作与交流从形式走向实质。① 开放机制就是要打破区域封闭性壁垒，从开放型和全球视野审视三地大学科技合作，构建禀赋开放的合作体系。联合共建工程技术研究中心、技术转移中心、实验室等研发机构，充分发挥这些机构在技术扩散、管理示范、人才培养等方面的"溢出效应"。治理机制就是要建立一种有利于三地大学科技创新合作的管理模式与运行机制。建立现代大学制度和现代大学治理机构，发挥大学在科技创新合作中的自主权。改革科技管理体制，加强法治与服务型政府建设，实现政府管理模式转变，增强政策公信力和执行力，实现产学研良性互动。

9.5 社会服务

9.5.1 大学的服务需助力解决大湾区当前的问题

大学应通过组织创新与产业构建新的关联模式，促进知识在产业中的应用，不断提升社会服务水平，满足湾区发展的社会服务需求。在为社会培养各层次、各类型专门人才的同时，大学要利用人力资源和科研优势进行高科技产业开发和为企业提供各种技术咨询与服务，解决经济生产部门在技术革新、设备改造、产品更新、科学管理等方面的问题。通过科学研究为各级政府提供决策咨询，全面参与经济建设。香港理

---

① 许长青. 广州建设国际创新枢纽的发展战略与路径选择思考：基于粤港澳大湾区高水平大学科技合作的视角［J］. 广东经济，2018（1）：80-84.

工大学校长唐伟章谈到："我们非常支持教授发他们的论文，但是不要停留在这个地步，要再多走一步，将他们的科研成果转化应用出来，贡献社会，在香港我们有很多这方面的工作要做。香港地铁很多都用到我们的科技，很多技术和系统都是香港理工大学的。"在人才培养方面，要着力培养学生的社会责任感。如香港理工大学唐伟章谈到："我们现在的教育理念就是要让学生毕业的时候有足够的专业知识，确保将来他可以做一个成功的专业人士，但是只这样还不够。另外一个目标就是要让他成为一个对社会有关怀、有很强社会责任感的人……我们生物医学工程专业的学生，他们有一个关于服务学习的课程，与特殊教育相关，我们的学生到广州去帮助一群有需要的小朋友安装义肢，让他们的生活可以更加正常化。"在智库服务方面，积极承担政府、企业等委托的课题，结合实践委托，深入开展调查研究，提供具有较大参考价值的咨询报告，为政府、企业等部门出谋划策。

9.5.2 大学的服务需面向大湾区未来的发展需要

粤港澳大湾区大学除了满足大湾区现有的社会需求外，还需要根据区域发展规划，拟定大学自身的发展战略，包括学科建设、专业设置、人才培养、科学研究等，引领大湾区发展，适应大湾区未来发展需求。中山大学校长罗俊院士谈到："中大这几年在地方政府的大力支持下得到快速发展，中大这几年在地方政府的大力支持下得到快速发展，就是因为我们坚持服务于国家重大战略、服务于广东创新驱动发展、服务于大湾区建设。例如我们的深圳校区，首先是要服务广东的健康医疗需求，深圳的发展迫切需要高水平的医科，所以我们就办医学院。其次是要促进创新驱动的可持续发展，缓解人才短缺压力。过去流行'孔雀东南飞'，现在不飞了，怎么办，我们得去培养。我们在深圳校区办工学院，办若干新型工科，就是满足深圳社会发展的需求……"

9.6 国际交流

9.6.1 大学扮演"锚"与"枢纽"角色

全球化背景下，各类人才跨国界流动、人力资源全球化配置等现象都将给粤港澳大湾区高等教育改革带来一系列的全新课题。国际化"走出去"战略成了现代大学发展的必然趋势，面向世界，创新发展，迎接挑战，成了现代大学的新使命。粤港澳大湾区大学有责任把高等教育国际化发展所面临的新挑战、新问题全面纳入教学与研究中去，深度融入创新与开发的国际视野，在迎接挑战中不断开拓进取，在抗击危机与风浪中稳健前行，在抓住机遇中实现创新发展，为大湾区经济建设与社会融合发展做出新贡献。在国际交流中，粤港澳大湾区大学要能积极地扮演好"锚"与"枢纽"的作用。"锚"，像船的锚，是指大学作为一个特定的、固定地方，将来自世界各地的人和思想联系到某个地方，成为国际交流合作的平台。粤港澳三地高校要实施深度国际化战略，以明确的国际化战略目标为指引，以课程国际化为基础，以人才国际化为根本，以制度国际化为保障，以多形式国际交流合作为手段，推动大湾区高等教育国际化跨越式发展。比如，粤港澳的大学将来在某些学科具备世界一流水平，吸引国际国内的学者前来交流学习，进而推动教学、科研、社会服务等方面的国际合作。"枢纽"，就像机场，是很多不同的路线的交叉处，连接着不同的专业知识，粤港澳大湾区将努力提升高等教育的区域竞争力，成为亚洲的高等教育枢纽，建立起广泛的网络联接，将政府官员、企业领导人、学术专家、风险资本家等联系在一起，共同推动区域经济社会的发展。另外，大学还是雇主，尤其是那些与产业界联系较多的大学，创造了许多就业机会，对经济增长有正向影响作用。

9.6.2 大学之间处理好竞争与合作的关系

大学要自觉发挥文化创新、文明交往功能，建立不同国家、不同地区、不同高校间在教育、科技方面的国际合作、国际交流或援助计划，更好地推动学者、学生的国际交往。不同大学应结合自身实际、根据自身定位，有所侧重地实施大学国际化战略。各个大学需要结合自身历史传统及类型性质，发展独具特色的国际化大学理念和评价标准，不断提升粤港澳大湾区高等教育国际化水平。哥伦比亚大学的教育经济学专家莱文教授谈到粤港澳高等教育合作需特别注意的问题时指出：由于中国高校的办学经费主要来源于政府拨款，因此高校之间竞争财政拨款、竞争基金、竞争优质生源等。大湾区内不同层次的大学定位不同，各大学应根据角色定位找准为大湾区做贡献的方面，开展良性竞争。公立高校办学经费来源不够多元、办学自主权有限等确实是内地高校需要改革的方面，也在一定程度上阻碍了广东高校与港澳高校的合作。因此，建议按照国际高校评价标准提升广东高校的实力，比如重点支持中山大学、华南理工大学建成为世界一流大学，吸引港澳优秀教师与学生来广东工作与学习，推动大湾区内大学之间开展有机的、实质性的合作，实现粤港澳高等教育融合发展。另外，大湾区的大学也需要平衡与国外大学之间的竞争与合作关系。岭南大学副校长莫家豪谈到："我们竞争的对手不是在内地或香港，也不是在湾区内，而是外面的大学，包括纽约湾区、旧金山湾区、东京湾区等地区的世界知名大学……如果我们能够进行学术合作，把科研搞好，就算是全球最强的文化圈，也是全球最强的科技和研究力量了。"因此，需要建立起粤港澳大湾区高等教育国际合作与交流的机制，以更好地推动学者、学生的跨国界流动与国际交流，共同创造大湾区高等教育的美好未来。

参考文献

中文文献：

［1］陈昌贵，陈文汉．CEPA与粤港澳高等教育的制度化合作［J］．高等教育研究，2004（1）．

［2］陈瑞莲，杨爱平．从区域公共管理到区域治理研究：历史的转型［J］．南开学报（哲学社会科学版），2012（2）．

［3］陈向明．质的研究方法与社会科学研究［M］．北京：教育科学出版社，2000．

［4］崔延强，邓磊．论大学的学术责任：现代大学学术研究的四重属性［J］．教育研究，2014（1）．

［5］付淑琼．大学进取与变革的路径：论伯顿·克拉克的创业型大学观［J］．教育研究，2010（2）．

［6］何建坤，孟浩，周立，等．研究型大学技术转移及其对策［J］．教育研究，2007（8）．

［7］胡建华．大学科学研究的性质、地位、作用之比较分析［J］．高等教育研究，2006（5）．

［8］金太军．从行政区行政到区域公共管理：政府治理形态嬗变的博弈分析［J］．中国社会科学，2007（6）．

［9］克拉克·克尔．大学之用［M］．高铦，高戈，汐汐译．北京：北京大学出版社，2008．

［10］柯文进．社会转型与我国大学的社会定位［J］．教育研究，2006（10）．

［11］李旭．京津冀区域高校联盟建设的现状、困境与对策［J］．高等教育研究，2018，39（6）．

［12］联合国教科文组织．关于高等教育的变革与发展的政策性文件［M］．巴黎：联合国教育、科学与文化组织，1995．

［13］卢晓中．走向"社会的中心"：现代大学发展理念简论［J］．教育研究，2002（9）．

［14］彭红玉，张应强．美国州际高等教育协调与合作机制及其启示［J］．高等教育研究，2012，33（4）．

［15］特纳．现代西方社会学理论［M］．范伟达，译．天津：天津人民出版社，1988．

［16］米德．心灵、自我和社会［M］．霍桂桓，译．北京：译林出版社，2012．

［17］斯劳特，莱斯利．学术资本主义［M］．梁骁，黎丽，译．北京：北京大学出版社，2014．

［18］眭依凡．大学的使命及其守护［J］．教育研究，2011（1）．

［19］汪伟全．区域合作中地方利益冲突的治理模式：比较与启示［J］．政治学研究，2012（2）．

［20］王成军，余晓芳，陈忠卫．三重螺旋视域下中国区域创新水平差异性研究［J］．科技进步与对策，2016，33（7）．

［21］王坤．珠港澳高等教育联动发展的对策研究：基于创新驱动发展战略背景［J］．特区经济，2017（9）．

［22］王志强，卓泽林，姜亚洲．大学在美国国家创新系统中主体地位的制度演进：基于创新过程的分析［J］．教育研究，2015（8）．

［23］韦惠惠，陈昌贵．粤港高等教育合作制度变迁分析［J］．广东工业大学学报（社会科学版），2011，11（1）．

［24］韦惠惠．欧盟高等教育合作对粤港澳高等教育合作的启示［J］．高教探索，2012（4）．

［25］谢宝剑．"一国两制"背景下的粤港澳社会融合研究［J］．中山大学学报（社会科学版），2012，52（5）．

［26］辛越优，阚阅．"一带一路"倡议下的高等教育合作：国家图像与推进战略［J］．高等教育研究，2018，39（5）．

［27］徐显明．大学理念论纲［J］．中国社会科学，2010（6）．

［28］徐瑶，廖茂忠．创建粤港高等教育合作试验新区的思考［J］．高教探索，2015（5）．

［29］许长青，黄玉梅．制度变迁视域中粤港澳大湾区高等教育融合发展研究［J］．中国高教研究，2019（7）．

［30］许长青，金梦，周丽萍．基于三螺旋模型的高校产学研协同创新对区域经济增长贡献的实证研究：以广东为中心的比较［J］教育学术月刊，2019（5）．

［31］杨英，秦浩明．粤港澳深度融合制度创新的典型区域研究：横琴、前海、南沙制度创新比较［J］．科技进步与对策，2014，31（1）．

［32］叶必丰．区域经济一体化的法律治理［J］．中国社会科学，2012（8）．

［33］袁方成，邓涛．从期待到实践：社区社会组织的角色逻辑：一个"结构—过程"的情景分析框架［J］．河南大学学报（社会科学版），2018（4）

［34］郑杭生．社会学概论新修［M］．北京：中国人民大学出版社，2013．

［35］周谷平，罗弦．推进中国—东盟高等教育合作的意义与策略：基于"一带一路"

的视角 [J]. 高等教育研究, 2016, 37 (10).

[36] 朱建成. 粤港澳高等教育一体化是区域经济一体化的发展趋势 [J]. 广东工业大学学报 (社会科学版), 2010, 10 (2).

[37] 朱建成. 粤港澳高等教育共同体建设的探讨 [J]. 高教探索, 2009 (6).

[38] 卓凯, 殷存毅. 区域合作的制度基础: 跨界治理理论与欧盟经验 [J]. 财经研究, 2007 (1).

[39] 宗晓华, 冒荣. 合作博弈与集群发展: 长三角地区高等教育协同发展研究 [J]. 教育发展研究, 2010, 30 (9).

[40] [美] 乔纳森 H 特纳. 社会学理论的结构 [M]. 邱泽奇, 张茂元译. 北京: 华夏出版社, 2006.

[41] 杜玉波. 新时代中国高等教育的责任和担当 [J]. 中国高教研究, 2018 (5).

[42] 克拉克·科尔著, 陈学飞译. 大学的功用 [M]. 南昌: 江西教育出版社, 1993.

[43] 齐世泽. 角色理论: 一个亟待拓展的哲学空间 [J]. 北京交通大学学报 (社会科学版), 2014 (4).

[44] 任志峰. 角色理论及其对集体行为者的可行性分析 [J]. 华中科技大学学报 (社会科学版), 2016, 30 (4).

[45] 王莉丽. 大学思想库建设的国际经验及其走向 [J]. 重庆社会科学, 2012 (8).

[46] 王莉丽. 中国大学思想库建设的未来发展图景与路径 [J]. 武汉大学学报 (哲学社会科学版), 2012 (4).

[47] 吴鹏. 香港推行国民教育的路径分析 [J]. 国家行政学院学报, 2017 (4).

[48] 许长青, 卢晓中. 粤港澳大湾区高等教育融合发展: 理念、现实与制度同构 [J]. 高等教育研究, 2019 (1): 28-36

[49] 许长青. 大学在粤港澳大湾区建设中的角色与作用: 访香港科技大学校长陈繁昌教授 [J]. 国家教育行政学院学报, 2018 (12).

[50] 许长青. 广州建设国际创新枢纽的发展战略与路径选择思考: 基于粤港澳大湾区高水平大学科技合作的视角 [J]. 广东经济, 2018 (1): 80-84.

[51] 许长青. 人力资本、高等教育与区域经济增长——基于广东省的实证分析 [J]. 高等工程教育研究, 2013 (2).

[52] 曾水兵, 檀传宝. 国家认同教育的若干问题反思 [J]. 中国教育学刊, 2013 (10).

[53] 曾水兵. 论香港实施国民教育的必要性与紧迫性 [J]. 现代教育论丛, 2015 (5).

[54] 张炜. 大学理念的演变与回归 [J]. 中国高教研究, 2015 (5).

外文文献:

[1] ALTBACH P G, KNIGHT J. The internationalization of higher education: motivations and realities [J]. Journal of Studies in International Education, 2007, 32 (11).

[2] COOKE P. Regionally asymmetric knowledge capabilities and open innovation: exploring "globalization 2" —a new model of industry organization [J]. Research Policy, 2005, 34 (6).

[3] DASGUPTA P, DAVID P A. Toward a new economics of science [J]. Research Policy, 1994, 23 (3).

[4] DIMAGGIO P J. Interest and agency in institutional theory [M] //ZUCKER L. Institutional patterns and organizations. Cambridge, MA: Ballinger, 1988.

[5] ELLERMAN D. Jane Jacobs on the nature of development [J]. Oxford Development Studies, 2004, 32 (4).

[6] ETZKOWITZ H. Entrepreneurial scientists and entrepreneurial universities in American academic science [J]. Minerva, 1983, 21 (3).

[7] ETZKOWITZ H, WEBSTER A, GEBHARDT C, et al. The future of the university and the university of the future: evolution of ivory tower to entrepreneurial paradigm [J]. Research Policy, 2000, 29 (2).

[8] ETZKOWITZ H, DZISAH J. Rethinking development: circulation in the triple helix [J]. Technology Analysis Strategic Management, 2008, 20 (6).

[9] FLORIDA R. The rise of the creative class [M]. New York: Basic Books, 2002.

[10] FLORIDA R, GATES G. Technology and tolerance: the importance of diversity to high-technology growth [M]. Washington, DC: Brookings Institute, Center on Urban and Metropolitan Policy, 2001.

[11] FLORIDA R, GATES G, KNUDSEN B, et al. The university and the creative economy [J]. Educatim in the Creative Economy-Knowledge and Learning in the Age of Innovation, 2006.

[12] FLORIDA R, MELLANDER C, STOLARICK K. Inside the black box of regional development—human capital, the creative class, and tolerance [J]. Journal of Economic Geography, 2007, 8 (5).

[13] GRAEN G. Role-marking process within complex organizations [M] //DUNNETTE M D. Handbook of industrial and organizational psychology. Chicago: Rand McNally, 1976.

[14] GARUD R, KARNØE P. Bricolage versus breakthrough: distributed and embedded agency in technology entrepreneurship [J]. Research Policy, 2003, 32 (2).

[15] HAO Z D. In search of a professional identity: higher education in Macau and the

academic role of faculty [J]. Higher Education, 2016, 72 (1).

[16] JACOBS, J. The death and life of great American cities [M]. New York: Random House, 1961.

[17] KIM Y, HORTA H, JUNG J. Higher education research in Hong Kong, Japan, China, and Malaysia: exploring research community cohesion and the integration of thematic approaches [J]. Studies in Higher Education, 2015, 42 (1).

[18] KIRCHHOFF B A, NEWBERT S L, HASAN I, et al. The influence of university R&D expenditures on new business formations and employment growth [J]. Entrepreneurship Theory and Practice, 2007, 31 (5).

[19] KNOX A B, CORRY J. The Wisconsin idea for the 21st century [EB/OL] // Legislative Reference Bureau. 1995–1996 Wisconsin blue book. [2020-10-19]. http://www.scifun.org/WisIdea/WI-Idea_legislative-Ref-Bureau.pdf.

[20] LAWRENCE T B, HARDY C, PHILLIPS N. Institutional effects of interorganizational collaboration: the emergence of proto-institutions [J]. Academy of Management Journal, 2002, 45 (1).

[21] LUCAS R E J. On the mechanics of economic development [J]. Journal of Monetary Economics, 1998, 22 (1).

[22] MERTON R. The sociology of science [M]. Chicago: University of Chicago Press, 1973.

[23] MOKYR J. The level of riches: technological creativity and economic progress [M]. New York: Oxford University Press, 1990.

[24] NEWMAN J H. The idea of a university: defined and illustrated [M]. Chicago, Ill.: Loyola University Press, 1987.

[25] PUGH R, HAMILTON E, JACK S, et al. A step into the unknown: universities and the governance of regional economic development [J]. European Planning Studies, 2016, 24 (7).

[26] RINGWALD K. Transferring management knowledge in Anglo-Chinese higher education collaboration: are we speaking the same language? [J]. Industry and Higher Education, 2008, 22 (5).

[27] ROMER P, ROMER P M. Endogenous technological change [J]. Journal of Political Economy, 1990, 98 (5).

[28] RUTTEN R, BOEKEMA F, KUIJPERS E. Economic geography of higher education: knowledge infrastructure and learning regions [M]. London: Routledge, 2003.

[29] SIMONTON D. Origins of genius: darwinian perspectives on creativity [M]. New York: Oxford University Press, 1999.

[30] STARK J. The Wisconsin idea: the university's service to the state [EB/OL]. [2020-10-19]. http://www.scifun.org/WisIdea/WI-Idea_Legislative-Ref-Bureau.pdf.

[31] STRAUSS A L, CORBIN J M. Basics of qualitative research: grounded theory techniques and procedures [M]. Newbury Parks, CA: Sage, 1990.

[32] SUDDABY R, ELSBACH K D, GREENWOOD R. Organizations and their institutional environments: bringing meaning, values, and culture back in: introduction to the special research forum [J]. Academy of Management Journal, 2010, 53 (6).

[33] TRIPPL M, SINOZIC T, SMITH H L. The role of universities in regional development: conceptual models and policy institutions in the UK, Sweden and Austria [J]. European Planning Studies, 2015, 23 (9).

[34] VONG S K, YU W M. Is teacher education at risk? A tale of two cities – Hong Kong and Macau [J]. Compare: A Journal of Comparative and International Education, 2018, 48 (5).

[35] XU C L L. Identity and cross-border student mobility: the Mainland China-Hong Kong experience [J]. European Educational Research Journal, 2015, 14 (1).